小球运动与健康

刘宏涛　著

科　学　出　版　社

北　京

内 容 简 介

本书主要对以乒乓球、羽毛球、网球等为代表的小球运动的价值与发展进行研究，涉及的内容有小球运动发展历史的探寻、小球运动的健身价值分析、小球运动的健心价值分析、小球运动的社会价值分析，以及乒乓球、羽毛球、网球、保龄球、手球、门球、沙壶球的多元发展研究。

本书能够为想要认识和学习小球运动知识的人们提供专业指导，同时促进小球运动的健康与可持续发展。

图书在版编目（CIP）数据

小球运动与健康/刘宏涛著. —北京：科学出版社，2017.11

ISBN 978-7-03-054538-1

Ⅰ. ①小… Ⅱ. ①刘… Ⅲ. ①球类运动-健身运动-研究 Ⅳ. ①G84

中国版本图书馆 CIP 数据核字（2017）第 228938 号

责任编辑：刘 畅 / 责任校对：贾娜娜
责任印制：赵 博 / 封面设计：铭轩堂

科学出版社 出版
北京东黄城根北街 16 号
邮政编码：100717
http://www.sciencep.com
北京科印技术咨询服务有限公司数码印刷分部印刷
科学出版社发行 各地新华书店经销
*
2017 年 11 月第 一 版 开本：720 × 1000 1/16
2025 年 1 月第三次印刷 印张：12 1/2
字数：249 000
定价：49.00 元
（如有印装质量问题，我社负责调换）

前　言

小球运动项目是相对于足球、篮球、排球等大球运动项目而言的，它主要包括乒乓球、羽毛球、网球、保龄球、手球、门球、沙壶球、橄榄球、垒球、曲棍球等，形式多样，其中不乏一些比较时尚和潮流的运动项目。由于小球运动项目具有独特的特点，因此吸引了越来越多的人参与。值得注意的是，一些较具代表性和独特价值的小球运动项目逐渐成为学校体育教学和全民健身运动的重要内容，如乒乓球、羽毛球、网球、保龄球等。为了更好地推广和普及小球运动项目，使人们能够更为深入地了解、认识和参与小球项目健身锻炼，特撰写《小球运动与健康》一书，分析小球运动项目的价值，并对一些常见小球运动项目的多元发展进行研究，同时也为小球运动项目更好地发展提供科学指导。

本书共八章。第一章为小球运动发展历史的探寻，主要对乒乓球、羽毛球、网球运动的发展历史进行了详细阐述。第二章至第四章分别对小球运动的健身价值、健心价值和社会价值进行了详细分析。第五章至第七章，从大众、校园、竞技三个方面分别对乒乓球运动、羽毛球运动和网球运动的多元发展进行研究。第八章对其他小球运动的多元发展进行研究，包括保龄球运动、手球运动、门球运动和沙壶球运动。

本书从理论层面对小球运动发展的历史，小球运动的健身价值、健心价值和社会价值做了详细分析，同时也结合具体项目具体实践，对乒乓球、羽毛球、网球及保龄球、手球、门球、沙壶球等其他小球运动的发展进行了深入研究。全书内容结构安排合理、层次清晰，能够使人们深入了解和认识小球运动所具有的价值，同时也能够使人们对常见小球运动的多元发展有所掌握，从而更好地指导小球运动项目的健康与可持续发展。

在本书的撰写过程中，编者借鉴和引用了众多专家和学者的研究成果和资料，在此一并表示最诚挚的感谢。由于编者水平和精力有限，书中难免会有不妥之处，敬请广大读者批评指正。

刘宏涛
陕西理工大学体育学院
2017年1月

目　　录

第一章　小球运动发展历史的探寻

小球运动项目多样且具有多元化价值，发展小球运动有极为深远的意义。本章主要对乒乓球运动、羽毛球运动、网球运动的发展历史展开深入探寻，进而梳理这三项运动的发展脉络，为小球运动发展奠定理论基础。

第一节　乒乓球运动发展历史的探寻

深入探寻乒乓球运动的发展历史，对于有效推进乒乓球运动的未来发展具有十分关键的作用，本节主要从乒乓球运动起源、乒乓球运动发展两个方面展开阐述与分析。

一、乒乓球运动的起源

乒乓球运动起源于19世纪末期的英国，后来逐渐扩展到世界其他地区。乒乓球运动的起源和网球运动存在着密切联系，“table tennis”是乒乓球运动的英文，直译是“桌子上打的网球”。据与乒乓球相关的文献记载，在19世纪末期英国大学生参照网球运动的规则与形式，创造出了和现代乒乓球运动十分相似的室内游戏。尽管那一时期的器材无法保障比赛的激烈性，但比赛的趣味性特征已经十分显著。在最开始，该项游戏又叫作“弗利姆佛拉姆”或“高希马”。当时，乒乓球运动尚未形成统一规则，同时每局分数参差不齐，为10～100分。

随后，英格兰人詹姆斯·吉布在美国进行游访时，无意中发现了名为“赛璐珞”的材料，使用赛璐珞制作的空心小球拥有很好的弹性，因此詹姆斯·吉布用赛璐珞球替代了橡胶球和实心球。1890年左右，赛璐珞球逐渐被人们使用，并且被慢慢推广到世界各地。在这一时期，这类球拍和球的使用范围十分广泛，当球拍和球撞击时，以及球和球台碰撞时会发出“乒乓”声，因此该项运动称为“乒乓球运动”。最开始，乒乓球运动的流行范围是宫廷与贵族，随后在其独特魅力的作用下，乒乓球运动开始在欧洲各地广泛流行，最后扩展至全世界。

二、乒乓球运动的发展

（一）世界乒乓球运动的发展

1. 欧洲的全盛时期　1926～1951 年为欧洲乒乓球运动的全盛时期。在这一时期，世界各国先后举行了 18 届世界乒乓球锦标赛（简称“世乒赛”），其中 17 届世乒赛的举办地在欧洲，只有 1 届在非洲的埃及举行，即第 13 届世乒赛。世乒赛的正式比赛项目一共有 7 个（前 7 届无女子团体赛，第 1 届无女子双打比赛，第 11 届女子单打决赛并未确定冠军），其中仅有 8 项冠军被美国选手夺得，剩下 109 项冠军都被欧洲选手夺取，占全部金牌总数的 93.2%，欧洲拥有不可忽视的优势，所以该时期被称为欧洲乒乓球运动的全盛时期。

纵观乒乓球运动的整个发展过程，欧洲全盛时期所占时间相对较长。从技术打法方面分析，以削为主或削攻结合型打法最为盛行，当时比赛的指导思想是减少自身失误次数，逼迫对方失误。该阶段的特殊技术打法形成的主要原因如下：首先，运动员所用的胶皮拍更适宜采取削球打法，胶皮拍的弹力小、易操作、摩擦力较大，能够使球发生旋转。其次，这一时期乒乓球技术还处在初级阶段，完全掌握高级技术或高难度技术的人还没有出现。削球失误很少，但攻球失误较为常见，特别是加力的大板扣杀，技术难度很高，所以运动员做出该选择是极易理解的。最后，乒乓球台比较狭窄，球网相对较高（这一时期球台宽是 146.4 厘米，球网高是 17 厘米），因此该时期的球台能够对运动员的防守产生积极影响。

在该时期，稳健的削球打法占据主要位置，但因为当时乒乓球比赛没有时间限制，所以比赛常常会让人产生无聊感。基于这种情况，在第 11 届世乒赛结束后，国际乒乓球联合会（简称“国际乒联”）对比赛规则展开了以下三方面的修改：首先，在比赛器材方面，球台由 146.4 厘米加宽至 152.5 厘米，球网高度从 17 厘米降低至 15.25 厘米；其次，在发球技术方面，发球过程中禁止使用手指拨动球及让球发生旋转；最后，在比赛时间方面，五局三胜比赛的时间应短于 1 小时 45 分钟，三局两胜比赛的时间应短于 1 小时。

2. 日本乒乓球称雄时期　1952～1959 年为日本乒乓球称雄时期。1928 年，日本乒乓球协会加入国际乒联，1952 年日本乒乓球球队首次参加世乒赛。在 1952 年第 19 届世乒赛中，日本选手采用史无前例的直拍全攻型打法，从技术方面严重打击了欧洲乒乓球运动员，同时日本乒乓球运动员也依靠此打法连续击败很多欧洲名将，获取男子单打、男子双打、女子团体和女子双打四项冠军。日本乒乓球运动员在第 21～25 届世乒赛的男团比赛中都获得冠军，同时在单项比赛中也夺取多个冠军。在第 21 届世乒赛中，男团冠军和女团冠军均被日本乒乓球队包揽。在第

25 届世乒赛中，日本队在 7 项冠军中夺得 6 冠，这被称为划时代的成功。在这一时期，日本乒乓球运动员取得优异成绩一方面取决于打法奇特，直拍远台长抽进攻型打法属于日本别具一格的打法；另一方面是因为球拍的大幅度革新，日本选手所用球拍的材质是海绵，海绵球拍能够大幅度增加乒乓球的速度与旋转，这属于技术方面的巨大革新。由此可知，自该阶段起，欧洲防守削球时代已经慢慢被亚洲积极进攻时代所替代。

3. 中国乒乓球的崛起　1959～1969 年为中国乒乓球崛起时期。1952 年 3 月，中国成功加入国际乒联，并且在 1953 年首次参加世乒赛。此后，在我国乒乓球运动综合水平不断提升的情况下，容国团在第 25 届世乒赛中获得男子单打冠军，这是我国首枚男子单打世界金牌，对我国乒乓球运动有着划时代的意义。1961～1965 年的 3 届世乒赛中，中国队再次使用特殊打法成功获得 11 项冠军，占据金牌总数的 52%，其中男子团体与男子单打成功维持“三连冠”。在第 28 届锦标赛中，中国队成功夺取男女团体、男女双打、男子单打共 5 项冠军，这是中国乒乓球队自参加世乒赛以来的首个高峰，同时还象征着中国乒乓球队成功进入世界先进行列。

中国乒乓球成功崛起取决于以下几方面的原因。首先，中国拥有独具特色的技术，“快、狠、准、变”始终是中国乒乓球队的技术风格；其次，得益于积极创新的技术打法，中国乒乓球运动员使用的直板近台快攻打法具备积极、主动、迅速三个特征，对日本队的中远台攻势产生了很大的遏制作用，同时对欧洲乒乓球运动员的旋转也形成了控制；最后，战术应用得当，中国队在比赛过程中使用快打狠压侧身攻及反复调动等具有系列性特征的有效战术。

4. 欧洲复兴、欧亚争夺时期　1971～1988 年为欧洲复兴及欧亚争夺时期。20 世纪 70 年代以后，世界各国乒乓球运动技术均发生了翻天覆地的变化，欧洲乒乓球运动员把中国队快攻优势和日本队弧圈优势充分结合在一起，并由此产生了弧圈结合快攻、快攻结合弧圈的崭新技术打法，在比赛过程中对亚洲选手造成了巨大威胁。在这一时期，欧洲乒乓球人才不断涌现，知名度最高的有瑞典队的本格森，匈牙利队的约尼尔、克兰帕尔，苏联的萨尔霍扬和捷克斯洛伐克的奥洛夫斯基等。在第 31 届世乒赛上，男子单打冠军被瑞典队本格森获取；在第 32 届世乒赛上，瑞典男团成功将亚洲球队为期 20 年垄断冠军的局面彻底打破；在第 33 届世乒赛上，男单决赛中出现了约尼尔与斯蒂潘契奇之间的欧洲德比；在第 35 届世乒赛上，匈牙利队成功获得“斯韦思林杯”，同时男双冠军被南斯拉夫队夺取。通过长达 20 年的坚持，欧洲乒乓球运动成功踏上复兴之路。欧洲乒乓球运动得以复兴的原因主要有以下几个方面。

首先，欧洲选手不仅做到了打法全面，同时还重点凸显了技术特长。他们能够将拉、冲、扣等技术有机结合起来，正手、反手、侧身均可以发出进攻，同时下旋和上旋也可以攻，另外也创造了半推半搓式接发球方法。

其次，打法革故鼎新。欧洲选手积极借鉴中国和日本的优势打法，同时充分结合自身优势，高效应用了横拍弧圈球结合快攻和快攻结合弧圈球这两种新型打法。

再次，战术运用灵活多变。欧洲选手在战术方面有巨大优势，尤其是比赛过程中攻防转换快且多，使其战术变化得到了有效凸显。

最后，把比赛和训练充分结合在一起。欧洲选手将训练与比赛充分结合在一起，某些情况下训练是比赛，某些情况下比赛是训练。因此，欧洲选手能够很好地适应比赛，特别是在比赛过程中拥有极稳定的心理素质，再加上欧洲乒乓球职业化程度日益明显，所以最终欧洲复兴和亚洲形成了抗衡与争夺的局面。

5. 中国乒乓球发展的鼎盛时期　1995 年至今为中国乒乓球发展的鼎盛时期。1981 年中国队夺冠，历经长达 14 年的低谷后一涌而起，在 1995 年第 43 届世乒赛上成功夺取所有冠军，真正到达了世界乒坛的顶峰，从此完全改变了乒乓球运动的全球秩序。在第 44 届世乒赛上，中国乒乓球运动员继续维持强势表现，最终夺得 6 枚金牌。1999 年举办的第 45 届世乒赛单项比赛中，中国乒乓球运动员获得 5 个单项冠军及亚军。在第 46 届世乒赛中，中国乒乓球运动员夺取全部项目的 7 块金牌。在这一时期，中国乒乓球运动踏上了巅峰时段且长期屹立不倒。

中国乒乓球运动得以鼎盛的关键原因主要有以下几个方面。

（1）乒乓球运动员培养机制日趋完善　乒乓球运动在中国有扎实的群众基础，乒乓球被称为中国的国球。国家级运动员通常是经过县级体校、市级体校、省级体校等常年培养后输送的高水平选手，他们均为各省份高水平的队员。

（2）积极创新与改革，向中国乒乓球队输入了强大生命力　中国乒乓球队在“快、狠、准、变”的基础上，还增添了“转”，通过对弧圈球的充分应用来进一步丰富中国直板近台快攻打法，通过直拍反胶打快攻到使用两面性能不同的球拍来主动进攻，创新直拍反面击球技术等，均是我国乒乓球运动经久不衰的重要原因。

（3）敢于起用新人，积极升级技术打法　在中国乒乓球队，主动起用新人的做法十分常见，比赛过程中常常会涌现出奇兵。在新乒乓球运动员不断加入的情况下，技术打法同样在积极更新与升级。

（4）知己知彼，百战不殆　在比赛开始之前，中国队会在训练过程中认真分析其他国家主要选手在技战术方面的优势与劣势，进而研究并制订出严谨全面的策略，一般还会派专人模仿国外选手展开陪练。“知己知彼，百战不殆”是中国队在比赛中获取胜利的关键。

（5）速度、力量、旋转、变化四者的充分结合　这四者的有机结合不仅使中国乒乓球运动实现了可持续发展，同时还使中国乒乓球运动日益强盛，使世界乒乓球技术迈向更高发展阶段。

除此之外，乒乓球运动规则也发生了翻天覆地的变化，主要体现在三个方面：第一，比赛所用乒乓球从重 2.5 克改成重 2.8 克，直径从 38 毫米改成 40 毫米；第二，发球时必须做到无遮拦发球，发球由每方队员连续发 5 个球后展开换发球，调整为每一方连续发两个球后展开换发球；第三，在比赛胜负方面，每局比赛从 21 分制调整成 11 分制，一场比赛从三局两胜制或五局三胜制调整成七局四胜制。

（二）中国乒乓球运动的发展

1904 年，乒乓球运动进入中国。当时，王道平身为一家上海文具店的经理到日本采购物品，看完乒乓球表演后就买下乒乓球运动器材带回国内，由此乒乓球运动逐步在中国发展起来。

1. *清末民初乒乓球运动的发展*　上海市是乒乓球进入中国后最先发展起来的城市。1923 年，全国乒乓球联合会在上海正式成立。1925 年和 1927 年，在中国乒乓球运动队和日本对抗赛中取得可喜成绩的情况下，中国广大群众参与乒乓球运动的热情日益高涨。但在政治和经济等因素的影响下，当时乒乓球运动发展速度极为缓慢，和世界平均技术水平存在较大差距，另外竞赛组织顺序也比较混乱。

2. *新中国乒乓球运动的发展*　新中国成立之后，在各方力量的关照下，乒乓球运动的提升速度与普及速度不断加快。1952 年 10 月，新中国首次全国乒乓球比赛大会成功举行，比赛结束后还组建了中国乒乓球队。纵观中国乒乓球队首次参与世界乒乓球锦标赛至今的整体过程中，可以大体将其发展历程划分成 5 个时期。

（1）起步（1953～1957 年）　1953 年，中国队首次参与世乒赛，最终男队和女队分别被评为一级第十名和二级第三名。当时，尽管中国乒乓球队技术水平相对较低，但没有盲目跟随外国人，而是密切联系我国选手的日常习惯与特征，对乒乓球运动的客观规律展开全面深入研究，积极学习和借鉴外国人的优势，坚持提升自身综合素质。

1956 年，中国队参加第 23 届世乒赛，比赛结束后男队和女队分别被评为一级第六名和二级第十一名。在该届比赛中，中国队清晰认识到必须在快和狠的基础上，不断强化基本功训练，进而使击球准确性得到显著提高。

1957 年，中国队参加第 24 届世乒赛，男队和女队都成功获得决赛权。比赛结束后，男队和女队分别被评为一级第四名和一级第三名。王传耀被评为世界第七名优秀男选手，孙梅英被评为世界第七名优秀女选手。1953～1957 年，中国乒乓球队获得了很大进步。

（2）腾飞（1959～1965 年）　在第 25 届世乒赛上，中国乒乓球运动员容国团夺取首个世界冠军。除此之外，中国队在男团、女团、女单、女双、混双 5 个项目中均获得第三名，其中男单比赛中有 4 名运动员进入前 8 名。容国团是中国首个夺取世界冠军的乒乓球运动员，其对丰富与发展我国传统快攻打法发挥了巨大作用，彻底破除了世界冠军高不可及的观点，激励越来越多的人朝世界高峰冲刺。

第 26 届世乒赛是中国首次举办的世界比赛，并取得了圆满成功。在这届比赛中，中国队分别获得男团、男单、女单 3 项冠军、4 项亚军及 8 个第三名。这些比赛成绩有效激励了国民练习乒乓球运动的热情，对我国乒乓球运动的快速发展产生了极大作用，我国“乒乓球热”由此掀起。

在第 27 届世乒赛中，男队取得了全面性胜利。在男团决赛中，中国队不仅有两名直拍快攻选手，还有被誉为“魔术师”的直拍削球选手，由此中国队比第 26 届世界乒乓球锦标赛拥有更大优势，最终张燮林和王志良夺取男双冠军。遗憾的是，女团、女单、女双、混双都未能夺取冠军，这对中国女队的震动很大。

在第 28 届世乒赛中，中国队夺得 5 项冠军、4 项亚军和 7 个第三名。国际上对中国是“世界头号乒乓球国家”的呼声越来越高，乒乓球被认为是中国的国球。

1961～1965 年为我国乒乓球运动的首次高峰，直拍快攻打法和防守型削球打法均获得了理想成绩。不同类型的打法之间，彼此促进、竞相发展。

（3）重整旗鼓（1971～1979 年） 当中国乒乓球运动处在鼎盛时期时，“文化大革命”使中国乒乓球队遭受了难以估量的损失。1970 年底，中国队参加斯堪的纳维亚公开赛，欧洲选手对我国乒乓球运动员发出了激烈挑战，中国队意识到自己具体的落后程度。

20 世纪 70 年代初，中国乒乓球界针对欧洲选手的巨大进步，开始讨论快攻的发展对策。徐寅生在之前“快、准、狠、变”指导思想的基础上，加上了“转”字，同时还提出积极运用反胶打快攻的打法。此后，直拍正胶增加了拉上旋小弧圈与快带、盖打、推挤等应对弧圈球的技术；直拍反胶快攻有所创新；两面不同性能球拍打法也获得了崭新发展。

在 1971 年第 31 届世乒赛上，中国队在积极战胜各种不利因素的情况下，夺得男女单打和混双 3 项冠军。1975 年第 33 届世界乒乓球锦标赛只获得男女团体冠军。1977 年第 34 届世乒赛保住男女团体冠军，又夺得男双和女双冠军。1979 年第 35 届世乒赛，中国队在有女子参赛的项目中都获得冠军，而 3 个男子项目的第一名都被外国选手夺走。中国男队的全面失利，使乒乓球界产生了很大震动。中国男队在对失利原因进行深入分析的基础上，指出要“苦练意志、苦练技术、苦练身体”，努力用最短时间再次夺回冠军。

（4）又创辉煌（1981～1987 年） 在 1981 年第 36 届世乒赛上，中国队顺利夺取所有比赛项目的 7 个冠军及 5 个单项的所有亚军，彻底刷新了世界乒乓球锦标赛的纪录。在随后的 3 届世乒赛中，中国队每届都赢得了 6 项冠军。4 届比赛中冠军总数是 28 个，中国队获得了 25 个，占冠军总数的 89.29%。虽然每届比赛都十分艰难、每项比赛都十分辛苦，但中国队每次发挥都非常出色。世界各国都开始认真研究中国队，同时都把打败中国选手当成很高的荣誉。这一阶段，是我国乒乓球运动的第二次高峰。

中国队赢得优异成绩的重要原因是敢于起用新人、及时更新运动员和球技。在第 36 届世乒赛与匈牙利队争夺男团冠军时，3 名上场队员平均年龄只有 20 岁，其中蔡振华和谢赛克均首次参与该项比赛。在第 37 届男团决赛中，首次参加世界比赛的江嘉良以 2∶1 的成绩战胜瓦尔德内尔，以 2∶0 的成绩战胜阿佩伊伦，对我国获得“斯韦思林杯”做出了巨大贡献。在第 38 届世乒赛中再次出现新人：陈新华能攻善守、灵活多变；陈龙灿直拍正胶快攻，速度快且球路刁。陈新华、陈龙灿和江嘉良团结协作，在团体比赛中以 5∶0 的优异成绩击败瑞典队。女队成员有横拍两面拉弧圈球的新人何智丽及老将童玲、戴丽丽、耿丽娟，她们在团体赛中全部取胜。在第 39 届世乒赛中，由新人滕毅及老将江嘉良、陈龙灿共同组成的中国男队再次以 5∶0 的优异成绩击败瑞典队。由新老结合的李惠芬、焦志敏、戴丽丽组成的中国女队，用 3∶0 的优异成绩击败韩国队。

（5）新程（1988 年至今） 乒乓球运动正式被列为奥运会比赛项目是在 1988 年的第 24 届奥运会上。在 4 个比赛项目中，中国选手成功夺取男双金牌、女单金牌、银牌、铜牌，陈静、李惠芬、焦志敏同时登上领奖台。赢得比赛的日期正好为 10 月 1 日，我国乒乓球队在国庆节向祖国献上了沉甸甸的礼物。欧洲男选手在历经时间的磨炼后，技术日益全面，打法日益成熟。中国乒乓球队在长时间的胜利中隐藏了失败因素，而相关人员未能高度关注这些失败因素，思想方面的紧迫感日益下降，在技术方面的创新意识严重匮乏。在 1992 年第 25 届奥运会乒乓球比赛上，虽然中国队成功赢得 4 个比赛项目中的 3 枚金牌，但中国男队在第 40 届、第 41 届及第 42 届世界乒乓球锦标赛中，都没有夺得含金量最高的团体冠军及单打冠军；在第 41 届世界乒乓球锦标赛中，中国女队也与团体冠军失之交臂；第 42 届世界乒乓球锦标赛中，被誉为“双保险”的邓亚萍与乔红都被淘汰，中国女队没有一人进入单打决赛。为促使中国男队和中国女队在最短时间内摆脱困境，1993 年底及 1994 年初，中国乒乓球协会（简称“中国乒协”）举办了全国乒乓球奥运会重点省市男队主教练和业余体校的教练员研讨班。中国乒协主席徐寅生、副主席李富荣发表了重要讲话。该会议对我国乒乓球运动未来发展发挥了巨大作用。

1995 年，天津成功举办了第 43 届世乒赛，这是世乒赛第二次在我国举办，中国队夺得了全部比赛项目的冠军。中国队最终成功走出低谷，迎来了第三次高峰。

在 1996 年的第 27 届奥运会中，中国队第一次在奥运会比赛中赢得所有乒乓球比赛的金牌。在第 44 届和第 45 届世乒赛中，中国队均打出了 6 项冠军的优异成绩。

进入21世纪后，中国乒乓球运动持续发展。在2000年第27届奥运会上，中国队第二次囊括全部乒乓球金牌；在2001年第46届世乒赛中，中国队第三次完成冠军的大包揽；在2003年第47届世乒赛的单项赛中，首次实行11分制及无遮拦发球原则，中国队夺取4个冠军，只和男单冠军失之交臂。在2008年北京奥运会上，男团、女团、男单、女单都成功夺取冠军，再一次做到大包揽。针对国际乒联的系列性改革，中国乒乓球队积极响应“第二次创业”的号召，“雄关漫道真如铁，而今迈步从头越”用来形容中国乒乓球队战斗历程十分贴切。截止到2016年第31届奥运会，在最近8届奥运会的32块乒乓球金牌中，中国队赢得了28块，夺金效率是87.5%，同时还产生了9位大满贯冠军，这些成绩均反映了我国乒乓球运动的蓬勃发展。

第二节　羽毛球运动发展历史的探寻

一、羽毛球运动的起源

羽毛球运动发展历史源远流长，《大不列颠百科全书》中记载原始羽毛球游戏在2000多年前就已经在世界部分地区流行。关于羽毛球运动的精确起源，至今依旧众说纷纭，其中羽毛球由毽子球游戏演变而成的说法得到相对较多的认可。国际羽毛球联合会（简称“国际羽联”）成立50周年的纪念册上写道：“羽毛球运动早在1934年前就有着悠久的历史，很多世纪以前，在荷兰和中国就有使用球拍类似当今羽毛球的体育游戏。”从相关文字记载和学者研究成果中能够得出，尽管羽毛球运动起源时间很早，但可以从总体上划分为古代羽毛球游戏与现代羽毛球运动两类。

（一）古代羽毛球游戏

1. 我国古代羽毛球游戏　　我国《民族体育集锦》中记载：传说我国在远古时代就出现了和羽毛球活动相似的活动，该活动的玩法、性质及所用的部分器材，和世界上较早出现该项活动的国家的差异都较小，仅仅在游戏活动的称呼上存在着差异。发展至今，在部分少数民族的游戏中依然能找出羽毛球活动的踪迹。以当前分布在贵州的苗族为例，该民族依然把木板拍击鸡毛毽当成一项游戏，俗称“板羽球”。然而，未能找到该项游戏确切起源时间的详细记载，所以无从考证。

2. 日本的“追羽根”　　在日本，有很多详细记载古代羽毛球运动的资料。1685年，名为“追羽根”的游戏十分流行。每到正月，日本女性往往会边歌唱式数数边做“追羽根”游戏，“追羽根”游戏和现代羽毛球运动存在很多相似点。由于该游戏所用器材的价格超出了很多日本百姓的承受能力，因此该游戏在日本的普及范围受到限制，随着时间的推移，在日本历史舞台上逐渐消失，关于“追羽根”游戏的记载也十分少见。

3. *印度人的乡土游戏*　研究古代羽毛球运动能够发现，被印度人称为“浦那”（Poona）的游戏和羽毛球运动存在很多相似点。关于浦那游戏的有关传说：1820年，一种用绒线编织、上面插有羽毛的球被家住印度孟买城Poona街道的居民发明出来，随后逐渐演变成参与者手持木拍，隔空将球在空中来回对击的游戏。分析这一传说可以发现，该游戏和羽毛球运动有很多相似点，同时还和随后的现代羽毛球兴起有比较密切的关系，后来该游戏慢慢地在全印度乃至全世界普及，所以羽毛球运动也被称作印度人的游戏。

（二）现代羽毛球运动

现代羽毛球运动诞生于英国。1870年，在印度度假的英国军官把“浦那”游戏带到了英国，该游戏就是羽毛球运动的前身。当时，因为羽毛球和毽子还没有很大的区别，所以人们往往会将羽毛球当成毽子，将网球拍当成毽子板，后来毽子板与毽子经过了多次改革，最终演变成了我们看到的羽毛球运动器具。在羽毛球活动趣味性特征的作用下，其普及范围快速扩展。此后，该项活动作为一种室内游戏在英国各地区快速普及，经过不断改进与研制，由羽毛与软木制成的球及穿弦的球拍应运而生，同时还逐步发展成了一种竞技运动。

英国首个羽毛球比赛规则于1877年制定，某些内容在如今实行的羽毛球规则中依旧可以找出。1893年，英国成立了世界上最早的羽毛球协会，该协会在1899年举办了首届全英羽毛球锦标赛，此后每年3月都会在伦敦温布利体育中心举办。

现代羽毛球运动在英国诞生之后，仅用很短的时间就在世界各地盛行起来，由不列颠诸岛到英联邦各国，后来又流传到美洲、亚洲、大洋洲等地，最后成功传入非洲。至今，羽毛球运动已经发展成全球流行的体育项目。

直至1934年，英国、法国、丹麦、加拿大、新西兰、荷兰、苏格兰、爱尔兰、威尔士等国家和地区联合成立了国际羽毛球联合会，总部设在伦敦。1939年，各会员国共同遵守的《羽毛球竞赛规则》被国际羽毛球联合会通过。现代羽毛球运动开始在世界范围内不断发展。

二、羽毛球运动的发展

（一）世界羽毛球运动的发展

对于世界羽毛球运动的发展，主要从规则、组织、技战术三方面来展开详细阐述。

1. *羽毛球竞赛规则的发展* 羽毛球刚兴起时，其竞赛没有对人数、分数、场地做出严格限制，运动员只需要用球拍对击球。但是，随着羽毛球运动的不断发展，其竞技性特征不断强化，人们对羽毛球竞赛的人数、分数、场地做出了某些限制。在比赛中，一人或两人为一方，中间间隔一个网，使用球拍经网上往返击球，最终促使球落在对方场地或诱使对方击球失误，通过这两种方式在比赛中获胜。

1877 年，世界首本羽毛球规则由英国出版，该规则的重要特征是通俗易懂。其对中间挂网高度、双方对击提出要求，但没有对单打与双打做出区分。由于该时期社会信息发展还处在落后状态，因此人们难以深入了解这一新兴运动，最终各国制定的规则与场地标准有很大不同。1893 年，英国 14 个羽毛球俱乐部联合倡议成立了更加正规的羽毛球协会，并且对各项规则做出了修订。1901 年，羽毛球协会对羽毛球规则进行修订时，将羽毛球场地形状改为长方形。

为充分适应广大群众的观赏需求，羽毛球运动技战术积极完善与发展，单打场地与双打场地的差异性及发球区有关规定应运而生。除此之外，发球得分规则和发球得分后的换区规则也被相继制定出来。为了大幅度提升比赛的激烈程度与精彩程度，还规定参赛双方打满 13 平和 14 平时需参与加分比赛，女子单打打成 9 平和 10 平时也需参加加分比赛。2005 年，“21 分制”被世界杯赛事率先实施。2005 年 12 月，国际羽联在吉隆坡理事会议上做出决议，由国际羽联举办的赛事试行新记分方法，即应用每局 21 分制记分，采用三局两胜制。倘若比分处在 20 平，首先赢取 2 分的参赛者为获胜方；倘若比分处在 29 平，则只加赛 1 分，赢得 30 分的参赛者为获胜方。此外，得分一方拥有发球权，并把之前仅有发球方可以获得分数的赛制调整为每球得分。这一崭新赛制的出现，是国际羽联的重大改革之一。

2. *世界羽毛球运动组织的发展* 1875 年，第一个军人羽毛球俱乐部在英国成立。到 1893 年，英国羽毛球俱乐部已增加到 14 个，这些俱乐部在一次会议中正式成立英国羽毛球协会。在该阶段，英国羽毛球协会对羽毛球运动的开展和传播做出了很大贡献，使得羽毛球运动快速传播到世界各国。20 世纪二三十年代，加拿大、丹麦、马来西亚等国家相继成立了羽毛球协会。

1934 年，英格兰、法国、爱尔兰、苏格兰、荷兰、加拿大、丹麦、新西兰和威尔士 9 个羽毛球协会联合成立了国际羽毛球联合会。汤姆斯是国际羽毛球联合会的首任主席，伦敦是国际羽毛球联合会的总部。国际羽毛球联合会的成立对羽毛球运动在全世界的快速发展产生了很大的积极作用，同时对羽毛球技战术发展也产生了很大的推动作用。除传统全英羽毛球锦标赛如期举行外，1948 年增设了汤姆斯杯赛（世界男子团体锦标赛），1956 年增设了尤伯杯赛（世界女子团体锦标赛），并相继举办了世界羽毛球锦标赛、羽毛球世界杯赛等赛事，这使得世界羽毛球运动再次取得了巨大进步。在政治因素的制约下，该时期中国及部分国家并未成为国际羽联的会员国，所以许多国际性正式羽毛球比赛难以客观反映羽毛球真实的世界级水平。

1978 年，世界羽毛球联合会（简称“世界羽联”）在香港正式成立，同时还先后举办了两届世界羽毛球锦标赛，我国羽毛球运动员也先后夺得 8 项冠军，这些优异成绩有效提升了我国在世界羽坛中的地位。1981 年，国际羽联与世界羽联正式合并在一起，国际羽毛球联合会正式成立，这为世界羽毛球运动取得质的飞跃提供了有利条件，世界羽毛球运动迸发出了旺盛的生命力。截止到现在，加入国际羽毛球联合会的国家和地区已经有 100 多个，同时羽毛球比赛也已发展成奥运会正式比赛项目，羽毛球运动发展进入巅峰时期。

3. *羽毛球运动技战术的发展*　从羽毛球运动开创开始，羽毛球运动技战术经历了从简单到全面、从全面到快速灵活、从快速灵活到多样化发展，在整个发展过程中可以大体划分为三次质的飞跃。

首次飞跃属于开创时期，该时期世界羽坛被英国运动员完全垄断，尽管英国运动员存在技术单一、打法陈旧、缺乏战术变化的弊端，但自始至终英国羽毛球运动员整体技术水平都比其他国家的高，他们为该项运动的普及和推广做出了重要贡献。到 1939 年，丹麦、加拿大等国选手利用体力优势和进攻型战术，严重威胁了英国羽毛球运动员的地位，同时彻底打破了英国称霸世界羽坛的局面。第 36 届全英锦标赛上，英国运动员仅夺得一枚混双金牌；第 37 届、第 38 届全英锦标赛的冠军都被丹麦运动员夺取。

第二次飞跃的时间是 20 世纪 50 年代至 60 年代中期，该时期羽毛球技战术获得了快速发展，男子羽毛球技术优势从欧洲转移至亚洲，逐步形成了亚洲人称霸世界羽坛的格局。20 世纪 50 年代，以马来西亚与印度尼西亚为代表的运动员往往利用拉、吊来控制球落点。1958 年起，羽毛球运动技术逐步往快速、灵活的方向发展，如印度尼西亚运动员陈友福以较快速度运用下压抢网技术和加强扣杀上网技术，将以技术性为代表的打法彻底击败，印度尼西亚进入控制世界羽坛的阶段。1958～1979 年，印度尼西亚先后 7 次夺得汤姆斯杯。在此期间，虽然我国与世界各国的较量没有正式拉开，但我国羽毛球运动在技术水平和战术水平两方面都取得了很大提升，已和世界先进水平处于一致，汤仙虎和侯加昌都是我国具备世界先进水平的羽毛球运动员的典型代表，自始至终他们都坚定不移地延续“快、准、狠、活”的技术风格，他们仅用很少时间就彻底击败了印度尼西亚队和欧洲队，对世界羽毛球运动的健康稳步发展做出了很大贡献。此后，国际羽坛开始逐步接受我国的快攻技术，我国快攻技术开始在世界各国大范围推广（张绍臣和刘四清，2005）。

20 世纪 80 年代属于第三次飞跃，世界羽坛技战术呈现出了快速进攻、全面、多变的发展趋势，中国、韩国、印度等国家的羽毛球运动技战术都表现出了该趋势，各国羽毛球运动员在打法上更加全面、变化更具多样性、速度更加快速、特长更加显著，攻守方面各具特色。羽毛球运动员在技术方面的快速提升，使世界羽毛球运动技战术由此达到新的高度，这一时期的杰出代表有林水镜、陈昌杰等。20 世纪 90 年代，新型技术层出不穷，印度尼西亚年轻集团军、韩国凶狠拼杀作风、中国快攻型打法等都属于典型代表，这一时期中国羽毛球运动员开启了称霸世界羽坛的大门。

纵观现代羽毛球运动发展历程能够发现，“快速、全面、进攻、多拍”是现代羽毛球技战术的整体发展走向。其中，“快速”是指在出手动作、步法移动、判断反应、战术变化等方面的速度不断加快；“全面”是指技术更加全面、集攻和守于一身、控球能力日益提升、身体素质与心理素质相对较高；“进攻”是指通过技术优势，最先占据主动位置，把强攻当成重要措施；“多拍”是指在战术变化和攻守回合过程中，努力使控球水平得到大幅度提升，尽可能减少失误次数，努力夺得主动位置，有效控制比赛局势。

在当前发展概况和整体水平两个方面，亚洲都在实力上有很大优势，男子羽毛球实力强国主要有中国、印度尼西亚、马来西亚、韩国。另外，欧洲的丹麦与瑞典也在不断前进发展，实现巨大突破的可能性较大。女子羽毛球以中国、印度尼西亚、韩国三个国家鼎立在世界女子羽坛上，并且仍然占有绝对性优势，欧洲的瑞典、丹麦等国家也处于努力崛起的状态。由此可知，世界羽毛球运动正在向多元化方向不断发展，欧洲与亚洲的对抗局势正在逐步形成，世界羽坛的竞争日益白热化。

（二）中国羽毛球运动的发展

现代羽毛球运动传入我国的时间为 20 世纪初，其最早出现于上海法国总会及大城市教会创办的青年会与学校中。范围小和水平低是该阶段羽毛球运动的主要特征。

1956 年，新中国第 1 次全国羽毛球比赛在天津成功举行。王文教和陈福寿等高水平羽毛球运动员以华侨身份回归祖国，同时还带来了世界领先的技术和战术，这促使我国羽毛球运动水平取得了巨大进步。

在 1959 年的第 1 届全国运动会上，羽毛球运动被正式列为全国运动会的比赛项目，参与羽毛球项目比赛的省（直辖市、自治区）达到 21 个。

20 世纪六七十年代，中国羽毛球运动在竞技能力上实现了巨大突破，羽毛球运动发展水平处于世界领先水平。但是，由于该阶段国际羽联错误地接受“台湾羽毛球组织”属于一个国家组织，因此中国羽毛球队放弃参与世界羽毛球比赛的机会，中国羽毛球队是世界羽坛“无冕之王”由此产生。

自 20 世纪 80 年代，我国羽毛球运动积极朝着发展创新的方向发展，我国羽毛球运动员屡次获得优异成绩。在 1981 年 7 月的首届世界运动会上，我国羽毛球运动员第一次参与世界性羽毛球比赛，并且成功夺取 4 枚金牌。在 1987 年的第 5 届世界羽毛球锦标赛上，我国羽毛球运动员成功夺得 5 个单项比赛的冠军，并且也成功创造了一个国家在相同时间夺得并维持世界羽毛球比赛男女团体赛和 5 个单项个人赛的全部 7 项冠军的辉煌成绩。然而，在随后的发展过程中，因为技战术上的创新极为有限，同时故步自封意识极为强烈，所以我国羽毛球运动跌落低谷。

20 世纪 90 年代后期，我国羽毛球运动员在积极总结经验及坚持参与艰难训练的基础上，最终夺得“苏迪曼杯”比赛的三连冠（1995 年、1997 年、1999 年）；我国女子羽毛球队在 2000 年蝉联“尤伯杯”冠军；2004 年，我国男子羽毛球队重夺“汤姆斯杯”，并蝉联“汤姆斯杯”五连冠（2004 年、2006 年、2008 年、2010 年、2012 年）。在 2012 年伦敦奥运会上，我国羽毛球队创造了包揽 5 金的奇迹。在 2016 年里约奥运会上，我国羽毛球队获得 2 金 1 铜。在羽毛球世锦赛方面：2013 年，中国队取得了 2 金 2 银 4 铜的成绩；2014 年，中国队收获 3 枚金牌。2015 年，我国羽毛球运动员谌龙在男单决赛卫冕成功，张楠、赵云蕾第三次拿到世锦赛混双冠军，赵云蕾、田卿获得女双冠军，中国队夺得 3 金。

第三节　网球运动发展历史的探寻

一、网球运动的起源

网球运动是世界第二大球类运动，相关考证分析其起源于 10 世纪左右的一种用手击球的游戏。最开始是对墙击球，后来逐步发展成两人对击。在两个人之间横拉一根绳子，双方隔着绳子，用手把布缝制的、里面装有毛发的球打过来打过去，该项游戏最开始在室内进行，后来慢慢转移到室外，这就是古式网球的雏形。关于掌击球游戏的起源地，存在各式各样的说法。其中，一种说法是法国为掌击球游戏的起源地，另一种说法是爱尔兰为掌击球游戏的起源地，还有一种说法认为古希腊、古埃及、波斯（现伊朗）、罗马及阿拉伯是掌击球游戏的起源地。在掌击球游戏逐步发展的过程中，从最开始人们戴上手套击球，发展到最后开始用球拍击球。用球拍击球代替用手直接击球，象征着网球运动从游戏活动转变成体育运动。

14 世纪中叶，法国王储将游戏所用的球作为礼物赠送给英国国王亨利五世。此时期，球的表皮是由埃及坦尼斯（Tennis）镇生产的斜纹法兰绒制作的，所以英国人称该球为“tennis”，并且一直流传至今。截止到现在，网球运动的球依然保留着一层柔软的绒面，“tennis”一词成为网球运动专用语。英国国王爱德华三世在位期间特别喜爱该项游戏，遂下令在宫内建造室内球场。此后，网球运动逐步推广到英国的各个地区，发展成为英国上层社会的娱乐活动之一。由于该项活动最初均在法国宫廷与英国宫廷流行，因此网球运动又叫作“贵族运动”“皇家网球”等，该阶段盛行的是室内网球。

16 世纪初，这一球类游戏被法国拥有好奇心的国民遇见并模仿，并且在很短时间内就传播到了很多大型城市，另外对所用工具进行了一定程度的改良。制造出的球更加耐用，拍子从木板变成羊皮纸板，拍面面积有所放大，握把的柄有所加长。对于场地中间的绳子，添加了若干根短绳子朝地面垂下，当球经过绳子下面时，能够明显看出来。不久之后，法国国王路易斯下令禁止，同时还规定该项球类游戏属于宫廷的特权游戏。17 世纪初，场地中间的绳帘被小方格网子所替代，与绳帘相比，小方格网子可以发挥更好的作用，拍子被替代成穿线的网拍，更加轻巧有弹性。在随后一段时间内，古式网球被成功地在德国及欧洲各个国家普及，同时确定了每局 0 分、15 分、30 分、40 分的计分法。与此同时，真正意义上的网彻底替代了把对手分开的绳子，橡胶球彻底替代了弹性较差的布制球和皮制球。另外，对球拍也进行了一定程度的改进。

1873 年，掌握古式室内网球的英国少校沃尔特 • 克洛普顿 • 温菲尔德受到羽毛球运动启迪，将古式网球和羽毛球充分融合在一起，最终设计出了适合户外开展的草地网球，并且成功获取场地专利权、规则专利权、器材专利权，由此温菲尔德少校获得英国女王维多利亚勋章，并且其半身雕像矗立在伦敦草地网球协会会址的走廊里。

1874 年，美国女士玛丽 • 奥特布里奇将网球器材带到纽约，在纽约附近斯特誉岛的一个板球和棒球俱乐部的草坪上建造起了网球场。网球运动进入美国后，传播范围迅速波及费城、新港等城市，两次世界大战期间，战争导致世界其他国家的网球赛事被迫停止，只有美国网球运动发展没有受战争影响，并且还获得了巨大进步。截止到现在，美国网球运动员的技战术水平依旧领先于其他国家。

1875 年，该运动在 8 字形球场上获得了更加深入的发展，全英槌球俱乐部在槌球场边另设了一片草地网球场。不久，古式网球的权威组织者玛利博恩板球俱乐部制定了和该项运动相关的一系列规则。

1877 年，全英槌球总会改名为全英槌球和草地网球总会，亨利 • 琼斯担任裁判，同时还和其他三名会员修订网球规则。当时决定球场为长方形，长 23.77 米

（78 英尺[①]），宽 8.23 米（27 英尺），发球线离网 7.92 米（26 英尺），网中央高度为 0.99 米（3 英尺 3 英寸[②]）。发球员发球时，一脚可站在端线前，另一脚站在端线后，发球失误一次不判失分。采用古式室内网球 0 分的、15 分的、30 分的、40 分的每局计分法。因此，亨利·琼斯被誉为现代网球奠基人。修订完规则之后，英国伦敦郊外的温布尔登建造了崭新的草地网球场，同年 7 月成功举办了第 1 届草地网球锦标赛［温布尔登网球锦标赛，简称“温网”）］，参与该项比赛的是 22 名男选手。自此，现代网球运动正式诞生。

1878 年，相关人士也对规则与场地展开了修改。添加了双打，场地两边均增加 1.37 米（4 英尺 6 英寸），缩短发球线和网的距离，从原来的 7.92 米（26 英尺）修改为现在的 6.40 米（21 英尺）。1882 年，把网高降低到当前高度，中央为 0.914 米（3 英尺），两端为 1.07 米（3 英尺 6 英寸）。由此，网球场地面积规格及球网规格一直保留到现在。

近代网球运动诞生以后，在很短时间内就成功传入世界各个地区。除英国、法国、美国外，加拿大、德国、比利时、捷克斯洛伐克、瑞典、澳大利亚、斯里兰卡、南非、印度、日本等国的网球运动均获得了很大发展。世界各国网球赛事不断增加，各类网球协会陆续成立，网球运动的发展速度不断提升。

二、网球运动的发展

（一）世界网球运动的发展

对于世界网球运动的发展，主要从世界网球热的形成、世界网球赛事的发展两个方面展开阐析。

1. 世界网球热的形成　从 19 世纪末开始，现代网球运动的帷幕被温布尔登网球锦标赛缓缓拉开，自此网球运动利用自身魅力，使参与该项运动的人数不断增加。如今，网球运动已经发展成国际性热门运动之一，同时欧洲地区和美洲地区也掀起了网球运动热潮。网球运动在欧美国家的普及范围十分广泛，是任何项目都无法替代的。对于法国、英国、西班牙等网球强国来说，国民对网球运动的热情也在不断增加。伴随着网球运动普及范围与影响力的不断增加，出现了一批又一批高水平的青少年网球选手，并且在国际性网球大赛中取得了傲人成绩，成为全世界网球爱好者啧啧称赞的对象，全世界范围内的网球热已经形成。

2. 世界网球赛事的发展　分析国际体坛全部的运动项目比赛可知，网球比

---

① 1 英尺≈0.3048 米

② 1 英寸≈0.0254 米

赛的活跃程度极高。自1968年规定职业网球运动员和业余网球运动员能够参与同一比赛后，网球比赛名目与次数出现了大幅度增加，出现了锦标赛、卫星赛、挑战赛等形式各异的比赛。从全世界角度进行分析，大约每周都会有这类大型比赛。在1988年第24届奥运会上，网球运动被列入奥运会正式比赛项目。截止到现在，世界各国每年举行的国际网球赛中，男子赛事有100多次，女子赛事也接近100次。绝大多数网球运动赛事均设有高额奖金，特别是在规定职业网球选手可以参与不同种类的网球赛事之后，大型网球赛事的奖金数额不断上涨。例如，首届美国网球公开赛（简称“美网”）奖金总额为10万美元，到1982年已经增加到150万美元，这些年来更是呈现出了大幅度上涨趋势。2014年美国网球公开赛总奖金增至3830万美元，与2013年相比有了11.7%的增长，与2011赛季总奖金相比则提升了65%。与此同时，男女单打冠军获得的奖金高达300万美元，双打冠军奖金为52万美元，混双冠军奖金为15万美元。2015年，美国网球公开赛总奖金继续提升，达到4300万美元，历史上第一次突破4000万美元大关。男女单打冠军的奖金也达到330万美元，较2014年增加了30万美元。伴随着网球赛事奖金数额的不断上涨，球星也能获得丰厚收入，这样就会吸引越来越多的人参与网球赛事，进而为世界网球运动的可持续发展打下坚实基础，同时使网球运动在世界范围的知名度不断提升。

（二）中国网球运动的发展

1895年，国外传教士和商人将网球运动带到中国。在最开始，网球运动仅在北京汇文中学、通州协和书院、上海圣约翰书院、广州岭南学校等教会学校开展，同时参与群体只局限在上流社会及部分学校师生。后来，在北京、天津、上海、广州、香港等大城市及部分通商口岸城市开展起来。

在新中国尚未成立之前，我国网球赛事已经十分普遍。自1910年第1届全国运动会到1948年第7届全国运动会，网球比赛始终被列在正式比赛项目中。需要说明的是，第1届全国运动会和第2届全国运动会仅允许男子参与，第3届全国运动会才允许女子参与。

1913年，网球运动被远东运动会列入正式比赛项目。1915～1934年，我国男子网球队先后参与了9届远东运动会，我国女子网球队分别参与了第6届和第10届远东运动会的表演赛。在第8届远东运动会上，以邱飞海、林宝华为主力的中国队登上了冠军宝座。1924～1946年，我国选手还参加了6次“戴维斯杯”网球赛。邱飞海是我国首个参加温布尔登网球赛的运动员，在1924年的比赛中进入第二轮。

在温网比赛中，许承基比赛成绩最佳，1938年被列为赛会第八号种子，单打比赛进入第四轮。此外，许承基先后蝉联两届英国硬地网球锦标赛单打冠军。新中国成立前，网球运动在我国存在参与人数少、水平低的问题。新中国成立后，随着党和政府对网球运动关注度的不断增加，网球运动发展速度不断加快，网球运动从少数人参与的活动转变为群众性比赛项目。

1953 年，中国网球协会正式成立，协会主席由吕正操担任，同年在天津市成功举办第一次全国网球表演赛。1956 年 7 月 9 日至 8 月 17 日，印度尼西亚草地网球协会派队访问我国，两国队员先后在北京等地参与了 24 场比赛，这是新中国成立后首次开展的网球国际交往，这对我国网球运动发展起到了巨大的推动作用。在此之后，我国网球运动员先后和 30 多个国家与地区进行了沟通与交往，参与过很多大规模的国际比赛，同时多次夺得理想成绩。例如，朱振华和梅福基在 1959 年波兰索波特国际网球赛中首次夺取双打冠军，在 1960 年匈牙利布达佩斯国际网球赛中夺取双打冠军。在该阶段，我国还定期举办了全国网球单项比赛、全国硬地网球冠军赛、全国青少年网球比赛等，同时也在多地开展了老年网球赛、高校网球赛、少年网球赛等，以上竞赛都有效推动了网球技术水平的提升。

此后，由于“文化大革命”的影响，我国的网球运动同其他体育项目一样受到了很大的冲击，网球运动水平停滞不前，甚至倒退，与国际网坛也几乎断绝了交往。1978 年后，随着我国经济的快速发展，我国网球事业也步入了腾飞的阶段。

1980 年，中国网球协会被国际网球联合会（简称“国际网联”，ITF）接纳为正式会员，中国网球运动发展水平大大提高。网球运动的发展呈现出勃勃生机，越来越多的人喜爱网球运动，直接参与网球运动的人数急剧上升，一些大中城市开始建造网球中心或俱乐部，一些高校也建造了网球场，网球运动在我国大中城市，特别是在我国高校轰轰烈烈地开展起来。国家也投入大量的人力、财力和物力，采取“请进来、送出去”的方法大力培养优秀选手，努力缩短与网球先进国家的距离，并取得了可喜的成绩。1980 年 10 月，余丽桥在东京女子网球公开赛上获得单打冠军；1981 年 1 月，李心意和胡娜获得美国白宫少年网球锦标赛女子双打冠军；1981 年，新中国第一次参加“联合会杯”赛，参赛地点是日本东京，参赛选手有余丽桥、王萍、胡娜、李心意，这 4 名选手是当时我国能力最佳的女子网球手，首轮比赛全胜泰国队，第二轮比赛负于澳大利亚队；1983 年中国男子网球队在吉隆坡摘取了亚洲最高水平的男子团体赛桂冠——加法尔杯赛冠军；在 1986 年第 10 届汉城（今首尔）亚洲运动会网球赛上，我国李心意获女子单打冠军。在 1990 年第 11 届北京亚运会网球赛上，我国网球选手夺得了 3 枚金牌（男子团体冠军、潘兵获男子单打冠军、夏嘉平和孟强华获得男子双打冠军）、3 枚银牌和 1 枚铜牌，创造了历届亚运会最好成绩。在 1992 年第 25 届奥运会上，我国网球女选手李芳、陈莉、唐敏和男选手夏嘉平、孟强华首次打进奥运会赛场。

1993 年，我国第一次举办国际网联男子网球巡回赛，参与该比赛的国家与地区共计 15 个，我国网球运动员潘兵、夏嘉平、张九华都参与了该比赛，该比赛是国际网联系列比赛中最初级别的比赛。1994 年，我国首届全国大学生网球赛在浙江大学举行，参赛选手来自我国 27 所高等院校，参赛人数共计 150 多名，最终男子团体赛冠军和女子团体赛冠军均由浙江大学一队夺取。1994 年，我国网球选手潘兵再次获得亚运会网球赛冠军。1995 年，我国网球选手李芳打进世界女子排名前 50 强，随后攀升到世界排名第 37 位。1996 年，易景茜成功进入法国网球公开赛（简称“法网”）的第二轮比赛，成功追平李芳在罗兰加洛斯创造的中国网球选手最佳成绩。

进入 21 世纪，我国网球运动更是得到进一步的发展，在训练和竞赛体制上严格遵循网球运动规律，并结合本国的实际情况发展网球运动，我国选手又取得了更好的战绩。

2002 年，我国女子网球队在“联合会杯”亚太区地区赛中荣获亚运会网球女单冠军；第 21 届世界大学生运动会网球赛上，我国选手李娜取得了历史性的突破，首次冲出亚洲，打入了“联合会杯”世界组外围赛。

2003 年是我国网坛硕果累累的一年，男女运动员均取得了不俗的成绩。同年 6 月，在维也纳职业女子网球赛上，孙甜甜、李婷、晏紫、郑洁首次包揽国际女子职业网联（WTA）双打冠亚军。男网选手朱本强、曾少炫在上海喜力公开赛上，获得了中国男网历史上首次国际职业网球联合会（ATP）双打亚军。此外还有多名颇具潜质的青少年选手活跃在国际青少年赛事中，并取得了多项冠军。

在 2004 年第 28 届雅典奥运会网球赛场上，李婷、孙甜甜经过奋力拼搏，在决赛中以 2∶0 击败西班牙选手马丁内斯、帕斯奎尔，勇夺女子双打金牌，取得了令人骄傲、令人鼓舞的成绩。她们在希腊神话诞生的地方把中国神话变成了现实，中国人第一次在奥运会网球赛场上看到了冉冉升起的五星红旗，听到了雄壮的国歌，这对中国网球和亚洲网球来说，都是一个划时代的里程碑。

在 2006 年 1 月澳大利亚网球公开赛（简称“澳网”）上，郑洁、晏紫一路过关斩将，带给国人一个又一个惊喜，最后在决赛中战胜赛会头号种子——美国选手雷蒙德和澳大利亚选手斯托瑟组合，在墨尔本中心赛场上托起了女子双打冠军的奖杯，这也是中国第一座大满贯赛事的奖杯。同年，李娜连胜世界前十名选手，昂首挺进温布尔登网球锦标赛八强；在联合会杯世界组附加赛中，中国女子网球队战胜老牌强队德国队，历史性地闯入“联合会杯”世界组八强。

此外，我国网球运动员李娜不仅是中国第一个获得大满贯单打冠军的选手，放眼亚洲也开创了先河、无人能及。2007 年初，在悉尼网球公开赛上，李娜进入四强，并将自己的世界排名提升到第 16 位，创造了中国选手的最高世界排名。2008 年北京奥运会，李娜连克 3 号种子斯沃特拉娜 • 库兹涅佐娃和 8 号种子维纳斯·威廉姆斯等好手，获得女子单打第四名，创中国运动员网球女单奥运会的最好成绩。2010 年 6 月 28 日，在温网第四轮比赛中，李娜凭借实力首次进入世界第 9 强，再创中国选手新高。2011 年，李娜在澳大利亚网球公开赛打进个人第一场大满贯单打决赛，夺得女单亚军，并在之后的法国网球公开赛女单比赛中登顶封后，成为第一位获得大满贯赛事单打冠军的亚洲网球选手。2014 年，李娜在澳网获得第二个大满贯冠军，成为澳网百年历史上亚洲选手首个澳网单打冠军及公开赛以来澳网最年长的单打冠军。在同年 2 月 17 日 WTA 公布的世界排名榜跃居世界第二，创造了又一个亚洲历史。

2015 年 1 月，郑洁与詹咏然搭档，获得澳网女子双打亚军；6 月，在伊斯特本举行的草地网球赛女双决赛中，郑洁与詹咏然搭档获得亚军。

我国网球运动员获得的以上比赛成绩，都象征着我国网球运动已经和世界网球运动最高水平之间的距离越来越小，反映出我国网球运动发展取得了很大的进步。但不可忽视的是，我国网球运动水平依旧和世界其他国家存在着较大距离，因此我国网球教练、运动员及其他相关人士均需要不断努力，以此来有效推动我国网球运动的健康、稳步发展。表 1-1 是我国网球运动发展历程中的大事件。

表 1-1　中国网球大事

时间	中国网球大事
1860 年	英法联军在天津紫竹林修建练兵场，附带网球场
19 世纪末 20 世纪初	以上海圣·约翰大学为首的 14 所教会学校率先举办网球活动
1953 年	在天津举办的全国四项球类运动会上，网球成为正式比赛项目
1955 年	中国派遣代表队参加英国温布尔登网球锦标赛
1971 年	“文化大革命”尚未结束，一些地方体工队悄悄组建网球队
20 世纪 90 年代中后期	中国开始有计划地向国外输送优秀的女子单打运动员参赛
2003 年	优秀的中国球员正式注册为职业球员，开始巡回赛
2004 年	孙胜男夺得澳大利亚网球公开赛青年组女子双打冠军，成为中国历史上第一个大满贯冠军；李婷、孙甜甜获得奥运会女双冠军，是中国网球在奥运会上获得的第一块金牌
2005 年	彭帅在阿库拉精英赛中闯入四强，成为第一个进入 WTA 一级赛的单打四强选手
2006 年	郑洁、晏紫在澳网、温网女双比赛中夺得冠军，创造中国选手在四大满贯赛中的最佳成绩
2007 年	在悉尼网球公开赛上，李娜进入四强，并将自己的世界排名提升到第 16 位，创造了中国选手的最高世界排名
2008 年	北京奥运会，李娜连克 3 号种子斯沃特拉娜·库兹涅佐娃和 8 号种子维纳斯·威廉姆斯等好手，获得女子单打第四名
2010 年	在温网第四轮比赛中，李娜凭借实力首次进入世界第 9 强，再创中国选手新高

续表

时间	中国网球大事
2011 年	李娜夺得法国网球公开赛冠军
2013 年	海峡组合彭帅、谢淑薇联手捧起了温网女双冠军奖杯
2014 年	1 月，李娜第三次跻身澳大利亚网球公开赛决赛并最终收获女单冠军；9 月，仁川亚运会网球女单决赛中，王蔷夺得金牌
2015 年	1 月，郑洁与詹咏然搭档，获得澳网女子双打亚军

第二章　小球运动的健身价值分析

小球运动具有多方面的健身价值，这是其能够普遍开展的重要原因。参与小球运动，能够起到良好的锻炼效果。本章在对生理健康进行分析的基础上，阐述了小球运动的生理学基础，最后对小球运动的健身价值进行了多方面的研究。

第一节　生理健康概述

一、生理健康

生理健康即个人的身体健康状态，生理健康的人，其身体各系统能够正常运行，并且各器官和组织机能状态良好。生理健康不仅是指人们没有生理方面的疾病，还应具有一定的体能基础，能够满足生活需要，并具有足够能量来完成各种活动任务的能力。具有良好的生理健康状况是预防疾病和提高生活质量的重要基础。生理健康的基本标准为身体各器官、系统发育良好，无病理信息，体质健壮，功能正常，精力充沛并有良好的劳动效能，平时的体格检查正常。

现代意义上的健康包括多方面的内容，而生理健康是其重要的方面。一般而言，能够引起人体生理疾病的重要因素为自然环境方面的因素。自然环境一方面为人们提供了各方面的资源；另一方面由于过度开发导致了自然环境的恶化，从而影响人体的生理健康状况。人们认为，很多生理疾病都是由环境恶化造成的。例如，如今备受人们关注的雾霾天气，空气中的一些可吸入颗粒附带有大量的细菌、病毒、有害化学物质等，可造成人体的呼吸道疾病、脑血管疾病、鼻腔炎症等，危害严重。

二、影响生理健康的因素

（一）生物遗传因素

所谓遗传，就是亲代、子代之间性状存在的相似性，人类以 DNA 作为遗传物质。在生物遗传的作用下，每一个生物的后代都会在一定程度上继承前代的一些基本特征，从而实现了生物物种的延续。

人体正常性状的遗传包括性别、性格、精神、体表性状等多个方面。一般认为，子女的身高在很大程度上受到遗传因素的影响，这也是人们进行运动员选材的重要依据。学者认为，只要具有卓越运动才能的亲代不是极端的个体，其子代中不但有50%以上的个体具有优越的运动才能，而且可能出现超越亲代的个体。这是生物遗传因素的积极方面。

需要注意的是，生物遗传也造成了很多显性或隐性的疾病遗传给后代。例如，很多学者认为，高血压、糖尿病、近视等疾病与遗传因素具有重要的关系。研究表明，有糖尿病阳性家族病史的人，其糖尿病患病率显著高于家族史阴性人群，如果夫妻双方都患有糖尿病，则子女患糖尿病的概率要比普通人高15～20倍。

（二）自然环境因素

1. 自然环境概述　自然环境对于人体的生理健康具有重要的影响。所谓自然环境，即人类生存及发展的各种自然及经过改造的各种因素的总体。具体而言，这些因素包括大地、空气、动植物、人工区域等。

人类生活在自然环境之中，与自然环境有着千丝万缕的联系，人类的各项活动都离不开自然，它是人类赖以生存和发展的基础，为人类的发展提供了必要的物质资源。在自然环境中生活的人类，时时刻刻都在与自然环境进行着能量和物质的交换，如人体进行呼吸作用，吸收氧气，排出二氧化碳。

2. 自然环境对健康的影响　人类生活在自然环境中，与自然环境是密不可分的整体。当自然环境发生相应的改变时，会对人体的生理活动产生一定的影响。当环境发生良好变化时，会对人体的生理功能有良好的改善作用；当环境发生恶化时，会对人体造成不良的影响，损伤人体的健康。影响人体健康的自然环境因素大致可分为三类。

（1）化学性因素　人们在生产生活中，不断向自然环境中释放各种化学物质，尤其是在工业生产中，很多化学物质都是有毒的，有些则是在自然环境下发生相应的反应而成为有害物质，包括煤炭燃烧、工业生产、汽车排放等，以及在农业生产中，杀虫、除草用的农药，促进作物生长的肥料等。当这些有害因素进入大气、水中和土壤时，便造成自然环境的污染，从而直接、间接地对人体健康产生危害。

（2）物理性因素　人类在对世界进行改造的过程中，不可避免地会产生相应的物理性污染物，这些污染物包括灰尘、噪声、辐射等。另外，人们时时刻刻都在进行着对外界环境的改造，凿山修路、抽水灌溉、堵河建堤都会对自然环境产生相应的影响，处理不当，将会危害人类的生理健康。

（3）生物性因素　生物性因素也是影响人体生理健康的重要自然因素。细菌、病毒、真菌、寄生虫等都会导致人体的一些疾病；昆虫、野兽等可能会危害人身安全；一些植物可以医用，有些则有毒性。这些生物性因素都会或多或少地影响人们的生理健康。

当自然环境受到破坏时，会对人体产生一定的危害作用，有时这一危害会马上呈现，有时作用时间较长，危害不易被发现。

（三）行为与生活方式因素

人们的行为和生活方式对于人体的生理健康也具有重要的影响。不良的行为和生活方式会直接或间接地给健康带来损害。行为是机体对外界刺激所产生的反应，人们的行为有本能和社会两大类。人们的生活方式则是人们满足自身生活需要的全部活动形式与行为特征。总之，行为和生活方式是人们受社会各方面影响而形成的生活习惯、生活态度、生活制度等。

我国古人对于行为与生活方式对人体健康的影响就有较为深刻的认识。古人认为："起居时，饮食节，寒暑适，则寿命增"。当人们生活起居有规律，进行科学合理的饮食，并适应环境变化增减衣服，则能够健康长寿；否则，就会造成体弱多病，寿命较短。现代人们认为，很多疾病的发生、发展都与不良的生活方式和行为有关。

如今，抽烟、酗酒、暴饮暴食、过多摄入脂肪和糖等不健康的饮食生活方式，不规律的娱乐休闲、熬夜、长时间看电视、玩电脑游戏成瘾等不健康的休息方式，缺乏锻炼或不运动等不健康的运动方式，导致了各种疾病的出现。

（四）卫生服务因素

卫生保健服务又称为健康服务，是医务人员利用相应的卫生资源，有计划地对人们进行必要的医疗卫生服务的过程。如今，合理的卫生资源配置对于人体的健康具有极为重要的作用。在过去，卫生服务相对落后，对于疾病的预防和治疗不力，加重了疾病对于人们健康的影响。近年来，随着我国经济的发展，国家对于医疗卫生服务方面的投入逐渐增多，从而更好地促进了我国人民体质的增强及健康状况的改善。

随着经济社会的发展，医疗卫生服务的主要任务将不止是为了治疗疾病，更重要的作用是促进人们的健康。通过加强医疗卫生方面的基础设施建设，定期组织实施相关的健康服务，能够有效预防疾病的发生，对于人们生理健康的发展具有积极的意义。

总而言之，引起生理性疾病的自然因素包括多个方面，为了促进人体生理健康的发展，必须注重自然因素对于人类的影响。

第二节　小球运动的生理学基础

一、人体肌肉的工作

（一）肌肉的基本结构

肌肉由肌细胞组成，肌细胞形状细长，所以又称为肌纤维，其是肌肉的基本功能单位。在肌纤维外有一层结缔组织膜包裹，称为“肌内膜”。肌束由若干条肌纤维构成，其外围有肌束膜包裹。肌束构成了一块块肌肉，肌肉外面也包围着一层结缔组织膜，即肌外膜。人体肌肉中，水分约为3/4，另外1/4左右为固体物质（如能量物质、蛋白质、酶等）。

骨骼肌是人体运动的动力来源，其广泛分布于人体的各个部位。生理学研究表明，人体内约有400块大小不一的骨骼肌，成年男性的骨骼肌占体重的36%～40%，成年女性的骨骼肌约占体重的35%。

人体运动时，骨骼肌通过收缩来牵动肌腱，牵动骨骼而产生相应的运动。肌腱的一端与肌内膜、肌束膜和肌外膜相连接；另一端与骨膜紧密结合。肌腱虽然没有收缩能力，但是其能够承受较大的拉伸负荷。

一般肌纤维分为两种，即白肌纤维和红肌纤维。白肌纤维即Ⅱ型肌纤维，其颜色较淡，快速收缩能力较强。红肌纤维即Ⅰ型肌纤维，其颜色较红，具有长时间进行收缩的能力。人体肌肉中这两种肌纤维以一定的比例组合在一起。不同的人，构成肌肉的两种肌纤维的比例会不同。

（二）肌肉的收缩形式

收缩是肌肉的最基本功能之一，而肌肉实现收缩功能的基本结构单位是肌纤维。肌肉进行的收缩是由神经冲动引起的，中枢神经系统将神经冲动通过相应的途径传给肌纤维，实现肌肉的收缩。肌肉收缩主要有如下几种基本的形式。

1. **向心收缩**　所谓肌肉的向心收缩，就是骨骼肌在收缩时肌肉长度发生缩短的收缩形式。这种收缩是最为普遍的一种形式。在向心收缩中，等动收缩是其中一种特殊的形式，是指整个关节运动范围内肌肉以恒定的速度进行的用力收缩。

2. **等长收缩**　当肌肉收缩产生的张力等于外力时，或肌肉的紧张用力维持肢体保持某一种姿势时，肌纤维虽然积极收缩，但是肌肉的总长度并没有发生变化，这一收缩形式即等长收缩。在等长收缩时，虽然肌肉长度没有发生变化，但是其内部肌纤维处在收缩中，从而使得弹性成分被拉长。

3. 离心收缩　当肌肉产生的张力小于外力时，肌肉虽然积极收缩，但是仍被拉长，这就是离心收缩，又称为“拉长收缩”。离心收缩发挥的主要作用是帮助身体克服重力、减速、制动等。例如，人体跑动中大腿快速抬高时，屈髋肌群用力收缩，为了防止其太高，伸髋肌群会进行离心收缩。

（三）肌肉工作的协作关系

在人体进行各项运动时，并不是靠单一的肌肉来完成工作的，即使是一些简单的动作，也需要多项肌群的协作。在多块肌群的参与下，人体才能够完成各种动作、保持相应的动作姿势。一般人们根据肌肉协作过程中发挥作用的不同而将肌肉分为 4 种类型。

1. 原动肌　原动肌即直接完成相应动作的肌群，在动作完成时起主要作用的为主动肌；帮助动作完成或在某一阶段进行收缩的则为次动肌。

2. 对抗肌　在做相应的动作时，其作用与原动肌相反的肌群即对抗肌。对抗肌与原动肌是相对概念，当运动方向发生改变时，两者的性质可能也会发生改变。在进行快速运动结束时，对抗肌收缩紧张，保证关节的稳固。

3. 固定肌　所谓固定肌，即固定原动肌附着于骨的肌肉。固定肌使得主动肌的拉力方向朝着固定点，保持拉力方向的一致。

4. 中和肌　中和肌的工作有两种情况，具体如下。

1）有时两块原动肌有一个共同的作用，但其第二个作用是互相对抗的。例如，斜方肌可以使肩胛骨上回旋和内收，菱形肌则使肩胛骨下回旋和内收。

2）当原动肌发挥多种功能时，其他一些肌肉参与工作，抵消原动肌的一些功能，使动作更准确，这些肌肉称为中和肌。

二、人体的能量代谢

能量代谢是维持人体各项生理活动和各项运动的重要基础。能量代谢即机体物质代谢过程中出现的伴随能量释放、储存和利用等的过程。

人体的各项活动都需要消耗一定的能量，直接能量来源为腺苷三磷酸（ATP），肌肉在进行收缩时，需要 ATP 供能。ATP 的重新合成需要糖、脂肪和蛋白质的氧化分解。人体通过一系列生物氧化过程，将能量物质分解，产生能量，大部分以热的形式来维持体温，很少一部分转化为化学能，储存在 ATP 的高能磷酸键中。ATP 的再合成有多种途径，就其供能系统而言，主要有以下三种。

（一）磷酸原供能

1. *磷酸原供能系统*　ATP、CP（磷酸肌酸）两种高能化合物中含有相应的高能磷酸键，人体代谢过程中，磷酸基团通过转移而释放能量。所以人们将ATP、CP合称为磷酸原，两者构成的供能系统即磷酸原供能系统，也称为“ATP-CP系统”。人体进行相应的体育运动时，ATP转换率会加快，且与运动训练的强度成正比。运动者的训练强度越大，ATP转换率越快。需要注意的是，ATP在肌肉中的贮存量并不决定ATP主要作用的发挥，它的合成速率才是其发挥作用的决定因素。

CP是贮存在肌细胞中与ATP紧密相关的另一种高能磷化物，分解时能释放出能量。当肌肉收缩且强度很大时，随着ATP的迅速分解，CP随之迅速分解产生能量。当人体在安静的状态下，高能磷化物以CP的形式积累，故肌细胞中CP的含量为ATP的3～5倍。当人体ATP分解为腺苷二磷酸供能时，ATP的含量下降，但是在肌酸激酶的作用下，CP分解释放能量供给腺苷二磷酸重新合成ATP，从而使得ATP分解速度与再合成速度几乎相等。因此，在进行剧烈运动的最初几秒，人体ATP的含量变化并不大，而CP则迅速减少。但是，当运动时间延长时，两者的含量都大幅度下降。

磷酸原供能系统中，ATP、CP均以水解分子内高能磷酸基团的方式供能，其是一切短时间、高功率运动的供能系统。虽然磷酸原系统储量少，但是其持续时间较短，输出功率最大，并且不需要氧气，不产生乳酸。

2. *不同强度运动下磷酸原的变化*

1）当进行力竭运动时，CP储量会接近耗尽，而ATP储量一般不会低于安静时的60%。

2）当以75% $V_{O_2\max}$（最大吸氧量）强度持续运动达到疲劳时，CP储量可降到安静值的20%左右，ATP储量则略低于安静值。

3）当人体进行低于60% $V_{O_2\max}$ 强度运动，CP储量几乎不下降。这时，ATP的合成主要靠糖、脂肪的有氧代谢提供。

长期进行运动锻炼，能够使ATP酶和肌酸激酶的活性提高，从而提高机体ATP的转换速率。另外，经常进行体育运动锻炼还能够促进骨骼肌CP储量的增加，从而延长磷酸原系统供能的时间。

（二）糖酵解供能

在进行高强度剧烈运动时，人体对氧气的需求量增加，从而造成人体的相对缺氧，这时人体的供能系统主要为糖酵解供能系统。所谓糖酵解供能系统，即糖原或葡萄糖无氧分解生成乳酸，并合成 ATP 的过程。糖酵解的过程是在细胞质中进行的，这一过程不需要氧的参与，但是会产生乳酸。

机体的糖酵解过程分为两个阶段：首先，糖从葡萄糖生成 2 个磷酸丙糖；其次，磷酸丙糖转化为丙酮酸，生成 ATP。如果是在有氧条件下，丙酮酸可进一步氧化分解生成二氧化碳和水。

当 ATP 下降时，CP 就会立刻分解释放出能量，以促进 ATP 的合成。这时，糖酵解过程会被激活，肌糖原被迅速分解，从而提供体育运动所需要的能量。这一供能系统的主要特点为不需要氧气，供能总量要比磷酸原系统多，并且供能时间要比磷酸原系统长。但是，这一供能系统会产生乳酸，这一物质在体内不能被及时代谢时，会对体内环境造成破坏，从而造成肌肉工作能力的下降。

（三）有氧代谢供能

1. *有氧代谢的供能系统*　有氧代谢的供能系统是糖、脂肪和蛋白质在细胞内彻底氧化成水和二氧化碳，并合成 ATP 的能量系统，这一系统最为复杂。在一般情况下，糖和脂肪是主要的能源物质，人体脂肪和糖的储备量较大，因此该系统能够持续长时间供能。

肌糖原有氧氧化的能量输出功率是脂肪有氧氧化的两倍左右。当运动强度较高时，主要以糖作为供能物质，当肌肉中的糖原降低到一定水平时，脂肪将作为主要的供能物质，这时有氧氧化系统的输出功率将明显降低，造成运动能力的下降。因此人们认为，肌糖原储备对于长时间耐力运动具有重要的影响。

人体储备有丰富的脂肪，在安静状态下或进行低强度的运动时，脂肪是主要的供能基质。当人体的运动量逐渐增大时，其供能的比例会随着运动强度的增加而降低；而随着运动时间的延长，其供能也会增加。

人体的蛋白质供能相对较少，只有在高强度运动长于 30 分钟时，才参与供能。蛋白质供能与人体糖原储备具有重要的关系，当糖原储备充足时，蛋白质的供能占总热能的 5%左右；当人体的肌糖原耗竭时，蛋白质参与人体 10%～15%的热量供应。

2. *机体系统对有氧代谢供能的影响*　有氧代谢供能受到人体呼吸系统和心血管系统的影响，具体表现在如下两个方面。

（1）呼吸系统的影响　一般而言，肺通气量越大，吸入体内的氧气量也越多，通过加大呼吸频率和呼吸深度，能够在一定程度上提高氧气进入人体的效率，从而更加有利于有氧代谢供能系统的工作。

（2）血液系统的影响　血液中血红蛋白的主要任务是运输氧气，血红蛋白的数量是人体有氧耐力的重要影响因素。如果血红蛋白的含量较低，则其有氧代谢能力也会较弱。人体心脏泵血功能的好坏也对有氧耐力具有重要影响。运动生理学研究表明，人体在运动初期，其心输出量的增加是提高有氧耐力的重要方式。

三、人体的氧运输系统

人体的氧运输系统即呼吸系统和血液循环系统，这两个人体系统摄取氧气并将其运输到身体各部位，从而保证人体各项生命活动的开展。具体而言，呼吸系统将氧气吸入人体，氧气与血液中的血红蛋白相结合，在心脏的推动下，血液流遍全身，从而将氧气输送到各个组织器官。因此，人体摄取氧气的能力受到氧运输系统各个环节能力的制约。

（一）人体的呼吸系统

1. 呼吸系统的组成　　人体的呼吸系统由呼吸道和肺构成。而人体的呼吸道是由上呼吸道和下呼吸道构成的：上呼吸道包括喉、咽、鼻，下呼吸道包括气管和各级支气管。支气管进入肺中，在肺内形成树枝状分支，越分越细，最后形成呼吸性细支气管。呼吸性细支气管末端附有肺泡管，肺泡管又附有许多肺泡。肺泡具有吸收、分解气体的功能。

2. 呼吸系统的功能

（1）肺通气　　肺是人体气体交换的场所，肺通气即肺与外界空气的气体交换。人体的胸廓与肺在呼吸过程中会出现扩张与缩小的现象，从而引起肺通气。单位时间内肺吸入或呼出的气量即肺通气量。

（2）肺换气与组织换气　　人体在呼吸过程中，气体的交换主要是通过肺换气和组织换气来实现的。肺泡与肺泡毛细血管血液之间的气体交换即肺换气，组织毛细血管血液与组织细胞之间的气体交换即组织换气，二者的换气原理相同。具体而言，不同的气体分子连续从分压高处扩散到分压低处，使不同地方的气体分压都大致相等。不同地方的气体分压差是促使气体分子扩散的主要动力，气体交换的动力主要是人体不同部位的二氧化碳分压与氧分压的分压差。

（二）人体的血液循环系统

1. 血液的成分及功能　　血液是一种结缔组织，主要由血浆、血细胞和遗传物质构成，其维持着生命活动，人体各组织液进行相互沟通、组织液与外界环境进行物质交换等都是在血液贮存地进行的。

血量是人体内血液的总量，血量等于血浆量与血细胞量之和。通常情况下，成年人的血量为体重的 7%～8%。蛋白质、水和低分子物质都会存在于血浆中。其中，存在于血浆中的低分子物质包括不同种类的电解质和小分子有机化合物。

人体的血浆蛋白有三大类，即球蛋白、白蛋白和纤维蛋白。血浆蛋白的分子很大，不能透过毛细血管壁。不同的血浆蛋白，其生理功能也各有差异。

2. *心血管系统的组成*　人体的血液在机体内不断进行循环流动，从而构成了心血管系统，也称为“血液循环系统”。心血管系统的主要功能是维持人体的物质运输，使人体所需要的氧气与能量物质得到运输，同时也运输人体的各种代谢物质，保证人体新陈代谢的正常进行。而这些功能的实现是以血液的循环流动为基础的，这就需要心脏提供血液流动的动力，以及血管为血液流动提供路径。心脏是血液流动的重要动力器官，心脏一直在进行有节律的收缩和舒张运动，在这一过程中使血液流向身体的各个部分。血管是运送血液的管道，血液由心脏射出，通过动脉、毛细血管流经全身，然后经过静脉流回心脏。

四、人体的生理调节

人类生活在自然环境中，当外界环境出现相应的变化时，人体的内环境也会发生一定的变化，使人体的生理功能与外部表现改变。当外界环境的变化一直延续时，人体对其的适应和变化也将成为永久性的变化。人们将这种人体在长期环境变化影响下，功能和形态发生相应的持久性的变化称为适应。人体之所以能够适应外界环境，是因为人体存在着一系列自我调节的机制，根据机体的需要做出相应的调节。人体主要的调节机制有神经调节、体液调节和组织细胞的自身调节。

（一）神经调节

1. *神经调节机制*　神经调节即通过神经实现的调节机制。神经调节的主要特点为迅速、准确、短暂，具有高度协调和整理整合能力，是人体功能调节中最主要的调节方式。

神经调节主要依赖于机体对各种刺激的反射。所谓反射，即人体通过神经系统对外界和内部的各种刺激做出的应答性反应。例如，当手被利器刺到时会下意识地立刻缩回，这就是反射活动。产生反射的神经结构称为反射弧，反射活动必须通过反射弧才能实现。

反射弧包括 5 个组成部分：感受器、传入神经纤维、神经中枢、传出神经纤维、效应器。神经反射形成的一般过程：感受器（接受刺激）→传入神经纤维（传导冲动）→神经中枢（分析、综合）→传出神经纤维（传导冲动）→效应器（做出反应)。当环境条件发生变化时，感受器接受刺激，并将它转换成神经冲动，经传入神经到中枢。中枢分析处理传入信息，并发出传出信息，经传出神经至效应器，使之产生反应。根据反射形成的过程，可以将其分为条件反射和非条件反射两类。

1）条件反射是人体在后天获得的，是在非条件反射的基础上建立起来的高级神经活动过程，这一反射形式具有一定的易变性，外界反应发生变化时，其也会发生相应的变化。

2）非条件反射是与生俱来的一种低级神经活动，最为我们所熟知的非条件反射即膝跳反射。非条件反射一般会一直存在，除非有一些病变造成人体的功能障碍。

2. 人体运动的神经调节

（1）大脑皮质对人体运动的调控　人体的各项随意运动都是在大脑皮质的调节下进行的，在大脑皮质中参与随意运动调控的区域为皮质运动区，这一区域通过接收来自骨骼、关节和肌肉等方面的感觉冲动，感受身体在空间中的姿势、位置等方面的状态，并根据这一状态来控制和调节运动。

（2）小脑对人体运动的调控　小脑是人体的重要器官，其不仅与大脑皮质形成神经回路，同时还与脑干及脊髓有大量的纤维联系。小脑对人体的运动协调具有重要作用，其参与人体的运动设计和程序编制，在运动过程中，对于运动姿势的保持、随意运动的协调具有重要的作用。

（3）脊髓对人体运动的调控　脊髓是人体运动调控的低级中枢，其不仅支配着人体一些原始的反射活动，还接收外周感受器的传入信息，并进行初步的整合后传入脑区，同时将上位中枢传达的控制机体的信息传至相关的肌肉，从而对运动进行调控。

（4）脑干对人体运动的调控　在脑干中轴部位的神经元构成了脑区，其中的各种神经核团既获得来自脊髓各节段的传入信息，同时也发出下行纤维组成传导束，调节和控制脊髓神经元的活动。那些发起之后不需要意识过多参与的固定重复动作受到脑干的中脑运动区（MLR）的激活和控制。

（二）体液调节

体液调节是人体中的一些化学物质通过体液运送到身体的各个部位，从而实现对人体的调节作用。体液调节时，人体的各种内分泌腺分泌出相应的激素，通过血液循环至相应的器官和组织，从而对新陈代谢、生长、发育、生殖等生理功能进行调节。例如，肾上腺髓质分泌的肾上腺素通过血液循环到达心脏和血管，调节心血管活动。

在人体内，参与体液调节的多数内分泌腺直接或间接受中枢神经系统的控制。在这种情况下，体液调节成了神经调节传出途径中的一个环节，称为神经-体液调节。人体各种内分泌腺分泌相应的激素来调节人体的生理活动，这些内分泌腺包括丘脑、垂体、甲状腺、胰岛、甲状旁腺和性腺（图 2-1）。

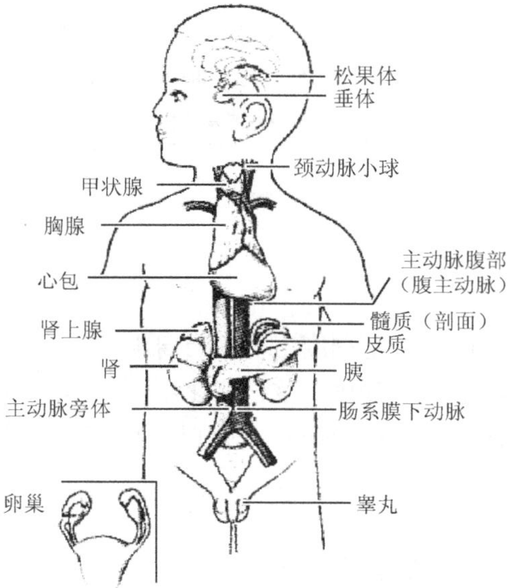

图 2-1　人体内分泌腺

不同的内分泌腺分泌的激素具有不同的生理作用，具体可参见表 2-1。

表 2-1　人体内主要内分泌腺分泌的激素及其主要生理作用

激素名称	主要来源	主要作用
甲状腺激素	甲状腺	促进糖和脂肪氧化分解（新陈代谢），促进生长发育，提高中枢神经系统的兴奋性
去甲肾上腺素	肾上腺髓质	可使多种激素，如促性腺素、促肾上腺皮质激素、促甲状腺激素的分泌受到影响。收缩动脉、静脉，升高血压
肾上腺素	肾上腺髓质	提高多种组织的兴奋性，加速糖原利用，增加骨骼肌血流，增加氧耗，增加心率、心肌收缩力
胰岛素	胰岛 B 细胞	调节代谢，增加葡萄糖利用和脂肪的合成；降低血糖，调控血糖水平
胰高血糖素	胰岛 A 细胞	调节代谢，刺激蛋白质、脂肪分解功能，使血糖升高
促胰液素	消化管	促进胆汁和胰液中 HCO_3^- 的分泌
抗利尿激素	神经垂体	增加肾小管、集合管对水的重吸收，减少水分从尿中排出；收缩血管，升高血压

续表

激素名称	主要来源	主要作用
生长激素	腺垂体	促进生长；影响代谢（增加蛋白质合成；增加脂肪动员；减少糖的利用）
催产素	下丘脑、神经垂体释放	具有刺激乳腺和子宫的双重作用；促进乳腺排乳（正反馈调节）
催乳素	腺垂体、胎盘	发动和维持泌乳
促性腺激素	垂体	维持性腺的正常生长发育，促进性腺合成和分泌性腺激素
促肾上腺皮质激素	腺垂体、脑	促进肾上腺皮质的功能，从而调节糖皮质激素的分泌与释放
促甲状腺激素	腺垂体	促进甲状腺激素的释放

（三）组织细胞的自身调节

人体的组织细胞能够在一定程度上实现自身调节，当外界环境发生变化时，其自身也会产生相应的适应性变化，这一变化不依赖神经和体液的调节。这一调节的范围相对较小，灵敏性较差。例如，通过相应肌肉的锻炼，使肌肉体积增大，肌纤维增粗。

五、运动疲劳的产生与消除

（一）运动疲劳产生的学说

在运动训练过程中，不同的运动形式、运动强度和运动时间所产生的运动疲劳的机制是不同的。目前，仍未能完全解释运动疲劳发生、发展的机制，大都是从某一方面对疲劳进行解释，相关的学说包括“能源衰竭学说”“堵塞学说”“离子代谢紊乱学说”“自由基致损伤学说”等。

1. 能源衰竭学说　能源衰竭学说认为，人们在参与相应的运动训练时，尤其是一些高强度的运动训练时，机体的能源物质会被大量消耗，如果得不到及时有效的能源补充，人体就会产生疲劳。学者认为，能源物质的消耗与运动疲劳有着重要的关系，而且不同形式的运动，其所消耗的能源物质也会有所不同，产生的疲劳也会不同。

一般当人们进行短时间高强度的运动训练时，主要的供能系统为磷酸原供能系统，这时消耗的能源物质为 ATP 和 CP，由于这两种高能化合物在肌肉中的含量很低，因此只能够维持 10 秒左右的运动。在人体进行中等强度的运动时，机体的主要供能方式为糖酵解系统和有氧氧化供能相结合。在人体进行长时间、低强度的运动时，主要供能方式为有氧代谢供能，糖和脂肪通过有氧氧化来提供能量。

生理学研究表明，当人体处于疲劳状态时，ATP 含量下降并不明显，而 CP 下降较为明显。运动负荷越大，CP 下降会越多，人们认为，CP 的过多消耗导致了运动疲劳。

人体在长时间运动过程中，工作能力会出现一定的下降，同时还伴随着血糖的降低。这时，通过补充一定的糖，可使人体的运动能力得到一定的恢复。

2. *堵塞学说*　堵塞学说也是运动疲劳产生的重要学说，该学说认为，当人体进行运动时，各项代谢的水平会提高，导致人体的各种代谢产物无法及时排出或消除，从而在细胞中堆积，这就会影响人体的正常代谢，从而使人体产生疲劳，造成人体的运动能力下降。人体在运动过程中产生的各种代谢物主要有 ATP、CP 的分解产物 ADP、AMP、Pi，以及糖酵解所产生的乳酸和 H^+。这些代谢物质不能及时消除而在细胞中不断积累，从而使得细胞发生一系列消极的生理生化反应。

（1）乳酸与运动性疲劳　相应的研究发现，在安静状态下，肌肉内的乳酸较少，仅为 1 毫摩尔/千克湿肌；在进行高强度运动时，随着运动时间的延长，人体的需氧量增加，糖原在体内进行无氧酵解供能使体内乳酸含量明显增多。随着乳酸在体内的堆积，其会通过各种途径造成人体的运动机能下降。具体作用机制表现在以下几方面。

第一，乳酸解离后生成的 H^+使肌肉 pH 下降，降低磷酸果糖激酶（PFK）活性，从而减慢糖酵解过程，减少运动时 ATP 的再合成，影响能量的供应。

第二，解离后的 H^+可与 Ca^{2+}竞争骨骼肌肌钙蛋白的结合位点，置换肌钙蛋白中的 Ca^{2+}，使兴奋-收缩解偶联，阻碍肌肉收缩，导致收缩机能下降。

第三，H^+可抑制脂肪酶活性，限制自由脂肪酸（FFA）的释放，从而降低脂肪氧化供能，导致肌肉工作能力下降。

第四，乳酸使血液 pH 降低，导致脑细胞工作能力下降。另外，在运动过程中，ATP 大量水解，当 ATP 水解速度大于其合成速度时，肌组织中 ADP、AMP 含量升高，可强烈激活 AMP 的分解代谢途径，从而使体内氨含量升高；氨含量升高又可促进糖酵解过程，使乳酸含量增加，导致 pH 下降，H^+浓度升高，使整个身体机能下降。

（2）磷酸化合物与运动性疲劳　机体进行短时间、高强度运动时，由于 ATP、CP 分解代谢加强，肌细胞中 ADP、AMP、Pi 等的浓度会明显升高。ADP、Pi 等在细胞内的浓度过高，是造成人体疲劳的重要原因。当人体进行 1 分钟 60%～100%最大强度运动时，ADP 浓度升高 20%～50%，Pi 浓度升高 300%，最大肌力下降超过 35%，肌肉的放松能力下降 60%。

1）ADP 与运动性疲劳。在人体肌细胞中，ADP 大多与肌动蛋白结合，只有少部分游离。当 ADP 浓度升高，肌动蛋白与肌球蛋白结合与分离转换时间延长，可导致肌纤维的放松速率减慢，从而使肌肉的输出功率下降，产生疲劳。

2）AMP 与运动性疲劳。在进行较为剧烈的运动时，AMP 脱氨酶被强烈激活，AMP 脱氨生成 NH_3 和肌苷-磷酸（IMP）。NH_3 在肌细胞内浓度升高，会产生毒害作用；同时，血液中 NH_3 浓度升高会对中枢神经系统产生影响，使运动的控制能力下降，思维连贯性变差；NH_3 的增加可降低丙酮酸的利用和减少摄氧量，最终减少 ATP 的供给，使人的运动能力下降，产生疲劳。

（3）细胞 pH 与运动性疲劳　人体在进行长时间的运动时，糖酵解会产生乳酸，并且容易在细胞内堆积，虽然乳酸本身对疲劳的作用较小，但是其可解离出 H^+。H^+浓度升高，pH 下降，使肌纤维的肌力、最大缩短速度、酶活性、肌质网 Ca^{2+}的重摄取能力下降，导致疲劳。

肌细胞内 pH 的下降与肌肉收缩力之间有显著相关性。研究表明，当肌肉 pH 由 7.5 降到 6.5 时，Ⅱ型肌纤维最大肌力降低了 25%之多。另外，pH 从 7.0 降至 6.2 时，Ca^{2+}与肌钙蛋白的亲和力下降，从而阻碍了横桥功能，引起肌力下降。

3. 离子代谢紊乱学说　离子代谢可造成人体运动性骨骼肌疲劳，人们现阶段研究的主要离子包括 Ca^{2+}、K^+和 Mg^{2+}。

（1）Ca^{2+}与运动性疲劳　人体在运动中，肌质网大量释放 Ca^{2+}而回收减少，一方面这些离子可通过多种途径，如激活磷脂酶（PLA_2）、中性蛋白水解酶、溶酶体酶等来对骨骼肌的结构和功能造成破坏，从而导致人体的疲劳；另一方面胞质 Ca^{2+}浓度增加时，线粒体主动摄取 Ca^{2+}，从而使其氧化磷酸化过程受到抑制，使氧化磷酸化解偶联，ATP 生成减少，造成运动能力下降。

（2）K^+与运动性疲劳　人体在进行运动时，细胞持续兴奋，使细胞内 K^+流失增多，影响了正常动作电位的形成，导致肌张力降低。另外，钾含量下降可造成体内葡萄糖的利用减少，抑制胰岛素分泌，减少骨骼肌糖原贮备，从而也能导致运动能力下降。

（3）Mg^{2+}与运动性疲劳　在运动过程中，随着细胞 Mg^{2+}含量下降，许多关键酶活性降低，导致细胞代谢障碍。另外，Mg^{2+}含量下降又可引起 Ca^{2+}代谢紊乱，两者共同作用，降低运动能力。

4. 自由基致损伤学说　自由基是游离在外层轨道，带有不成对电子的原子、离子或分子等物质，主要包括氧自由基、羟自由基（·OH）、过氧化氢（H_2O_2）、单线态氧（$^1O_2$）。氧自由基等可以与细胞膜上的不饱和脂肪酸发生脂质过氧化反应，生成对细胞具有毒性作用的过氧化物（LOOH），自由基过多还会导致核酸受损、蛋白质交联或多肽断裂，一些重要的代谢酶因交联聚合而失去活性。自由基在生物体的生命过程中不断产生，但同时机体内部也存在着一些酶可及时将其分解清除。

当人体内氧自由基含量增加时，其就会与生物膜中的多不饱和脂肪酸发生脂质过氧化反应。细胞膜系统脂质过氧化会使膜的液态性、流动性改变，膜上的酶、受体及离子通道受损，内质网结构改变，最终导致运动性疲劳的发生。

5. *保护性抑制学说*　保护性抑制学说认为，人的疲劳是大脑皮质保护性抑制发展的结果。在运动或进行脑力劳动时，大量神经细胞长期兴奋导致“消耗”增加，人体为了避免进一步消耗，在消耗到一定程度之后，便产生保护性抑制。

（二）运动疲劳的积极消除

1. *放松与整理活动*　运动训练之后的放松和整理活动是消除疲劳的重要方法。一般在运动训练结束之后就可进行相应的放松与整理活动，这能够促进人体的器官和系统逐渐从剧烈运动状态过渡到安静状态，促进肌肉放松，达到消除一定疲劳的目的。放松与整理活动形式较多，如慢跑、呼吸体操、肌肉与韧带拉伸等放松练习等，下面对各项放松与整理活动进行分析。

（1）慢跑和呼吸体操　在运动之后进行慢跑或做呼吸体操是一种良好的放松形式。以积极进行一些舒缓活动的方式来代替消极的安静休息，具有良好的作用，能够改善人体血液循环，促进各项代谢产物的消除，有助于消除疲劳。相关的生理学研究表明，通过慢跑和呼吸体操等形式的积极性休息，能够收到良好的恢复效果，其生理作用主要表现在如下几个方面。

一是能够促进血液中乳酸的排泄。在运动训练之后，进行一定的慢跑和呼吸体操活动，能够使肌肉中的血液保持较快的流速，从而将血液中的乳酸更快地排泄掉，有效缓解乳酸堆积的状况，促进人体疲劳的恢复。

二是防止运动性休克的出现。人体在高强度运动训练之后，血液大量分布于四肢，肌肉收缩挤压血管及呼吸时胸腔产生的负压可促进这些部位的血液循环。当人体由剧烈运动突然静止时，下肢的血液在重力的作用下会淤积在静脉和毛细血管中，从而使回心血流量减少，导致人体组织缺血、缺氧，引发运动性休克。通过进行一些放松活动，人体能够由剧烈状态逐渐过渡到安静状态，避免了血液循环的骤然变化，从而有效避免了运动性休克的出现。

三是防止过剩换气。当人体由剧烈运动到停止时，运动时欠下的氧债过多会导致急促的大喘气。当机体转换到轻运动时，氧债的补偿过程就能逐步完成，从而不必过勤换气。

（2）肌肉与韧带拉伸等放松练习　在运动训练之后，进行相应的肌肉与韧带的拉伸活动，能够缓解肌肉僵硬的状况，促进肌肉中乳酸的清除，有效减轻运动之后肌肉酸痛的症状。在进行肌肉和韧带的拉伸时，一般采用静力性拉伸的方式。

2. 充足的睡眠　睡眠是人类的一种休息方式，通过睡眠，能够促进体力恢复，是消除疲劳的良好方式。在运动训练之后，应保持充足的睡眠，促进机体的恢复。在睡眠过程中，人体的各项生理活动处于较低的水平，物质代谢减弱，合成代谢加强，有助于恢复在运动中所消耗的能源物质。另外，通过睡眠，大脑皮质细胞能够得到一定的休息，这是对大脑的一种保护。在高强度运动训练之后，应积极安排合理的休息，保持充足的睡眠，提升睡眠的质量。

3. 补充营养　运动中，机体会消耗大量的营养物质，为了补充因活动而消耗的物质、修复失常的体内机构及消除疲劳，补充适当的营养是非常重要的。通常需要及时补充的物质有糖、蛋白质、矿物质（如钙、铁）和维生素（如维生素C、维生素 B_1、维生素 B_2、维生素 A、维生素 E）等。

4. 理疗法　理疗即利用物理因素作用于人体，使之产生良好作用，达到治病、防病的目的。理疗方法众多，常见的主要包括水疗、拔罐、按摩等。在运动训练之后，通过进行理疗，能够促进人体的血液循环，促进营养物质的吸收和代谢物的排泄，从而达到良好的消除疲劳的目的。

（1）水疗法　水疗法也是一种重要的消除疲劳的方法。水疗能够促进体力的恢复，起到独特的消除疲劳的作用。一般常用的水疗法有盆浴（浸浴）、淋浴、涡流浴、蒸汽浴、桑拿浴等。不同形式的水疗方法会有不同的效果，应根据实际需要来选择相应的方法。

实践证明，短时间的冷水刺激可增加肌力，有助于疲劳的减轻。热水刺激使肌力下降，解除肌肉痉挛。温水刺激可放松肌肉，安抚神经，有刺激血管扩张、促进新陈代谢和血液循环、消除疲劳的作用。要想取得更理想的恢复效果，可结合浴后按摩。

（2）拔罐疗法　拔罐疗法在我国有着悠久的历史。在拔罐时，人们通过燃火、抽气等方法，使罐子产生负压，将罐子吸附在人体表面，最终使得吸附处瘀血。中医理论认为，通过这种方式能够达到通经活络、行气活血的效果。这一方法逐渐得到了更多人的认可，很多外国运动员都采用过这一方法。

（3）按摩疗法　按摩在我国也具有悠久的历史，相传在先秦时期已有。按摩能够起到良好的疲劳恢复效果。按摩一般不需要借助于相应的医疗设备，方法较为简单方便，易于学习和掌握。具体而言，按摩具有如下几方面的作用。

首先，按摩能够促进相应部位的气血运行，保持经络的畅通。

其次，通过按摩，能够使肌肉得到充分的放松，使关节保持良好的灵活性。

最后，按摩能够使人的精神振奋。

5. 药物疗法　在消除运动疲劳时，服用相应的药物也是一种常用的方法。一般最为常用的药物为一些中草药及天冬氨酸盐。

（1）中草药　我国中医理论注重人体的调理，而一些中草药对于消除人体疲劳具有良好的功效。很多中草药方剂具有促进运动疲劳消除的效果，而一些单一的中草药也具有强壮身体、消除疲劳的效果，如灵芝、人参、鹿茸等。

（2）天冬氨酸盐　天冬氨酸的钾盐或镁盐能在一定程度上消除疲劳，在运动训练中，常作为疲劳恢复剂。

第三节　小球运动的健身价值

一、对神经系统功能方面的健身价值

人体在运动过程中，受到神经系统的调节和控制，并且人体各器官和系统的各项生理活动也是在神经系统的支配下完成的。由此可见神经系统的重要作用，一般可将神经系统分为两大基本部分，即中枢神经系统和周围神经系统。中枢神经系统由脑和脊髓组成；周围神经系统为脑和脊髓以外的所有神经结构，包括神经节、神经干、神经丛及神经终末装置。

人们长期参与小球运动，能够促进神经细胞的兴奋性，使反应速度得到提高，兴奋和抑制的转换更加灵活。青少年参与小球运动，能够有效促进神经系统的发育，对于神经系统方面的疾病也具有良好的预防作用。

二、对呼吸系统机能方面的健身价值

人体参与呼吸的器官，如鼻、喉、气管、肺及支气管等，总称为呼吸系统。其中肺是气体交换的场所，而其他器官都是气体交换的通路（统称呼吸道）。人在安静状态下，每分钟需要氧气 0.25～0.3 升，也就是说只需要 1/20 的肺泡参与工作即可。但如果机体长期保持这种状态，呼吸系统就可能萎缩，功能降低。

人们在参与小球运动锻炼时，机体对于氧的需求量增多，随着运动强度的增大，需氧量也会更加剧烈。在长期的运动锻炼过程中，机体为了适应运动的需要，其呼吸系统的功能会得到改善和增强，从而使人体的摄氧能力得到提升。具体而言，小球运动的健身价值主要表现在以下两个方面。

（一）呼吸肌发达，肺活量增大

经常参与小球运动锻炼，能够促进运动者呼吸肌的增强，外部表现为胸围的增大。人体胸围增大，则内部的肺能够得到更加充分的扩展，对于青少年而言，

能够促进肺部的生长发育。通过长期进行小球运动，能够有效促进人体肺活量的增长。

（二）呼吸深度加深，呼吸效率提高

经常进行小球运动锻炼，能够使人体的呼吸系统机能得到提高，使运动者的呼吸深度加深，提高了呼吸的效率。不经常进行运动锻炼的人，其呼吸相对较浅，在运动时需要不断提高呼吸频率来增加氧气的吸入量。而经常参与小球运动的人，其呼吸深度较深，呼吸效率较高，在安静状态下，经常参与锻炼的人要比缺乏体育运动锻炼的人呼吸次数少，这使得呼吸肌能够得到一定的休息。

不参与锻炼的人与小球运动锻炼者每分钟呼吸量相同，但实际上气体交换量却不相同。缺乏体育运动锻炼的人在呼吸时，一部分空气留在呼吸道内不能进入肺泡进行气体交换，所以其实际换气量要小；而经常进行锻炼的人，其呼吸加深，效率较高，从而实际换气量提升。在进行相应的体育运动时，肌肉的需氧量增加，这时缺乏体育运动锻炼的人需要通过增加呼吸频率来适应氧气的需要量，因此运动时常常气喘；而经常进行体育运动锻炼的人由于呼吸机能提高，呼吸加深，在相同的条件下，呼吸频率稍有增加就可以满足气体交换的需要。因此，经常参加小球运动的人的呼吸效率更高，呼吸系统不易疲劳。

三、对血液循环系统方面的健身价值

经常参加小球健身运动，能够明显增强心血管系统的机能，使血管弹性增加、心肌变得肥厚、心搏徐缓和血压降低。小球运动对运动者血液循环系统的影响主要表现在如下几个方面。

（一）安静时心搏徐缓

经常进行小球运动锻炼，能够使运动者的心脏每搏输出量增加，在安静状态下，其心跳频率下降，从而使心脏能够得到良好的休息，这一现象称为心搏徐缓。人们认为，人的心脏是有工作寿命的，心搏徐缓能够增加心脏的预期寿命。

（二）运动性心脏肥大

心脏是人体血液流动的动力器官，强劲的心脏能够保证生命健康。经常参与小球运动锻炼，能够改善心肌的供血状况，促进心肌营养的补充，使心肌增强、

心脏容量增加，最终表现为运动性心脏肥大，心脏搏动更加有力，更好地保障人体生活和运动的需要。

（三）心脏工作潜力增大

心脏跳动具有一定的上限，普通人的最高心率一般在 180 次/分钟。当人体保持较高频率的心跳时，血液流动加快，从而保证人体各组织的氧气需求。经常进行小球运动锻炼，能够促进心脏工作潜力增大，也就意味着心跳频率的提高，这就使机体能够承担更大的负荷量，从而为人的生存和发展创造更好的机会。

（四）氧运输能力增强

血液是人体的重要运输载体，其将人体所需要的氧气运送至各个组织，同时将代谢产生的二氧化碳输送至肺部，通过呼吸作用排出体外，血液中承担这一任务的是血红蛋白。生理学研究认为，1 克血红蛋白可携带 1.34 毫升的氧。

经常参与小球运动锻炼的人，其血液中血红蛋白的含量会出现一定程度的升高，血液氧运输能力会增强。同时，肌肉组织氧分压的降低、血液温度的增加、血液 pH 的下降及血中二氧化碳的增加，都提高了血液的氧运输能力，促使更多的氧释放进入运动的骨骼肌，帮助机体完成动作。

（五）血管弹性和表面积增大

经常参加小球运动，能够促进血管弹性的增强，这能够在一定程度上保持运动者心血管的生理健康，有效预防中老年人高血压等疾病的发生。

另外，运动者经常进行小球运动锻炼，能够有效改善血液微循环。血液微循环主要是指毛细血管的血流情况。人体在安静状态下，毛细血管仅有 20%～25%开放，而较剧烈的运动可使毛细血管开放数量增加几倍，有时可达 70%以上，毛细血管总表面积达 300～600 平方米，从而大大改善了跨越毛细血管的物质交换转运机能，还引起体内血液的重新分布。人体的许多疾病是由血液微循环障碍造成的，如缺乏营养、早衰、脱发等，经常参加小球运动可以强化运动者的血液微循环系统建设，促进运动者的身体健康。

坚持长期参加小球运动，能使骨骼肌、心肌的毛细血管出现增生，这不但有利于适应肌肉工作，而且对于有血管局部栓塞的侧支循环的建立，都具有十分重要的作用。

四、对机体适应能力方面的健身价值

人体对于外界环境具有一定的适应能力，而通过进行小球运动锻炼，能够促进人体适应能力的增强。人们的适应能力包括对疾病的抵抗力、对伤病的恢复力及对外界环境的适应力。

具有良好的适应能力，则表明人体的体质较强。另外，具有较强的适应能力也是人们工作和生活的重要保证，是人们改造自然的重要基础。通过进行小球运动锻炼，能够有效增强人们机体适应能力，其主要表现在如下两方面。

（一）机体对于外环境的适应

人们参与小球运动锻炼时，会在多种气候和环境条件下进行，如在炎热的夏季、在寒冷的冬季。在这些环境进行锻炼，能够促进机体提高对于外界环境的适应能力。例如，如果经常在较热的环境中进行小球运动锻炼，能够有效提升人体对于炎热的抵抗能力，从而在炎热的环境下能够更好地生活和开展工作。

（二）机体自身的适应性变化

运动者在参与各种小球运动锻炼时，尤其是运动强度较大时，其内环境常常会遭到破坏，机体需要积极去适应和调整，这样才能够保证生命活动的正常。在这一过程中，机体的免疫机制和各器官的功能不断适应运动的强度，从而提高自身的适应能力。刚开始进行小球运动时，可能很快就会感觉很疲劳；经过一段时间的锻炼之后，再进行相同时间的锻炼可能会毫不费力，这是机体各方面功能增强的表现。

第三章　小球运动的健心价值分析

同其他球类运动一样，小球运动在健心方面同样具有非常不错的价值。健康的心理不仅能够为运动教学、训练、比赛、锻炼等提供重要保障，同时也能够给人们的日常生活、工作和学习带来积极的影响。本章主要就小球运动的健心价值进行分析。

第一节　心理健康概述

一、心理健康的界定

对于人的心理是否健康，人们往往通过经验来进行判断。随着这些年的不断发展，对于心理健康，人们有了更为深入的认识，在心理健康评估方面，专家也开始从医学、心理学、教育学等领域来进行评估，从各个角度来对心理健康进行界定，具体如下。

（一）经验角度

很多人认为一定时间、一定程度的抑郁、焦虑、痛苦等负性情绪体验是正常的。对于某些特定情况下所产生的特殊的心理反应，人们也是能够理解的。例如，在极度悲伤的情况下所产生的痛不欲生的念头；在极度紧张的状况下所产生的冲动的行为和情绪反应等。但是，如果一个人的情绪反应超出了人们所能理解的范围时，就会被怀疑心理是否健康，这就是从经验的角度来对心理健康进行界定。主观体验、个人经验因人而异，缺乏客观性、严谨性和系统性，因此并不能作为判断心理是否健康的科学标准。

（二）统计学角度

正态分布理论是统计学方法的基础，心理活动根据“量”的分布可以分为“正常”和“异常”。在统计学中，正常主要是指心理活动的量处在正态分布曲线的中间，而异常是指心理活动的量处于正态分布曲线的两端或者一端。通常来说，一个人的心理活动的量越接近于均值，或者越接近正态分布曲线的中线，那么心理活动就会越正常；相反，就越不正常或异常。统计学角度界定心理健康与否并不是很准确，有以下三方面原因。

1）统计学方法对心理活动“量”的改变非常重视，同经验方法相比，它能够对所有人按照统一尺度进行定量测量。但这种定义心理健康的方法很容易将心理活动“质”的差异予以抹杀，很多情况下无法将健康的心理与不健康的心理区分开。

2）在统计学中，对于正常与异常这种界限的标准划分都是人为的，不能有效划分出界限附近的个体是否健康。

3）根据统计学的方法很难将社会和文化之间的差异体现出来。

（三）生物医学角度

生物医学认为，心理和行为异常总是有其生理、生物化学、神经电活动等方面的器质性基础。事实上，近年来研究者确实在精神疾病患者的脑内发现了一些病态的改变。用生物医学的方法来判断心理是否健康，在理论上是客观的、准确的，但是在实际工作中不具备可操作性，主要有以下几方面原因。

1）由于人的心理活动非常复杂，很难用简单的生理、神经电活动、生物化学来对正常与异常的心理状态进行区分。

2）在不同的环境中，即使同一心理活动，可能是正常的，也可能是异常的，如悲观失望，在受到重大挫折时是正常的心理反应，但如果缺乏客观基础，则是病态心理的表现。

对于心理健康的判断标准，临床精神病学虽然没有予以明确，但在具体工作过程中，常常将心理健康有意或无意地定义成“没有精神疾病”。这一定义虽然具有一定的可操作性，但目前世界各国都没有将所有的心理问题列入精神疾病的诊断；尽管世界卫生组织（WHO）、美国、中国等都提出了各自的精神疾病诊断标准，但彼此存在很大的差异。更为重要的是，从是否存在精神疾病来定义心理健康是非常消极的，不利于指导心理健康的促进。

（四）心理学角度

在心理学中，心理健康是研究的主题，由心理学家提出判断心理是否健康的标准也是理所当然的。但到目前为止，尚未有一个能够被普遍接受的有关心理健康的定义，更没有可以用来操作的判断标准。

1. 从功能角度来划分正常与异常　很多心理学家都会采用此种方法，通过开展相应的心理测验来对一个人的心理功能进行观察，并判断是否正常。例如，心理学家英格里西指出：“心理健康是指一种持续的心理情况，当事者在那种情况下能做良好适应，具有生命的活力，并能充分发挥其心身的潜能，这乃是一种积极的、丰富的情况，不仅仅是免于心理疾病。”

2. 从特质的角度来确定心理健康　即通过特质来对心理健康进行描述。美国人本主义心理学家马斯洛就是其中的代表人物。在他看来，普通人并不一定就是心理健康的人，只有那些少数杰出的人，也就是能够自我实现的人，才是真正心理健康的人。从这一观点来看，马斯洛提出了一个理想的心理健康标准，被人们称为理想的或完美的标准。

二、心理健康的意义

心理健康与生理健康有着非常密切的联系，心理健康是生理健康的条件，而生理健康则是心理健康的基础。在某些情况下，心理因素所产生的致病作用，不亚于生理因素。医学界和心理学界对心理因素的致病性给予了高度重视，《素问·上古天真论》指出：“虚邪贼风，避之有时，恬淡虚无，真气从之，精神内守，病安从来。”《黄帝内经》也有“怒伤肝，喜伤心，思伤脾，忧伤肺，恐伤肾”的记载。研究发现，如果人长期处于心理不健康状态，那么就会造成生理异常，甚至会产生病变，如过敏性哮喘、胃肠道疾病、糖尿病、心血管疾病及癌症等均属于身心疾病，这些都与心理因素有着非常密切的关系。

三、心理健康的判断与测评

（一）大学生心理健康标准与特征

1. 大学生心理健康标准　根据大学生的特点和具体实际，我国心理学家总结出了 8 条大学生心理健康标准：智力正常、情绪健康、统一的人格、健全的意志、正确的自我意识、和谐的人际关系、良好的适应能力、心理行为特点符合年龄特征。具体内容如下。

（1）智力正常　作为一种综合能力，智力主要包括注意力、观察力、想象力、记忆力、创造力、思维力和实践活动能力等，同时也包括从经验中所学习或理解的能力，对知识进行获取和保持的能力，对新情境迅速、成功地做出反应的能力，通过运用推理对问题进行有效解决的能力等。

对于大学生学习、动作和生活来说，正常的智力是基本的心理条件，它能够为大学生适应周围环境变化、完成学习任务提供重要的心理保证，同时也是衡量大学生心理健康的重要标志之一。

大学生的智力一般来说是正常的，因而衡量大学生的智力，关键在于看大学生的智力是否充分地发挥了效能。大学生智力正常且充分发挥效能的标准是：有着浓厚的探索兴趣和强烈的求知欲；在大学生认识活动和实践活动中，智力结构的各个要素都能够积极协调地参与，并能够发挥出正常的作用；乐于并能够进行有效的学习。反之，如果注意力不集中，无法坚持正常学习和工作，学校工作效率低；或者由于害怕学习的艰苦，厌恶学习；或者怨天尤人，不积极努力，这些都是心理不健康的征兆。

（2）情绪健康　在心理变化过程中，情绪发挥着核心作用，异常的情绪往往是心理疾病产生的先兆。稳定的情绪和愉快的心理是情绪健康的两个主要标志，也是表示大学生心理健康的重要指标。大学生的情绪健康主要包括以下几方面内容。

1）良好的情绪稳定性，善于调节和控制自己的情绪，既能够克制约束，同时也能够进行适度的宣泄，不过分压抑自己的情绪，能够使情绪的表达既符合社会要求，又与自身需要相符，能够在不同的场合和时间使自己的情绪得到适当的表达。

2）愉快情绪多于不愉快情绪，一般表现为充满热情、乐观开朗、满怀自信、善于自得其乐、富有朝气、对生活充满希望。

3）对引起情绪的原因产生适当反应，反应的强度与引起这种情绪的情境相符合。反之，如果因为容貌或身材不佳、学习和生活中的挫折、生活上遇到打击等便悲观失望、嫉恨他人、埋怨命运、苦闷彷徨，这些都是不健康心理的表现。

（3）统一的人格　从心理的角度来看，人格主要是指一个人比较稳定的心理特征的总和。对于心理健康的人来说，其具有健康、统一的人格，有着相对稳定性，也就是说个人所说、所想、所做都是协调一致的。大学生具有统一人格的标志主要体现在以下几个方面。

1）具有完整的人格，能够根据客观情况进行自我设计，并使理想自我与现实自我达成统一。

2）同环境保持动态的平衡。

3）将积极进取的人生观作为人格的核心，热爱人生，有着非常强烈的生存实在感。

（4）健全的意志　意志是个性中最为重要的精神支柱，它是一个人在完成一种有目标的活动时所进行的决定、选择与执行的心理过程。具有健全意志的人能够表现出合理、明确的行为目的，较强的自律性和较高的自觉性，敢为有恒，能够勇敢地去克服各种困难。在行动的自觉性、果断性、顽强性和自制力等方面都表现出较高的水平，在目标实现的过程中，能够对各种情况进行冷静分析，并适时做出决定，并采用各种行之有效的方法来将遇到的各种问题一一解决，采用合理的反应方式来面对困难和挫折，在具体行动中能够对自己的情绪和言行进行控制，而不是优柔寡断、行动盲目、意志薄弱、轻率鲁莽、顽固执拗、害怕困难、言行冲动。

（5）正确的自我意识　所谓自我意识是指对自己的认识和评价。具有良好、正确的自我意识是大学生心理健康的重要条件。一个心理健康的大学生对自己的认识，应比较接近现实，有“自知之明”。面对自己的优点，在感到欣慰的同时不至于狂妄自大；面对自己的弱点，既不自暴自弃，也不回避，而是善于正确地“自我接纳”。

（6）和谐的人际关系　社交是大学生生活必不可少的，而良好、和谐的人际关系是大学生心理健康的重要条件，同时也是大学生获得心理健康的重要途径，主要表现在以下几个方面。

1）愿意同他人交往，有着稳定而广泛的人际关系，又有知心朋友。

2）在同他人交往的过程中，能够保持完整、独立的人格，有自知之明，不卑不亢。

3）对自己和他人能够给出客观的评价，并善于取他人之长来补己之短。

4）积极的交往态度多于消极态度。

5）宽以待人，乐于助人。

6）具有端正的交往动机，对所归属的集体能够关心和爱护，有一种休戚与共的感情，在必要的情况下能够舍弃自己的某些愿望来谋求集体的利益。

（7）良好的适应能力　在心理健康方面，较强的适应能力是重要特征之一。心理障碍之所以产生，主要原因是无法对周围现实环境的关系进行有效处理。具有健康心理的大学生要善于同社会保持良好的关系，能够正确、清晰地认识社会现状，在思想和行为方面能够跟得上时代发展的步伐，符合社会的要求。当发现自己的需要和愿望与社会需要及大多数人的利益发生矛盾时，能够及时调整自我，从而与社会相协调，而不是逃避现实，更不是妄自尊大，同社会大多数人格格不入，或者为了一己私利而不顾社会公德。

（8）心理行为特点符合年龄特征　随着年龄的不断增长，人的心理行为也在不断地发生改变。每个人在言行、情感、认识等方面基本上与其年龄特点是相符合的，都属于心理健康，反之就属于不健康的心理或心理异常。作为一个身处特定年龄阶段的特殊群体，大学生应具备与其年龄和角色相符合的心理行为特征。如果一个大学生经常严重偏离这些心理行为特征，那么就有可能产生心理异常。例如，大学生的年龄一般在18～23岁，其心理行为应当是精力充沛、活泼好动、勤学好问、追求新知、勇于创新。但如果死气沉沉、老气横秋，或者毫无主见，处处依赖别人，离开父母便无法生活，或者像个儿童那样，喜怒无常，这样的人自然就是心理不健康。

2. **大学生心理健康特征**　目前对心理健康还没有一个统一的定义，缺乏科学可靠的方法来判断个人或群体的心理是否健康。但随着对心理健康认识的深入，人们逐渐对心理健康的一些重要特点有了一致的认识。

（1）协调性　协调性是心理健康最重要的特征之一，主要包括两个方面。

1）内部心理活动和谐、协调。包括个人价值观念与心理活动的协调，心理过程与个性特征的协调，个人能力与期望、理想之间的协调等。一个心理健康的大学生，知道自己想做什么，应该做什么，并据此采取行动。

2）一个心理健康的人，其心理活动必须与外界环境协调。人是生活在社会中的，其心理活动不能脱离社会环境。例如，有些学生在进入大学后，发现大学校园环境、大学同学和老师与自己上大学之前的理想化想象相差甚远，于是就悲观失望、怨天尤人，这并不是心理健康的表现。

（2）稳定性　心理健康状态是在较长一段时间内持续存在的心理状态。判断一个人心理是否健康，要看其整体水平，而不是短暂的变化或偶然的现象。一个人偶尔出现不健康的心理和行为，并不意味着心理不健康，反过来，心理不健康者也不是所有的心理活动都是不健康的，即使是有严重精神障碍的患者，也会有正常的心理表现。

（3）社会适应性　社会适应性主要是指个人心理活动是否符合所在社会的基本规范和基本要求，是否与社会文化环境协调。一个心理健康的大学生，能够清楚地了解社会对她或他的期望，与社会主流价值观念保持一致，能够担负起社会赋予的责任，满足社会对其角色的要求。一个不能遵守学校各项规章制度、上课迟到或者缺席、考试经常不及格、不遵守作息时间的人，是达不到心理健康标准的。

（4）复杂性　虽然出于方便的需要，可以简单地将心理健康分为健康和不健康，但实际情况要复杂得多。同是心理健康，存在心理健康水平的高低；同是心理不健康，存在不健康程度的差异。从高水平的心理健康到严重的精神障碍是一个连续的频谱，而正常和异常之间也并没有一个确定的界限。

（5）发展性　心理健康水平可以发展和提高。也就是说，按照某一标准，一个人现在的心理状态是健康的，但他或她还可以向更健康的方向发展。正像一个躯体健康的人，通过体育锻炼可以更健康一样，一个人的心理健康水平还可以进一步提高。

（二）心理健康测评

1. **心理健康自我测定量表**　许多人都想了解自己的心理健康状况，因此这里提供一个“心理健康自我测定量表”（表 3-1），该表是我国学者根据美国曼福雷德编写的《心理健康问卷》改编的。

表 3-1　心理健康自我测定量表

题号	内容	常有	偶有	罕有	从无
1	害羞	1	7	8	0
2	为丢脸而烦恼很久	0	6	12	6
3	登高怕从高处跌下来	0	5	13	10
4	易伤感	0	5	15	8
5	做事常常半途而废	0	4	12	4
6	无故悲欢	0	7	12	9
7	白天常想入非非	3	8	9	0
8	行路故意避见某人	0	3	11	10
9	易对娱乐厌倦	0	8	11	6
10	易气馁	0	1	15	8
11	感到事事不如意	0	2	16	6
12	常喜欢独处	0	2	6	0
13	讨厌别人看你做事，虽然做得很好	0	8	11	9
14	对批评毫不介意	8	5	3	0
15	易改变兴趣	2	4	8	2
16	感到自己有许多不足	0	5	12	15
17	常感到不高兴	0	4	15	5
18	常感到寂寞	0	4	11	5
19	觉得心里难过、痛苦	0	1	11	16
20	在长辈前很不自然	0	7	11	10
21	缺乏自信	0	9	11	8
22	工作有预定计划	8	6	0	2
23	做事心中无主见	0	7	10	11
24	做事有强迫感	0	4	5	3
25	自认运气好	11	7	6	0
26	常有重复思想	0	9	7	4
27	不喜欢进入地道或地下室	0	3	4	12
28	想自杀	0	3	5	13
29	觉得别人故意找自己茬	0	1	5	6
30	易发火、烦恼	0	5	18	13

续表

题号	内容	常有	偶有	罕有	从无
31	易对工作产生厌倦	0	4	11	15
32	迟疑不决	0	10	10	8
33	寻求他人同情	0	1	9	2
34	不易结交朋友	0	2	9	5
35	心情懊丧影响工作	0	4	14	14
36	可怜自己	0	0	11	9
37	梦见性的活动	2	3	6	0
38	在许多境遇中感到害怕	1	0	16	7
39	觉得智力不如别人	0	1	8	7
40	为性的问题而苦恼	0	4	9	3
41	遭遇失败	0	4	14	6
42	心神不定	0	9	13	6
43	为琐事而烦恼	0	7	14	7
44	怕死	0	1	2	13
45	自己觉得自己有罪	0	0	12	4
46	想谋杀人	2	3	5	0

2. 测评结果 根据最符合自己的实际情况，在每题的备选项中选一项。题目全部选完后，累计积分。男：65 分以上的为正常，10 分以下的有心理疾患。女：45 分以上的为正常，25 分以下的有心理疾患。

（三）心理健康焦虑测评

1. 显性焦虑测定量表（MAS） 表 3-2 有 65 个询问项目，请仔细阅读，但不必过分思考，需轻松回答。回答“符合”“不符合”的任何一方，适合自己的请记上“○”号，都不适合的时候，请给两个答案都记上“×”号（Taylor，1951）。

表 3-2 显性焦虑测定量表

题号	内容	符合	不符合
1	手脚的暖和总是适当的		
2	工作的时候感到很紧张		
3	比赛中总想赢不想输		

续表

题号	内容	符合	不符合
4	每个月常有几次腹泻		
5	不常发生因便秘而伤脑筋的事		
6	突然情绪变坏就发生呕吐，很伤脑筋		
7	选举时，经常投不熟悉者的票		
8	两三天一次被噩梦魇住		
9	很难专心致志于一项工作		
10	有时我想过干不可告人的坏事		
11	睡眠中断，常常不能入睡		
12	自己也想像别人那样幸福，该多好		
13	有时情绪不好就爱挑剔		
14	害羞时几乎不脸红		
15	我的确有信心		
16	我经常是幸福的		
17	胃很不好		
18	不买票进电影院而不担心被人发现的话，恐怕我会这样做的		
19	有时认为自己是没有用的人		
20	我是好哭的人		
21	有时很想臭骂一通		
22	不容易疲劳		
23	干事情的时候，手好发抖		
24	头痛的情况，不常有		
25	在尴尬时，非常爱出汗，虚弱无力		
26	我所熟悉的人不一定都是我所喜欢的		
27	不知为什么经常担心		
28	几乎没有发生过心慌、气喘的情况		
29	不能安稳地坐着，精神不安		
30	自己认为同别人相比还不是神经质		
31	有时议论别人		
32	即便是凉爽天气也好出汗		
33	我充满了自信心		
34	与朋友比，我是胆大的人		
35	我不一定什么时候都说实话		
36	一碰到危险和困难就退缩		

续表

题号	内容	符合	不符合
37	我总是紧张地生活着		
38	有时听到下流的玩笑，我也笑		
39	我比普通人多愁善感		
40	即便做点小事也张皇失措		
41	为钱和工作的事发愁		
42	与人相比，我不害羞		
43	对于什么事（人）几乎总是忧愁担心		
44	我想与伟大的人结识，自己也感觉伟大		
45	有时兴奋得不能睡觉		
46	对即使知道对自己没有伤害的物（人）也害怕		
47	每天报纸社论不一定全读		
48	曾多次认为自己能力不足，而把工作放弃不做		
49	总把事情考虑得过难		
50	在生人面前一般不会很腼腆		
51	时常认为很多的工作不能胜任，困难的事情很多		
52	通常精神安定，不慌张		
53	有时完全认为自己不好		
54	有时把应该当天做的工作推迟到第二天		
55	经常有腹空的感觉		
56	常做梦		
57	有时担心是不是发生了不幸的事		
58	在家中吃饭不像在众人面前吃饭那样，常没有礼节		
59	一等人，我就着急		
60	有时因忧虑而失眠		
61	常常想自己的身体是否要散架了		
62	常常发怒		
63	常过分担心实际上没什么大不了的事情		
64	特别容易兴奋		
65	经常担心是否脸红		

2. 测评结果　　请检查一下是否全部填入。第 1、5、7、14、15、16、18、24、28、30、33、34、38、42、47、50 项选“符合”时，每项计–1 分，选“不符合”时，每项计 1 分；第 2、3、4、6、8、9、10、11、12、13、17、19、20、21、

22、23、25、26、27、29、31、32、35、36、37、39、40、41、43、44、45、46、48、49、51、52、53、54、55、56、57、58、59、60、61、62、63、64、65 选“符合”时，每项计 1 分，选“不符合”时，每项计−1 分；对整个问卷的任一项目，如果认为“符合”与“不符合”均不适合者计 0 分。如果整个问卷中，应该回答但没有回答的项目数达 10 个以上，则将该次测验作废。

若测验分数在 40 分及以上，表示患有严重慢性焦虑症，此时应去找心理医生进行治疗；若测验分数为 15～39 分，表示患有轻度慢性焦虑症，此时可通过阅读有关心理健康指导读物，进行自我心理调节，恢复心理健康；若测验分数在 14 分及之下，表示不存在焦虑症之类的心理障碍。

第二节　小球运动的心理学基础

一、小球运动的心理学原理

影响人们参与小球运动的心理因素很多，主要有心理定向、运动知觉、情绪、意志、注意力、时间判断、思维、想象、精神活动特点与个性特征等。

（一）心理定向

所谓心理定向是指在动作开始之前及完成动作的过程中心理的准备状态与注意的指向性。对于技术动作的掌握和提高来说，心理定向有着非常重要的作用。心理定向能够引起更多积极的综合反应，并有助于调整心理活动。准确的心理定向能够更具技术特点地对人的动作结构、内容等进行调整，这样在运动的过程中就能够在头脑中及时设计动作完成的模式，并根据这个模式来实施自身的全部行动。

在小球运动过程中，由于练习手段和方法的不同，练习者所产生的心理定向也存在差异，而不同的心理定向会在一定程度上对不同技术风格和技术特点的形成产生影响，这主要是由练习者注意力集中点的不同造成的。

（二）运动知觉

运动知觉反映着人脑对外界事物和人体自身运动的状态。它是一种非常复杂的知觉，由多种感觉要素构成，如速度感觉、重力感觉、用力感觉、肌肉感觉等。客体运动知觉是指外界事物的运动状态在人脑中的反映；主体运动知觉是指自身运动状态在人脑中的反映。在小球运动中，这两种运动知觉都有各自独特的作用。

小球运动中，练习者的运动技术是通过运动操作来实现的，而准确、协调的运动操作是以高度分化的运动知觉作为基础的。因此，在小球运动技术练习过程中，精确分化的运动知觉有着非常重要的作用，良好的运动知觉能够为各种技术动作的掌握提供保证。

（三）情绪

情感是人体对客观事物是否能够满足自己的需要而产生的体验。情绪是情感体验过程的具体形式。

从心理学的角度来看，在掌握小球运动技术方面，情绪有着非常重要的作用，通常来说，良好的情绪能够发挥出“增力”的效果，如能够使人的活动能力得到明显增强，能够进一步提高人体的运动能力等。不良的情绪会起到“减力”的作用，主要表现为无精打采、注意力不集中、心灰意冷、精神不振等。

因此，情绪对于人们参与小球运动有着非常重要的影响，如果锻炼者在参与运动的过程中不能保持稳定的情绪，同时又不能有效控制自己，那么就很难掌握好动作技能。而倘若其情绪稳定、精神饱满、注意力集中、斗志昂扬，就一定能在小球运动中收获颇多。

（四）意志

意志是人们为了实现既定目标而支配自己的行动，并且在行动时自觉克服困难的一个心理过程。需要指出的是，意志与行动是作为一个整体存在的。

通过参与小球运动，能够使意志品质变得更加坚强，这种坚强的意志品质有助于人们更好地掌握动作技能、提高身体素质。

1）在小球运动中，练习者的肌肉有时会处在非常紧张的状态，并且要完成各个不同难度的动作，在这个过程中，意志努力能够使完成动作的需要得到满足。

2）在参与小球运动的过程中，练习者需要保持高度集中的注意力，在意志努力下，可以克服外部和内部刺激所产生的不良影响。

3）在参与小球运动时，练习者由于机体各个系统全面运转，容易产生疲劳，甚至有可能出现运动损伤。而具有坚强意志的练习者能够很好地克服由于疲劳和运动损伤所产生的消极情绪，坚持长期参与小球运动。

4）小球运动中的一些动作具有较高的运动强度，容易使练习者产生畏惧心理，坚定的意志能够有效帮助练习者克服这种畏惧恐慌的心理。

（五）注意力

注意力是心理活动对一定对象的选择性指向和集中，是一种心理状态，在进行小球运动时往往强调注意力的集中。

大量实践研究表明，参与小球运动，能够使人的大脑进入最佳的学习状态，这主要是因为小球运动能够使大脑细胞间的相互联系更加紧密。大脑细胞之间的联系越紧密，人们对新知识的接受速度也就越快。同时，参与小球运动能够使人脑部的血液循环得到有效改善，加快新陈代谢，进一步减轻压力，这对于注意力的集中有着非常良好的作用。

二、小球运动的动机和情绪

（一）动机

所谓动机是指推动个人参与活动的内部动力或心理动因。动机能够引起并维持人的活动，并将活动导向一定的目标，如满足人的愿望、念头或理想等。作为人体的内在过程，动机的结果就是行为，动机有始发机能、指向选择机能、强化机能。

动机的产生需要具备两个条件，一个是内在条件，另一个是外在条件。内在条件就是“需要”，是指由于对某种东西的缺乏，所引起的个人的内部紧张状态和不舒服感，动机就是由这些需要所构成的，需要能够使人产生动力和欲望，引起活力。外在条件是指人体之外的各种刺激，这些刺激包括物质因素，也包括社会因素，可统称为环境因素，它们也是引起动机的原因之一。

1. *动机与需要*　动机与需要之间有着非常紧密的联系。如果将需要看作动机，也不能认为是错误的，这主要是因为人的绝大部分动机都是需要的具体表现，但是需要和动机也有以下两点细微的差别。

1）动机是需要的动态表现，当需要处于静态时则不构成动机。换句话说，在没有将需要转化为动机之前，人是不可能有所活动的；只有在需要转化为动机之后，人才能开始有所活动。

2）行为并不是全部由需要引起的，这些并非属于需要的心理因素（如偶尔产生的某个念头、一时的情绪冲动等），也可能是行为的动因。例如，在进行小球运动时，练习者在训练的过程中，突然想到一位朋友遭遇不幸，心情非常沮丧，就有可能中断训练。这种干扰的情绪和念头也是一种动机，但不是需要，至少不是当前活动的需要。

2. 动机与目的　动机与目的既相互联系，又存在区别。动机是促使人们参与活动的内部原因，而目的是通过参与活动，人们所要达到的结果。动机与目的之间的关系主要表现在以下几个方面。

1）动机与目的可能是完全一致的。

2）两者之间可以进行相互转换，因此目的也常常具有动机的功能。

3）相同的目的，可能具有不同的动机；相同的动机，也可能有着不同的目的。就拿网球项目来说，有的人参与网球训练是因为网球运动缺乏专项人才，有的人参与网球训练则是因为这项运动符合自己的兴趣，也有的人是因为这一运动项目中有一个知名的教练。

（二）情绪

情绪是指在受到生活环境中的刺激时，有机体的生物需要是否能够得到满足所产生的暂时性的、比较剧烈的体验及态度，包括愉快、愤怒、恐惧、悲哀、忧愁、赞叹等。客观事物所具有的不同特点，以及其与人之间的不同关系，能够使人的情绪产生不同的态度和体验。进行小球运动能够使人产生脑啡肽，对下丘脑进行刺激，从而产生愉快的情绪体验，这是小球运动对情绪所产生的积极调节作用。此外，人们经常参与小球运动，能够从运动中享受到成功的喜悦，承受挫折的压力，使情绪适应性得到大大提高，也能够使人以更加积极的态度来迎接生活的挑战，适应各种生活环境。小球运动中常用的情绪调节方法主要有表象调节、表情调节、活动调节、呼吸调节和暗示调节，下面主要就暗示调节进行介绍。

所谓暗示调节是指在心理活动方面，语言施加影响的方法，此外也可以用表情、手势或者其他暗号来进行，在日常生活中暗示有着非常广泛的应用。例如，在比赛前暗示自己“我很镇定”“我今天一定能够超常发挥”，或者通过别人的暗示，如“你很优秀”“你今天状态很好”等。

三、小球运动的心理活动过程

人脑对客观现实的反映过程是心理活动的主要方面，由认识过程、情绪过程和意志过程三个方面构成。人脑的认识过程又称为“休息加工活动”，由感觉、知觉、记忆、思维等构成。人在认识客观事物时所产生的态度体验称为“情绪”或“情感”。根据对客观事物的认识，自觉地确定目标、克服困难、力求实现的心理过程，称为“意志”。认识过程、情感过程和意志过程显然有区别，但又相互联系。认识过程是其他心理活动的基础。例如，人们认识到球类运动能够增强体质，并在亲身体验中验证了这一点，由此产生了兴趣，从而更加自觉、主动地进行自我锻炼，使体质在进一步锻炼中得到增强。

心理活动过程包括感知过程、记忆过程、思维过程。

（一）感知过程

感知过程包括感觉和知觉。感觉是感受器及对应的神经系统从外界环境中接受和表征刺激信息的过程；知觉则是对感觉信息进行选择、组织和解释的过程。感觉反映的是客观事物的个别特征；知觉反映的则是客观事物的整体特征。感觉发生在前，知觉发生在后；感觉是知觉的基础，知觉是感觉的延续。尽管感觉和知觉有这样的本质区别，在日常生活包括运动活动中，感知觉是统一的、连贯的过程，没有感觉的知觉或者没有知觉的感觉几乎是不存在的。

1. 动觉　动觉也称为运动觉或本体感觉，它负责将身体运动的信息传入大脑，使个体对身体各部位的位置和运动有所觉知。动觉由肌觉、腱觉、关节觉和平衡觉相结合而成。身体活动时，肌肉与肌腱的扩张与收缩，以及关节之间的压迫，产生刺激并引起神经冲动，传入中枢神经系统而引起动觉。运动动作更是离不开动觉的帮助。动觉的培养和提高是发展高水平运动技能的关键。

2. 视觉　视觉是眼睛、视传入神经和视觉中枢对电磁辐射产生的感觉。视觉对绝大多数运动项目来说都是至关重要的，在对抗性项目中，视觉的行动定向和行动调节作用更为明显。例如，在球类运动中，球、对方队员、同伴队员始终都在不停地运动，只有准确地观察这些空间、方位和距离上迅速变化的各种关系，才有可能建立正确的行动定向。

广阔的视野对于小球类项目是非常重要的。视野是指当头部不动，眼睛注视正前方某一点时所能知觉到的空间范围。有专门的视野计测量单眼或双眼的视野，以度（°）为单位。

3. 触压觉　触压觉是由非均匀分布的压力（压力梯度）在皮肤上引起的感觉，分为触觉和压觉两种。外界刺激接触皮肤表面，使皮肤轻微变形，引起的感觉叫作触觉；使皮肤明显变形，引起的感觉叫作压觉。触压觉常常简称为触觉。

在现代球类运动科学化训练中，对机体的触觉敏感性有很高的要求。皮肤触觉敏感性仅仅是最基本的，还要经过长期专项训练才能发展这种专项能力。皮肤触觉敏感性的测量通常可采取“两点阈”测试，方法是限制被试者的视觉与听觉，同时给予被试者某一部分皮肤强弱相等的两点刺激，这两点之间若达到一定距离，被试者就会知觉为两个点；如果距离逐渐缩小，到某一程度，被试者就分辨不出是两个点，而产生一个点的感觉，这一临界值（两点的距离）就称为两点阈。研究表明，全身各部位的两点阈有很大差异，个体间的差异也很大。

4. 空间知觉　空间知觉是指对物体的空间特性所进行反映的知觉，包括距离知觉、形状知觉、大小知觉、方位知觉、立体知觉等。当我们看到乒乓球时能够准确地知道它的形状、大小，并能够对它距离我们的远近及方位做出准确判断。可以设想，运动场上的所有活动，随时都需要在空间知觉的帮助下进行。

在完成小球运动时，运动员必须要首先判断出球、对方队员、同伴队员和自己的空间特征情况和彼此间的关系。

5. 时间知觉　时间知觉是对客观事物的变化和运动的延续性和顺序性，它是一种对时间的长短、快慢、先后次序关系和节奏进行感知的复杂知觉。在运动比赛中，时间知觉和时机掌握是比较常见的。

人们对时间的估计所存在的误差常与主体的态度和情绪有一定的关系。在小球运动比赛中，处于比分领先的运动员与比分落后的运动员在比赛结束之后对时间的快慢有着不同的知觉。比分领先的运动员倾向于知觉时间过得慢，而比分落后的运动员则感觉时间过得快。

（二）记忆过程

学习是一个过程，它是人们在实践过程中获得适应和改变环境的能力。正是因为学习是一个过程，在时间上具有持续性，在经过一定时间之后，仍具有这种能力的称为“记忆”。而所要记忆的内容无法得到长久保持，或者将记忆的内容提取出来存在困难的称为“遗忘”。

人的一举一动、举手投足都与运动记忆有着非常密切的关系，日常生活离不开运动记忆。例如，说话的功能就与面部的肌肉运动记忆紧密相关，平时跑、跳、刷牙、洗脸、使用筷子、操作计算机，哪一样也离不开运动记忆。如果人们在生活中失去了运动记忆，那么必将寸步难行。

1. 短时运动记忆的遗忘曲线　所谓遗忘曲线是指在练习停止之后遗忘速度随时间的变化所产生的变化，用统计方法所表示出来的曲线。这个曲线表明，人的遗忘进程是先快后慢的，但所识记的内容并不会被全部忘干净。德国心理学家艾宾浩斯通过无意义音节记忆试验获得了这一规律。

亚当斯和迪克斯特拉曾做过一个直线定位反应实验。具体方法是要求被试者蒙上双眼，用手向前移至一个主试规定的目标点，然后再返回起始处，在停留一段时间之后，将目标点移开，再让被试者移到自己认为的原目标点停住，来对改变与原目标点的误差进行测量。三组被试者，分别练习 1 次、6 次、15 次以后，再做记忆测试。

通过该实验研究表明，随着测验时间间隔的增加，回忆误差也会增加，在间隔时间为 80 秒时回忆误差达到最高值。此后，回忆误差便不会随着间隔时间的增加而增加，而是大致稳定在该水平上。换句话说，同言语反应相似，运动反应的记忆也有一个遗忘过程，大致在一分钟左右完成。此外，该试验还表明，遗忘程度随着练习次数的增加而下降。在克瑞蒂看来，如果在训练之后，立即从心理上对该技能进行演练，有可能会使短时记忆得到改善或者将短时记忆转为长时记忆。

2. 长时记忆的遗忘曲线　许多实验室实验涉及人的长时运动记忆，较有代表性的是弗里什曼和帕克的实验。他们利用一个三维互补追踪作业，让被试者每天练习 3 次，每次 6 分钟，共练习 17 天，总计 51 次。然后，A 组间歇 9 个月，B 组间歇 12 个月，C 组间歇 24 个月，再分别测验记忆成绩。尽管间歇时间存在很大的差别，但三组被试者在间歇之后回忆的成绩大致是相同的，虽然在间歇 24 个月之后的被试者开始时成绩相对较差，但只经过三次练习，便能够迅速恢复到与其他两组大致相等的水平。

（三）思维过程

比赛情境能够使人们更加容易联想战术思维和战术意识这类问题，而体育科学和运动训练领域始终对战术思维和战术意识有着非常强烈的研究兴趣，但大多数的研究和论述都是停留在概念地、表面地、经验地探索，很少进行理论、实证、深入的研究。幸好认知心理学的出现，使人们对这类问题有了新的研究思路和研究手段，并且也获得了相应的新的研究成果。

四、小球运动的个性心理特征

（一）能力

能力是指能够使某种活动顺利实现的心理条件，它是一种个性心理特征。对于能力的发展来说，身体的整体素质水平是重要条件，而健全的身体器官系统功能是能力发展的重要基础。此外，环境和教育因素在其中发挥着非常重要的作用。

（二）气质

对于心理活动来说，气质是其得以稳定的动力特征，这主要表现在心理过程的速度、强度、稳定性、灵活性和指向性方面，如情绪的强弱、思维的快慢、注意转移的难度、注意力集中时间的长短及心理活动倾向于外部事物还是内心世界等。参与小球运动，能够使人的气质改善。

气质是人的心理活动在动力方面的特点。心理活动的动力则是指心理过程的强度、速度、稳定性、指向性等。从情绪和行为方式来看，人的气质有着不同的表现，有四种典型类型，分别是多血质、黏液质、胆汁质及抑郁质。就气质类型本身来说，其并没有好坏之分，它只是表明个人的心理活动的动力特征，不会对人的行为内容和方向造成影响。任何一种气质类型既有积极的一面，也有消极的一面。体育活动能够改善人的气质，也就是说，能够在行为规范的控制下或者在群体激情的激励下，将自身积极的一面充分发挥出来，同时去掉消极的一面。就拿胆汁质的人来说，在参与小球运动时，要发扬积极进取、敢于拼搏的精神，同时也要克服冒失、任性、粗暴等缺点；而对于抑郁质的人，要发挥其谨慎细心的长处，同时克服迟缓、犹豫的弱点，培养自己泼辣、灵活、大胆的作风，增强自信心。

（三）性格

人的性格是在生理素质的基础上，通过社会实践和体育运动逐步形成的。由于每个人所处的具体环境和教育条件不同，他们所形成的性格也具有不同的特征。性格形成之后，就比较稳定，也正是因为其稳定，才能将人的风格和心理面貌反映出来。性格也会随着环境的变化而发生改变，尤其在性格形成的过程中，其有着很大的可塑性，这也为教育提供了一个良好的条件。小球运动对人的性格有着非常大的影响，在运动环境条件和运动教育中，公平公开的竞争、相互间的协调与尊重、集体的委托和依赖、严格的规则等，对人的性格形成和发展起着特殊的作用。

相关研究表明，小球运动一方面能够使人的神经系统兴奋和抑制过程变得更加有效，能够使神经系统快速准确地对各种刺激做出反应，从而为智力的发展奠定良好的物质基础，同时能够更好地提高人的视觉、听觉、神经、传导速度、神经过程的灵活性和均衡性，增强神经系统的功能；另一方面通过参与小球运动能够促进血液循环，增强心肺功能，为大脑提供更多的氧气，并为大脑的思维和记忆能力提供必要的物质保障，促使脑力劳动的效率进一步提高。

第三节　小球运动的健心价值

在健心方面，小球运动有着非常显著的价值。也正因如此，小球运动受到人们的广泛喜爱，本节主要就小球运动的健心价值来进行阐述。

一、改善情绪状态

情绪状态是衡量个体心理健康影响的主要指标。现代社会错综复杂，人们在生活中会面临诸多的压力，产生紧张、忧愁、压抑等情绪反应。

通过参与小球运动，人们可以将生活、学习和工作中不愉快的情绪、意识和行为有效转移，从而能够摆脱痛苦和烦恼。同时，还能够有效摆脱焦虑的情绪，从而更好地保持良好的心态，乐观面对生活。

二、提高智力功能

非智力成分会对人的智力功能产生很大的影响，如果一个人的身体状况欠佳，情绪又不能保持稳定、精神高度紧张，那么其智力功能也会大大降低。

经常参与小球运动，人们的注意力、记忆力、思维能力、反应能力、想象力等都会得到有效的提高和改善，同时还可以保持情绪稳定、积极乐观、性格开朗，以更好地提高智力功能。

三、确立良好的自我概念

自我概念是个体对自己的身体、思想和情感等方面做出的主观评价。它由众多的自我认识组成，包括“我是什么人”“我喜欢什么”“我不喜欢什么”“我主张什么”等。经常参与小球运动，能够使人们精力充沛、体格强健，有效改善人们的身体表象和身体自尊。身体表象是指头脑中形成的身体图像。在正常人群中普遍存在身体表象障碍。身体自尊主要包括一个人对自己身体外貌（吸引力）、身体健康状况、运动能力和身体抵抗力的评价。

整体自我概念与身体表象和身体自尊有着一定的关系。如果不满意自己的身体表象，无论是男性还是女性都会使个体自尊（自我概念的积极程度）变低，同时也会产生抑郁症状和不安全感。据运动方面的专家研究，人的肌肉力量与情绪稳定性、身体自尊、自信心、外向性等有关，同时增强力量练习能够使个体的自我概念得以显著增强。

四、促进个性的张扬和人格精神的塑造

通过参与小球运动训练和锻炼，能够使人的个性得以自由发展。从宏观角度来看，小球运动是团队之间的竞争，但从微观的角度来看，小球运动也是群体中个体之间智能、技巧的较量及身体的直接对抗。运动的任何一个环节都要求个体能将自身的特点和运动水平进行充分发挥，并以此为基础形成整体的最佳实力。同时，群体之间的默契配合也需要个体的职能和技巧的充分发挥。

小球运动比赛更为激烈，场上形式也是复杂多变，每一个战术都要求个体做出正确的观察和判断才能获得成功。在小球类比赛中，运动员做出正确的选择、把握好技战术的使用时机是非常重要的，而时机也是稍纵即逝，如果不能有效把握，就会造成全局被动的局面。艰难中需要冒险，常态下需要创新，只有个性鲜明、人格独立的人，才敢于冒险和创新；只有敢于冒险和创新，才有可能创造出意想不到的成功。

在参与小球运动训练、比赛和锻炼的过程中，还能培养人们相互支持、相互理解、团结友爱的意识。如果长期处于这种氛围之中，那么对于人的健康和情绪都是非常有益的；在很大程度上来说，要想实现集体目标，就必须保持个人的身心健康。良好的人际关系是成员间相互支持、相互关心的体现。

五、培养坚强的意志品质

意志品质是指一个人的果断性、坚韧性、自制力及勇敢顽强和主动独立精神，其是在对困难进行克服的过程中培养和表现出来的。

随着现代小球运动比赛各个强队的水平越来越接近，比赛对抗也越来越激烈，双方队员都处于激烈的竞争之中，运动员除了要具备良好的身体素质和技战术素养之外，还要具备坚强的意志品质。所以，现代小球运动比赛是参与者克服各种困难、实现预期目标的一种意志过程，是对参与者勇敢、果断、顽强等意志品质的考验。就其实质来说，也是意志品质的较量，如果没有自制力，那么在应对这些不断变化的情景时，就无法跨越各种各样的障碍，更无法战胜各种各样的困难；如果缺少了坚强的意志品质，就经受不住这些考验。

因此，只有具备了坚强的意志品质，才能在极端困难复杂的条件下坚持与强有力的对手进行顽强的较量并取得比赛的胜利。从某一层面来看，意志品质对于小球运动员来说是最重要的。由此可见，参与小球运动，不仅能够很好地锻炼人们勇敢顽强、坚忍不拔、吃苦耐劳的意志品质，同时还能够对人的目的性、自觉性、果断性及坚持力、自制力和独立工作能力进行培养，并能够克服人的生理惰性。

六、消除生理和心理疲劳

作为一种综合性症状，疲劳除了与人的生理因素有关外，还与人的心理因素有着密切的关系。如果任务超出了人的能力或者人的情绪过于消极时，人们就会从生理和心理上产生相应的疲劳。疲劳会给人体带来很大的危害，并对人的机体健康造成严重影响。

如果长时间处于紧张的学习和工作压力中，人们就很容易身心疲劳和神经衰弱。保持良好的情绪状态、参与适中的小球运动能够使人们身心得到有效放松，从而使人们能够健康地生活。

七、治疗心理疾病

运动被公认为是一种心理治疗方法。有研究表明，1750 名心理医生中，有 80%认为运动是治疗抑郁症的有效手段之一，有 60%认为应将运动作为一种治疗方法来消除焦虑症。

在紧张的学习、生活和工作之中，人们难免会遇到各种各样的挫折，甚至会出现焦虑症、抑郁症等。作为一项深受人们欢迎和喜爱的运动项目，小球运动能够有效缓解和减轻人的焦虑情绪，促进人的身心健康，从而避免产生一些心理疾病。

第四章　小球运动的社会价值分析

小球运动具有多元社会价值，这也是小球运动的群众基础广泛、深受人民喜欢的重要原因之一。本章主要从教育、娱乐、欣赏、经济及社会适应性方面对小球运动的多元社会价值进行系统分析，以便小球运动爱好者更加全面地认识小球运动，并有针对性地参与到小球运动中，以满足自身的小球运动参与的多元化需求，充分体验小球运动带来的运动魅力。

第一节　小球运动的教育价值

一、小球运动的教育价值解析

体育具有教育属性，小球运动作为体育运动的一个重要组成部分，也具有教育性特点，小球运动教育的最终目的是实现人的全面发展。

（一）规范运动者的行为

小球运动对运动者的个体行为具有重要的约束和规范作用。具体来说，小球运动中，运动者必须遵守小球运动比赛规则，一切行为都要在规则允许的范围内实施，因此有利于运动者养成自觉遵守规则的行为习惯。

（二）促进良好生活习惯的养成

生活有规律是保障良好身体素质的重要前提，经常参加小球运动有利于运动者良好生活习惯的养成。具体来说，经常参加小球运动的人，白天在运动中消耗了大量能量，晚上会因身体疲倦而按时休息、避免熬夜，同时注意保证必要的饮食来补充能量，这些都有利于运动者的良好作息和饮食习惯的养成。

（三）树立正确、健康的运动观

参与小球运动，能使运动者掌握一定的运动技能，形成正确、有效的小球运动方式，并对小球运动产生良好的兴趣，能够培养运动者的小球运动意识，帮助运动者树立健康的小球运动价值观和小球运动态度，使运动者做出有价值的、明智的、自主的小球运动选择，在丰富日常生活、享受运动乐趣的基础上，充分认识到小球运动的多元价值，并建立终身体育意识和习惯。

二、小球运动教育价值的实现策略

要实现小球运动的教育价值，必须重视大众小球运动的健身宣传和加强学校小球运动教育教学。学校是开展小球运动教育的重要场所，这里重点对学校小球运动的教育教学进行分析，通过科学化教育措施来促进学校小球运动的开展，以更好地促进学校小球运动教育价值的实现。

（一）大力推广和普及小球运动教育

小球运动的教育价值作用于个体必须以个体参与小球运动为前提，而要想促进个体积极参与小球运动，就必须重视推广和普及小球运动教育，从根本上改变人们对小球运动的认识。

当前社会已经进入知识经济时代，科技发达，媒体多样，因此应充分利用大众媒体积极宣传小球运动的多元价值，重点宣传小球运动对青少年的健身作用和文化教育价值，在全社会形成良好的参与小球运动的社会氛围，促进社会对学校小球运动教育的关注和支持。

在学校，要充分利用校园多种媒体，积极宣传小球运动在学校体育中的地位和作用，使学生认识到参与小球运动的重要性，自觉形成关注、参与小球运动的习惯，并从自己的兴趣、期望和特长出发，选择能够展示自己个性和风格的小球运动项目。在此基础上，教师应注重加强对学生的思想引导，使小球运动不仅成为学生增强体质的手段，更成为一种重要的育人手段。

（二）科学选编改革小球运动教材

在学校开展小球运动，重视小球运动教材的科学选择是一个非常重要的教育教学工作内容。在学校小球运动教学中，小球运动教材是小球运动教学的重要理论和实践参考，其在学校教学中同时发挥着媒介的作用，充分联系着教学的双边活动主体——教师与学生。对于学校小球运动教学来说，教材是必不可少的。

在学校小球运动教育教学中，科学选编改革小球运动教材具体应从以下几个方面入手。

1. 正确选编教材　在学校的小球运动教学实践中，教材不仅是教师教学的工具，还是学生学习的向导，其质量影响着学校小球运动教学的质量和学生的小球运动素养。因此，为了促进学校小球运动教学更好地发展，应认真选编小球运动教材。具体来说，应注意以下几点。

1）严格要求教材质量，完善教材内容。

2）保证教材的科学性，同时注意教材的指导性、实用性、趣味性、可读性。

3）教材内容系统全面，既要有小球运动理论知识内容，也要有小球运动具体技术动作解析。

2. 科学改革教材　我国各级各类学校的小球运动教材多为统编教材，学校教师自己选编的教材非常少，这就使得统编教材很难与各级各类学校的具体教学情况相符合。因此，在小球运动教学过程中，就需要教师结合本校的小球运动教学实际来对统编教材进行适当的修改，使之与本校的教学条件与环境、学生水平与需求相一致。具体应从以下几方面入手。

1）教师应转变观念，树立“健康教育”和“终身教育”的思想，改编教材时保留学生喜爱的小球运动项目。

2）围绕统编教材开发新的学生感兴趣的内容，对教学内容进行改革，激发学生对小球运动学习的兴趣，为学生学习提供方便。

3）以统编教材为基础，重视小球运动最新理论知识、技能的发展，使小球运动教学与当前小球运动发展相结合，使学生保持学习兴趣。

（三）加强小球运动教学设施建设

当前，我国各级各类学校的小球运动开展时间较长，教学器材和场地设施都比较陈旧，很少及时更换。近几年，随着义务教育的实施和各大高校的普遍扩招，学生数量呈逐年增加的趋势，小球运动参与人数不断增多，但是与之形成鲜明对比的是，学生上课使用的器材并没有相应地增加，有些学生自己喜欢小球运动而从市场上买一些球具、球拍进行自主练习，但是这些器材往往在规格标准方面存在很多不足。

对小球运动教学活动来说，完善的教学设施是教学质量的保证，对于加强教学效果、提高教学质量和安全性都非常重要。只有具备较好的教学条件，才能促进小球运动教学活动的顺利开展，也才能使学生真正通过参与小球运动而实现小球运动的价值。

为了使学生能科学参与小球运动，提高学校小球运动训练和教学质量，同时减少学生在使用相应教学设施器材过程中的运动损伤，必须重视加强小球运动教学设施建设，具体要求如下。

1）学校领导应重视小球运动教学基础设施建设，增加经费投入，为学生参与小球运动创造良好的教学条件。

2）在有限的经费基础上，积极克服各种困难，建设运动场地并购置器材设备，为学生的训练提供条件。

3）合理安排小球运动教学实践，提高场地设施的利用率，避免资源浪费。

（四）加强小球运动师资队伍建设

在学校小球运动教学中，教师是小球运动教学活动的指导者与组织者，对小球运动教学质量和教学效果具有重要的影响作用。教师队伍建设关系到学校小球运动教学的发展，因此必须在建设高质量、科学合理的教师队伍方面做好工作。

1）政府应为加快学校小球运动师资队伍建设提供政策或资金支持，加强教师培训，鼓励教师进行小球运动方面的科研、教学创新。

2）各体育院校要重视对小球运动教师的全面培养。学校应建立自己的教学体系，根据现实需要，注重小球运动教师技能考核、教学能力考核。

3）学校要定期安排小球运动教师继续学习与深造，使其接受专业的培训。同时，体育院校应与普通院校加强联系，共同开展师资培训。

4）小球运动教师自身应注意加强学习、不断完善自己的知识结构，使自身获得全面的发展与完善。不断提高自身教学能力、组织能力、科研能力等，并且在小球运动教学过程中关爱学生、尊重学生、因材施教。

第二节　小球运动的娱乐价值

一、小球运动的娱乐价值解析

（一）小球运动娱乐性特征

小球运动是大众体育健身活动的重要形式，在日常参与锻炼过程中，运动量和运动负荷可控，运动形式多样，运动时间不限，更重要的是可以避免竞赛的紧张感和因失败而产生的消极心理，在精神上和体能上都不存在任何压力。运动者可以根据自己的需要，随时、随地，以任何形式开展小球运动锻炼活动。

（二）小球运动娱乐受益

小球运动内容丰富、参与性强，可组织游戏、可进行比赛，运动者自娱自乐，自身技术的改进、运动水平的提高都会给自己带来很大的心理满足，使身心都得到健康发展。

参与者在球的对击过程中，通过不停地移动和身体姿势的变化，努力把球击到对方的场地，再加上击球的各种变化及球在空中的多种变化，都能使运动者在亲身参加活动中直接体验娱乐欢快的价值。

此外，观看小球运动游戏和比赛，可以起到欣赏、消遣、娱乐和振奋作用，是人们追求精神享受的一种重要和有效的形式。

总之，个体在轻松、愉快、自由自在地从事或观赏小球运动活动或游戏过程中，释放压力、愉悦心情、享受运动乐趣。

二、影响小球运动娱乐价值的因素

影响小球运动娱乐价值的因素有很多，如小球运动的观赏性、政治和经济发展、安全、社会文化等，具体分析如下。

（一）小球运动娱乐与观赏性

小球运动的娱乐功能与其本身的体育属性紧密相关，而体育运动的本质属性实际上就是运动的竞技属性。对于小球运动者来讲，其能在小球运动过程中获得一种身心兼备的双重良好体验。此外，即使不真正参与小球运动，也可以通过观赏小球运动来得到心灵上的巨大满足，受到小球运动比赛内容和形式的感染和激发。

小球运动拥有十足的娱乐功能。那么，这种娱乐功能，或者说是娱乐价值就成为其备受关注、群众基础广泛、参与人数多的重要原因之一。其中，一个最重要的原因就是小球运动能满足广大民众文化生活的需要，欣赏小球运动也能直接影响人的心理，进而使观赏者获得一种愉悦感和满足感。

（二）小球运动娱乐与政治和经济发展

政治、经济始终是国家发展的命脉，政治和经济的发展对国家、民族、社会生活会产生重要的影响。政治和经济在任何时候都会影响文化的发展，体育运动是一种特殊的社会文化形态，良好的政治和经济环境是体育活动繁荣的重要基础和前提。

如果一个国家的政治经济发展出现问题，那么整个国家都会出现重大变化。此时其他社会现象也会受此影响而产生相应的变化，如发展、停滞、变异、分化、消亡等。因此，小球运动的娱乐性发展和大众积极参与需要良好的政治经济条件支持。

（三）小球运动娱乐与安全

小球运动技术多，且富有变化，包括不少难度动作。不管是单打对抗，还是双打对抗，都难免会存在一定的运动损伤危险。娱乐的前提就是安全，如果活动缺乏安全，那娱乐性就是空谈。

因此，在参与小球运动中，只有在保证运动安全的基础上，才能充分体会小球运动所带来的快乐。如果不能解决各种安全隐患，那么参与小球运动就不再是单纯的体验运动快乐了，还有可能伴有伤痛体验。

三、小球运动娱乐价值的实现策略

结合小球运动娱乐价值体现过程中的一些客观影响因素，要想使运动者在小球运动中充分体验小球运动乐趣，有必要从小球运动娱乐的角度对小球运动在今后的发展提出策略，使小球运动的娱乐性发展能够满足运动者身心发展需要，并与时俱进。

（一）政府政策引导

小球运动具有娱乐性特征，为了更好地发挥小球运动的娱乐价值，就必须鼓励更多的人参与到小球运动实践中来，只有这样，人们才能真正体验小球运动带来的快乐。对此，政府应加强政策引导。

1）政府应合理规划和布局小球运动硬件设施，加大对我国体育基础设施建设的投入力度，为社会大众积极参与小球运动奠定良好的物质基础。

2）政府应引导大众传媒加大对小球运动文化的宣传力度，在整个社会营造浓厚的小球运动氛围，切实保障全民良好小球运动意识和价值观的建立。

3）政府应加强对不同地区小球运动发展的调控，并以此作为提升区域小球运动文化价值实现的重要途径。

4）政府应加大学校体育教育指导和投入，确保学生的小球运动教育权利。

5）规范我国小球运动产业的科学化发展。

（二）普及娱乐教育

小球运动娱乐教育并不止局限于学校，而是包括整个社会，应在全社会的范围内去指导人们怎么利用小球运动去体验快乐、享受生活。

1. **增加学校小球运动娱乐教育** 在校园内加强小球运动的娱乐教育，具体应从以下几个方面入手。

1）在学校小球运动教学中融入娱乐教学理念。在学校小球运动教学实践中，改变我国长期以来以增强学生的体制为目的的小球运动教育教学，将小球运动娱乐活动作为教学的辅助手段。在学校小球运动教学中，把娱乐休闲的理念融入课堂中，让学生把兴趣转移到积极的小球运动上来。

2）在小球运动教学中增加专门的娱乐教育的内容。通过让学生广泛尝试传统的、具有地方特色的小球运动项目，提高学生参与小球运动的积极性。

3）在小球运动教学实践中，降低动作的难度和要求，让学生在“玩”的过程中对小球运动产生兴趣。

4）用游戏和比赛的形式来开展小球运动教学。

2. **完善大众小球运动娱乐教育服务** 大众小球运动的娱乐教育，是一种社会服务。在当前知识经济时代，要促进小球运动娱乐价值的实现，就必须建立和完善大众小球运动娱乐教育服务体系，依靠社区体育俱乐部和健身俱乐部开展形式多样、内容丰富的小球运动活动。

社区体育俱乐部是普及小球运动娱乐教育的基点，对于广大社区群众和城镇居民，小球运动活动的开展具有积极促进作用。

健身俱乐部是普及小球运动娱乐教育服务的重要补充。目前，各种健身娱乐场馆遍布全国各大城市的街头巷尾，而小球运动娱乐场馆也非常多，许多综合性的健身俱乐部中都设有小球运动场所，而且对外开放价格符合大众体育消费水平，对于群众参与小球运动具有很大的吸引力。

（三）加大宣传力度

现代社会是信息高速发展的社会，信息在人们的生产生活中发挥着十分重要的作用。信息可以指引人们健康生活，但也能让人误入歧途。

人们参与小球运动活动，欣赏小球运动比赛，也需要信息的引导和支持。在当代，信息的传递主要依靠媒体完成。为了正确引导人们参与小球运动，就必须充分利用好媒体的宣传功能，使小球运动的娱乐价值被更多的人所认知。

1. 增加小球运动类节目的播出频率　在形式多样的大众媒体中，电视是人们获取信息的最主要渠道。因此，多开发和举办一些小球运动类的电视娱乐节目，让大众在观赏节目的同时了解和熟悉小球运动，扩大小球运动在人们当中的影响力，让小球运动扎根于人们的日常生活，使人们在闲余时积极参与小球运动，让小球运动成为人们休闲娱乐必不可少的内容。

2. 制作短片宣传小球运动娱乐价值　政府相关部门应与媒体合作，制作一批公益类小球运动宣传片，可以选择制作一些时长不长、可以重复播放使用的与宣传小球运动娱乐有关的短片视频，向社会大众充分展示小球运动丰富的内容、多样的形式、精湛的技艺和深厚的内涵，从而逐渐加深人们对小球运动的认识，使人们积极参与到小球运动中来。

3. 推广小球运动赛事和文化活动　小球运动赛事具有很强的观赏价值，不仅可以丰富人们的文化娱乐生活，还可以展现和强化爱国主义精神。我国小球运动群众基础广泛，尤其是乒乓球运动，被称为我国的“国球”。因此，多举办一些小球运动方面的赛事和小球运动文化娱乐活动，使小球运动始终在社会体育、人们生活中保持热度，使关注和参与小球运动成为一种社会时尚。

（四）完善社会公共服务体系

1. 重视社会体育指导员的培养　小球运动虽然简单易学，但是由于技术动作多样且复杂，要想系统提高小球运动技能并非易事。重视社会体育指导员培养，为小球运动参与者及时提供有效的技术指导，有助于人民群众科学参与小球运动。

2. 建立小球运动娱乐志愿者服务体系　小球运动是大众健身、娱乐休闲的重要内容。就全世界范围来看，一些国家的大众体育之所以发展得很好，关键就在于其强大的志愿者网络。相比之下，我国由于受长期的计划经济的影响，大众体育的政府依赖度高，自发参与性比较差，志愿者体系不是十分健全。在实现小球运动娱乐价值的过程中，要积极组织和充分利用好志愿者这一极具潜力的人力资源，为大众享受小球运动的快乐提供支持。

1）学校可以招募和培训学生志愿者，帮助一些公益性的体育娱乐部门为大众参与小球运动娱乐提供服务。

2）社区应尝试建立娱乐志愿者委员会，吸纳娱乐行业相关的专家，为社区中的小球运动娱乐活动的开展提供指导。

（五）合理利用小球运动场地资源

鼓励和引导大众积极参与小球运动文化娱乐活动，必须要有良好的物质条件基础。具体来说，应合理地规划、最大限度地开发和利用有效的场地资源，这是促进广大人民群众从事小球运动的重要物质保障，具体措施如下。

1）城市中的一些综合性、公益性广场和场馆要尽量保持全开放，欢迎和鼓励人们到城市广场和场馆中参与小球运动。

2）加大城市中公园的开放性。作为人们娱乐活动的场所，可以在公园内设置一些小球运动场地和器材，方便群众使用。

3）通过多种渠道筹集资金，合理地规划和布局，在城市中多建一些专门用于小球运动开展的场地、场所，满足更多居民的小球运动参与需求。

4）营利性体育俱乐部可以适当降低收费标准，同时在社区中多开展一些小球运动类的娱乐活动，带动大家进行锻炼。

5）学校在重视本校小球运动教学中，充分开发和使用场地与小球运动器材的同时，应适当考虑对社会开放，加强对周边居民的小球运动的宣传和教育，引导大众的小球运动参与的积极性和主动性。

第三节　小球运动的欣赏价值

一、小球运动的欣赏价值解析

（一）满足精神、享受乐趣

小球运动技术的千变万化，使其有很高的观赏性，进攻时势如破竹，防守时固若金汤，充分展现了小球运动的运动美，使观赏者像吟读一首动人的诗，如看一幅悦目的画，令人心旷神怡、流连忘返。

运动员在竞技或表演过程中，以自己的能力、才智、战术、风格在创造美、表演美时，观众能充分感受到运动员的精湛球技、球艺及顽强的精神，这能够引起观众的心理共鸣，使观众心情畅快。

（二）陶冶情操、领悟人生

观赏小球运动竞赛表演，不但可以得到精神满足，同时可以培养和陶冶道德情操。

在小球运动比赛中，运动员精彩的表现和顽强的拼搏、巧妙的技战术运用等，都能使观赏者领悟人生真谛。小球运动比赛过程中所创造的文化环境有着独特的价值观念和功能，道德意识、意志信念、高尚情操被充分展现出来。

1）在激烈的竞赛中所表现出的坚定不移的信念，顽强拼搏，胜不骄、败不馁的精神，公平竞争、为国争光等的优秀品质激励着每位观看者和参与者，从而使他们领悟到要成为生活的强者、社会上合格的一员。激烈竞争的知识经济社会如同体育场上的竞赛，有着实质的借鉴作用，任何时候都要勇往直前、不骄不躁、敢于面对困难、勇于战胜困难。

2）运动员在比赛中遵守诺言、尊重对方、尊重裁判、尊重观众的友好表现，也能给观赏者以深度的思考，并影响观赏者的日常待人处事方式。

（三）认知文化、振奋民族精神

不同的民族、国家对体育文化有着不同的看法和要求，所提倡的体育文化观念、体育文化理念、运动员价值等各不相同，小球运动作为体育文化的一种，在帮助参与者和观赏者认知小球运动文化、体会小球运动精神方面具有重要的引导作用。

小球运动不仅是大众体育健身运动、休闲娱乐运动，还是重要的竞技体育运动，是奥林匹克运动会的正式比赛内容。

奥林匹克运动之父——顾拜旦指出，体育运动与文化艺术结合，以达到身心均衡发展的重要思想一直影响着体育文化的发展。体育竞赛的宣传、推广、文艺演出、纪念品、电视直播和转播、新闻报道等各种形式的体育文化渗透在人们的生活里，相互交融、完美结合，丰富了人们的物质和精神生活。

在小球运动比赛中，尤其是国际大型比赛中，无论是以个人名义还是国家名义参加比赛，为表达对优胜者的崇敬，都会举办隆重的仪式（如升国旗、奏国歌、颁发奖杯或奖牌等）。尽管世界各国的政治观点和生活方式不尽相同，但体育运动竞赛取胜起到的振奋民族精神和为国争光作用是一样的，比赛的结果直接关系到国家的尊严与荣誉，在民族情感方面产生巨大的影响。

二、小球运动的欣赏内容

体育与美学之间具有密切的联系，体育美是一种健康的美，对小球运动美的内容的欣赏具体分析如下。

（一）身体美

身体美是指人类健康的身体所呈现的美，它是一种由机体良好的生理和心理状态综合显示出的健康之美，是生命之美。

观赏小球运动比赛，首先映入眼帘的是运动员健康的身体。运动员的身体可给人一种特殊的美感，同时也带来一种生机勃勃的感受。

小球运动员的身体美，主要表现在运动员的形态、体型、姿势、肤色、强壮、素质和风度等方面。

（二）动作美

在运动过程中，人的形体或部位的造型所展现的美就是动作美。动作的准确、干净、协调、连贯、舒展等令人赏心悦目。动作美形成的重要手段是刚柔对比，男性化的刚毅、强壮、雄健、豪放和女性化的优雅、纤柔、缠绵、秀丽。

小球运动的实践过程，是运动者塑造美、创造美、表现美的过程，运动者通过优美、细腻、精巧、刚健、明快、敏捷的各种动作及其组合来表现运动之美。

小球运动的动作技巧，以形式多样、结构复杂、变化莫测为主要特点。球类比赛结果难料、悬念迭起、扣人心弦。小球运动比赛中，直拍与横拍、正手与反手、削球与旋转、球的弧线飞行与落点等，以及运动员的巧妙流畅的技战术发挥，可以令观众激动万分、叹为观止。

小球运动把力量与技术、粗野与精心完美地结合到一起，使文明人欣赏精美的艺术与崇拜出奇制胜的两种心理同时得到满足；小球的美学魅力也不仅仅在于它的多回合击球较量，其巧打妙杀更是精巧细腻，是一种完美的视觉享受。

（三）技艺美

“技”和“艺”有着密切的练习，在甲骨文中，“艺”是种植的形象，象征着劳动技术；而艺术的原意之一为技术，两者不可分割。

小球运动的技艺美主要表现在技术美和战术美两个方面。

1. 技术美　技术美是人们对体育活动真实性的审美要求。运动的科学性要求重在技术，而对其艺术性的要求便表现为美。

小球运动中，能给予运动者创造美或提供美的体验，这种创造性因素必须从属于它的技术。运动实践中，运动者身体运动的技术在不停地变化、更新、发展，这些复杂的过程包含着审美意识的作用，人们在发展小球运动项目新技术的同时，也获得了审美的享受。

小球运动的技术美综合体现了人体美和动作美，将人的本质力量充分显示了出来，以其特有的魅力使人们欣喜、愉悦、惊奇和赞叹。不同的小球运动项目有不同的技术，每一类技术又包括各种具体的动作，由此构成多元化的技术美。

小球运动的技术美带有明显的个性特征，不同类型的运动员会表现出不同类型的技术美。这一点可以引申为风格美，具体将在下面详细介绍。

2. 战术美　小球运动竞赛中，运动员的素质和技术特点的充分发挥，在比赛对抗中就具体表现为战术美。

战术是指运动员在比赛过程中根据临场变化，合理运用技术所采取的有组织、有目的的预见性行动。在小球运动竞赛中，战术是发挥技术的先导，是夺取胜利的手段，也是反映运动员知识、技术、心理和智力素质的综合指标。

小球运动战术的特点是灵活多变、扬长避短。在观赏运动竞赛的过程中，要特别注意运动员如何根据自己的情况正确调配力量，扬己之长，避己之短，克敌制胜，从而领略小球运动员比赛中的巧妙战术运用带给我们的美的享受。

就小球运动的技术美和战术美两者的关系来说，小球运动战术美是小球运动技术美的综合体现。技术只有通过战术才能得到充分的发挥和良好的运用，要组织某种战术，就必须运用与该战术相应的技术。

（四）风格美

小球运动的风格美体现在两个方面，具体分析如下。

1. 技术风格美　小球运动技术风格美实质上是技术的个性之美。

具体来说，小球运动比赛中，一个运动员在技战术上，根据自身的条件和特点，创造出与众不同的风格是观众欣赏的重要内容，这种技术风格美是运动员，尤其是明星运动员的个人运动魅力的重要组成部分。

2. 思想风格美　所谓思想风格美，具体是指运动员在比赛中所表现出来的思想品质、道德修养、行为作风等。在小球运动比赛中，运动员的思想风格会在其比赛过程中的一言一行中表现出来，欣赏运动员良好的思想作风也是一种美的享受。

对于小球运动来说，运动员的技术风格美与思想风格美有着密切的联系，这两种风格在其形成过程中往往是互相依存、互相制约、互相促进的。

（五）精神美

小球运动的精神美具体是指运动员的意志品质美。

在小球运动比赛中，运动员的运动精神会通过动作、技战术实施、比赛态度等充分表现出来，是运动员在小球运动比赛中所表现出的个性心理特征，具体可表现如下。

1）意志表现：积极、努力、忍耐等。

2）精神表现：在逆境下，顽强拼搏、永不服输。

3）道德观念表现：热爱、体谅、互助等。

4）智力活动表现：观察、思考、探索等。

（六）其他美的欣赏

对于小球运动比赛来讲，运动服装、运动器械、场地设备、灯光照明、体育建筑等都是小球运动美的欣赏。

以小球运动比赛的运动环境为例，良好比赛环境的作用主要是烘托运动中鲜明生动的形象，从而使观众的审美需要得到满足，可以为观众创造一种良好的审美氛围，为运动员提供一个活动的审美空间。

三、小球运动欣赏价值的实现策略

（一）社会和谐稳定

社会和谐稳定是小球运动欣赏价值实现的重要外部机制。在政治领域，人们自身的小球运动权利和文化参与，直接受到政治因素的影响和约束。

以小球运动比赛为例，民主和法制的完善是小球运动欣赏价值实现的重要基础。如果没有良好的比赛环境、比赛秩序，运动员和观众在参与、欣赏小球运动比赛过程中承受着竞赛秩序被破坏、人身安全受到威胁等压力，那么就不可能有良好的比赛表现，观众也不会去放松身心、忘我地欣赏比赛。

现阶段，随着我国法制建设的日趋合理与完善，小球运动及其文化发展迅速，《中华人民共和国体育法》《全民健身计划纲要》等相关政策法规的颁布实施，赋予人们从事小球运动的权利，人们得以自主选择和充分享受小球运动及其文化活动所带来的精神享受。

（二）社会经济良性发展

体育运动竞赛是经济和社会发展的一种必然产物，小球运动竞赛的广泛与顺利开展也离不开经济的良性发展。

经济的发展表现为生产方式的变革和进步，人们的生产生活资料不断增加，物质得以丰富，现代社会的发展带来了超越以往任何时期的物质体验，而人们在物质生活得到满足之后，就会想要丰富的精神生活和享受。

人们参与小球运动是一种精神文明发展的表现，其产生与发展显然依赖于一定的物质和经济基础。正是由于和谐社会经济发展的突飞猛进，小球运动才获得了发展的物质基础，也使得人们有了参与和享受小球运动丰富多彩活动的精神需求。

（三）科学技术不断进步

1. 科技与社会生活　科学技术的发展及其成果运用到社会生产中，必然会大幅度提高人们的工作效率，人们的社会生活也会发生重大变革。

首先，人们的工作时间大大缩减，获得了更多的业余时间，人们有了闲余时间参与小球运动、欣赏球类运动竞赛。

其次，人们生活的设施也在不断建设完善，这就使人们能更便捷地参与到丰富多彩的小球运动活动中。

最后，科技促进经济的发展，提高了人们的生活水平，使人们有了足够的消费能力，为其参与和欣赏小球运动比赛奠定了良好基础。

2. 科技与体育　科学技术在体育领域的应用有助于人们更好地欣赏体育运动。一方面，媒体技术的发展，使小球运动爱好者不必亲临现场就能随时随地欣赏到精彩的小球运动比赛；另一方面，网络技术的发展，能有效拉近小球运动爱好者与小球运动明星球员之间的关系，甚至还能实现交流与互动；此外，场地设施技术的发展能为运动员提供一个良好的比赛环境，对于观众欣赏一场高水平的运动竞赛也具有重要促进作用。

第四节　小球运动的经济价值

一、小球运动的经济价值解析

现阶段，小球运动高度的国际化、职业化和产业化发展趋势，使其具备了巨大的经济利益和商业价值。小球运动产业已经成为许多欧美国家国民经济的重要组成部分，这也为小球运动的进一步发展提供了强大的经济保障。

小球运动在世界范围内拥有最广泛的群众基础，小球运动以其影响力和自身价值，促进了体育资源、信息技术、中介服务等市场体系的形成；并通过彩票、赛事、广告等获得丰厚利润；同时，小球运动的广泛开展，带动了相关产业的发展，如运动器材、服装、饮食、旅游等，创造了巨大的经济价值。

此外，小球运动拥有广泛而稳定的运动爱好者，并造就了一大批狂热的球迷，球迷市场的广阔空间可由厂家、商家去开拓。例如，球衫、球帽、球具及喇叭、小哨之类的"加油"工具，球迷喜爱的球队和球员的照片、广告画、挂历等都是球迷经济的重要市场。针对球迷市场的一切经济行为不仅为商家带来丰厚的利润，还增加了国家的财政税收，并进一步促进了小球运动的发展。

二、小球运动经济化发展表现

（一）小球运动的产业化发展

在小球运动的经济化发展过程中，各产业获得了快速的发展并逐渐走向成熟，具体分析如下。

1. 小球运动用品业的发展　近年来，我国大力发展体育事业，非常重视群众性体育活动的推广与普及，小球运动获得了快速的发展，参与小球运动的人越来越多，越来越多的人有了练习小球运动的需求，由此促进了小球运动体育用品需求的增加。随着我国小球运动产业的发展，与小球运动有关的图书、音像、器材及服装等大量涌入市场，小球运动器材生产厂家也大量涌现。同时，我国开始出现一些较大规模的小球运动用品开发公司，在一定程度上实现了规模生产，我国小球运动用品业未来的市场发展前景广阔。

2. 小球运动娱乐业的良好发展态势　小球运动具有多元运动价值，人们对小球运动多元功能的重新认知和小球运动多元功能在现代社会的转变，使小球运动娱乐业的快速发展成为可能。小球运动健身人群在增多，全国各地的健身娱乐场所都随时可见人们参与小球运动。

现代社会政治稳定、法制健全、国泰民安，人们的闲余时间增多，体育消费观念也发生了很大的变化，人们有了更多的时间和经费去从事小球运动。在良好的社会政治经济环境下，社会大众对良好的精神生活及娱乐健身的追求成为现代社会生活的主题。小球运动的强身健体、修身养性、娱乐休闲、审美等功能可以很好地满足现代社会中的人们对健康生活和高质量生活的需求。因此，越来越多的人开始参与小球休闲娱乐运动。

目前，小球运动的健身和休闲娱乐热潮正在我国各地掀起，社会大众积极参与其中，众多的小球运动爱好者在社会健身俱乐部、商业健身俱乐部、普通健身房等练习和参与小球运动，通过小球运动来实现健身、健心、休闲、娱乐等运动目的，小球运动娱乐活动成为最普遍的一种体育消费。

3. **小球运动表演业的良好发展态势**　随着小球运动市场的不断扩大，小球运动表演市场开始兴起，主要是明星表演赛，而且各种形式的小球运动商业演出活动层出不穷，一些小球运动竞赛和表演收益良好。

（二）小球运动的商业化发展

小球运动的商业化发展主要集中在赛事的商业化发展方面，这里重点从以下两个方面进行分析。

1. **小球运动赛事赞助**　赛事赞助具体是指赞助商以各种形式赞助赛事组织者，以此平等交换所需权利，满足双方利益的商业行为。

赛事赞助与捐赠不同。赞助有捐赠的含义，但赞助并不是不附加任何回报条件的无偿赠送，而是有偿性的。赛事赞助是一种双方获利的商业行为，赞助双方都具有各自的目的。对于接受赞助的一方来说，其目的在于通过赞助扩大财源、增强活力、扩大影响，解决赛事的生存和发展的问题。而赞助方通过赞助，可以提高企业和产品知名度，树立良好企业形象，增加目标市场占有率，最终通过扩大影响和扩大销售实现社会效益和经济效益。赞助方与被赞助方，在整个赞助过程中协调配合、共同受益。

从本质上来说，小球运动赛事的赞助是一种商业行为，寻求市场回报和商业利益是小球运动赛事赞助商的基本倾向。小球运动赛事的赞助商在赞助中所寻求的商业利益主要体现为以下 4 个方面。

1）广告宣传权。广告具有极大的宣传效果，是企业赞助最看重的内容。小球运动赛事的广告权是赞助商利益的主要体现形式，一般的广告发布权具有唯一性和排他性（除经组织者允许），通过实物和资金赞助，赞助商获得本次竞赛的广告发布权，宣传本企业的商品和服务。

2）冠名权。在小球运动赛事活动的筹办和举办过程中，赞助单位向竞赛的组织者提供了赞助，组织者将某种实物或活动冠以该单位的名称体现该单位的形象。在小球运动赛事开展过程中，冠名权的体现往往是以活动现场作为载体，通过媒体宣传，主要以视觉和听觉有形的方式体现。通过赛事冠名，扩大赞助单位的社会和经济影响。

3）体育场馆建筑商、供货商的供货权。对于小球运动赛事来说，其举办需要一定的场馆、场地支持，因此在小球运动竞赛筹办过程中，一些企业和单位可以通过提供场地或运动设备与器材来赞助小球运动竞赛。并且在小球运动竞赛举办的过程中，为这些厂家今后承建其他体育设施提供了投标业绩证明，同时增加了经验。在获得经济效益的同时，获取社会效益。

4）门票及礼遇。一般来说，与小球运动竞赛组织完成赞助合同的赞助商可以优先获得赛事的开幕式、重要比赛、闭幕式等门票待遇，并有机会在小球运动竞赛官方组织的各项活动中享受礼遇，这对赞助方来说也是一种回报。

2. 小球运动赛事转播　电视转播是当前体育赛事营利的一种重要形式，在竞技体育界，出售体育赛事转播权已经成为赛事运营的主要资金来源，是赛事无形资产经营的重要内容。体育组织或竞赛表演的经营者拥有赛事的广播、电视版权。按国际惯例，大众媒体在对赛事进行报道时应支付版权费，向组织者购买报道权。

只有购买了转播权的电视台才能够获得主播台传送的电视信号。而电视转播可以吸引大量受众，提高媒体曝光率和收视率，因此转播体育赛事也是媒体营利的一个重要机会。

因此，在体育赛事筹办和开展期间，精明的赛事组织者和媒体界人士都不会放过赛事转播这个商机。

受多种因素影响，当前我国小球运动竞赛商业运作开展较晚，且电视媒体的发展也较为缓慢。因此，在小球运动竞赛转播权方面的步伐迈进稍显迟缓。但这也说明，我国小球运动竞赛的媒体传播市场有着巨大的发展空间。

三、小球运动经济价值的实现策略

（一）小球运动体育用品的科学营销

1. 合理进行营销预算　在体育市场中，对于小球运动市场主体来说，其经营管理的目的就是获得最大收益（包括经济和社会效益）。而在小球运动产品没有销售和兑换成企业营利资本之前，必然需要投入实物、资金、人力等资源进行市场营销。

合理的市场营销关系到企业在市场竞争中的生存与发展，合理的营销预算应以销售预期为重要依据，按实际销售收入的10%组织营销活动，科学确定总预算额度和各分项预算。

2. 满足市场多元需求　体育用品生产的根本目的是进行销售，获得经济利润，在小球运动产业和市场发展过程中，企业产品和服务要想适销对路，就必须满足目标市场多元需求，针对消费者的具体消费需求来设计产品、生产、宣传和销售。

在我国小球运动市场发展初期，消费者对体育用品的需求停留在较低级的层次上，只要满足使用即可。在这样的市场发展背景下企业的市场营销过程较单纯，企业通过市场调研设计、生产产品，并通过销售渠道将产品推向各细分市场。这种营销模式中，消费者的选择常处于被动地位。

现阶段，小球运动用品市场发展形势，已经转化为消费者市场，企业发展必须围绕消费者的市场需求展开，当前小球运动的消费者需求多元化、个性化特点突出，针对这一特点，在市场营销中企业必须充分了解和满足消费者的独特需求，并以此为依据开拓市场，如此才能获得长久的发展。

3. 重视产品宣传　当前社会已经进入知识经济时代，信息化发展迅速，各种信息传播迅速，这就为企业充分了解不同消费者的需求提供了便利。例如，企业通过网络营销方式不仅能降低企业销售成本，还能与消费者交互沟通，使消费者既可以接受信息又可以发出信息，促进生产者与消费者积极的双向沟通和交流，为企业了解消费者市场、生产适销对路的产品和提供受消费者欢迎的服务提供信息。

（二）多元化开发经营体育场馆

小球运动器材简单、开展便利，但仍然需要一定的场地空间来开展，而良好的运动环境能增加运动者的小球运动体验，更有助于小球运动多元价值的实现。因此，在小球运动市场化发展过程中，市场经营主体应重视体育场馆（场地）的合理开发与经营。

在当前小球运动市场发展形势下，应注意小球运动体育场馆的开发经营的多元化。

首先，重视体育场馆市场拓展。在小球运动场馆的产业化运作中，要以产业发展为主导，重视大型小球运动赛事及活动的引入。同时，重视抓住全民健身活动这一重要机遇，积极开发大众小球运动消费市场。

其次，充分发挥场馆功能。大型体育场馆应将自身的长处与优势充分发挥出来，以自身的条件为依据，将小球运动经营活动作为体育场馆的重心，在经营中充分发挥经济价值，并以此扩大场馆影响，促进不同体育运动项目的综合开展。

最后，重视体育场馆品牌价值开发。建立场馆的良好体育形象，深度开发大型体育场馆的冠名权，生产品牌体育用品等，充分发挥场馆资源优势和品牌优势。

（三）经营体育赛事转播权

前文已经提到，赛事转播权是体育组织非常重要的一种无形资产，要促进小球运动经济价值的实现，就要充分利用好这一无形资产，并对其进行合理开发。

具体来说，小球运动赛事转播权的开发应遵循媒介开发特点，可从以下几方面入手。

1）协商购买。买卖双方相互购买，该方式既能保证转播权销售最大经济利益的取得，又能使比赛被广泛报道，扩大赛事影响。

2）广告置换。小球运动赛事组织者不直接收取电视机构的资金，而是以等价的广告时段来交换。

3）招标。媒体机构为展现自我形象和实力，可参加招标转播赛事。

4）集中销售。赛事组织者集中出售赛事的各种赞助项。

5）中介运作。赛事组织者委托中介机构销售赛事转播权。

6）一揽子计划。赛事组织者将几届赛事同时打包进行销售。

（四）重视体育赛事赞助营销

体育赞助对象可选择性大，可以是一个人（运动员）、一场比赛、一个俱乐部、一个体育协会、一个运动队或比赛转播。体育赞助的内容主要包括比赛冠名、赛场周围广告牌、赛事商标使用权等（图 4-1）。

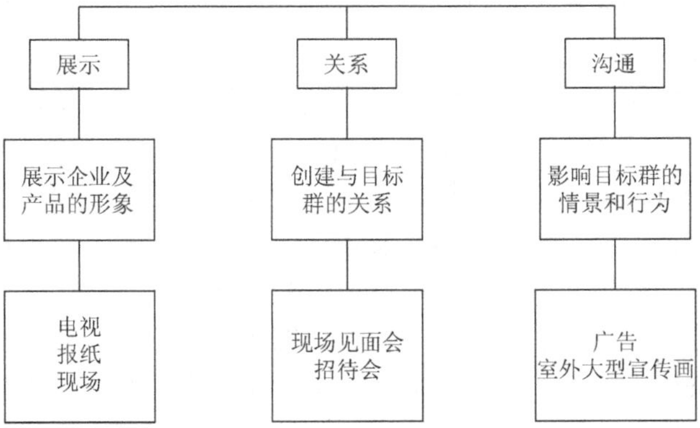

图 4-1　体育赞助的内容

在体育产业发展过程中，传媒运营是非常重要的一个方面，小球运动赞助应促进双赢的实现。赛事赞助是各类小球运动市场主体重要的经济来源，是各类小球运动俱乐部、健身房赖以生存的主要经济基础，同时给无数企业带来了巨大的商机。因此，小球运动市场主体在市场竞争中，应积极借助小球运动提升企业知名度和美誉度，帮助企业实现经济效益。

（五）加强无形资产的开发

品牌是产品的无形资产，好的品牌对消费者具有很强的吸引力，品牌是小球运动市场主体追求竞技效益时，应该充分考虑的一个重要因素。

小球运动产品和服务的品牌资产体现在多个方面，如形象设计、工作环境、开奖方式的公正与公开、人员的素质与作风、文化建设等。只有具备良好的形象与信誉，才能保证广大群众对该企业产品和服务的消费忠诚度。

（六）体育明星运作

体育明星具有重要的社会影响力，具有巨大的商业开发价值，企业可以运用体育明星的明星效应来提高自己的产品知名度。

近年来，随着我国竞技体育的快速发展，体育广告的资源越来越丰富，众多体育明星纷纷开始进行广告代言，且广告内容涉及社会生活的方方面面。

在企业与体育明星合作，开发体育明星商业价值时，应重视以下几个方面。

1）体育明星的名气和声望。企业应从运动员所从事的小球运动项目及所取得的运动成绩两方面来考量。比较热门的小球运动项目，其奖牌含金量较大，而比较冷门的小球运动项目则难以引起企业的关注。取得奖牌越多、奖牌的含金量越高的运动员，其商业开发价值越大。

2）体育明星的气质及个人魅力。通常来说，越具有个性的体育明星就越容易得到企业的青睐，企业还应充分考虑明星球员的道德素养。

3）体育明星的气质、内涵是否同企业的个性相吻合。如果强行将某个体育明星同企业产品进行结合，则未必会取得理想的品牌代言效果。

当前，随着明星球员商业价值的深入开发，我国也有一部分优秀运动员开始利用自己较高的知名度来进行商业广告市场开发，如创建品牌、开办公司、进行商业代言等。但整体来看，由于经验不足，同时受我国服役期运动员不得单独从事商业活动的体制影响，我国仍然处于体育市场经济开发的初级阶段。

第五节　小球运动与社会适应性

一、小球运动的社会适应性解析

在小球运动活动过程中，从个人意识的形成到活动过程各种信息的建立，无不渗透着广泛的社会学意义。特别是在人际交往、关系协调等方面，极大地影响着人们的社会适应能力。

现代社会中，随着社会大众对小球运动文化价值认知的不断深入，越来越多的人参与小球运动文化活动，小球运动成为一种新的运动时尚。

随着小球运动参与热潮的高涨，人们在学习、工作之余积极参与包括小球运动在内的体育健身锻炼活动，在体育运动过程中实现身心愉悦。

在当前小球运动的多元发展过程中，许多小球休闲娱乐活动和各种游戏更加丰富了人们的社会生活，小球运动参与行为和文化内涵彰显了人们的体育需求从生理到心理的转变，小球运动不仅丰富了人们的社会生活，同时还丰富了人们的精神生活。

二、小球运动对个体社会适应能力的提高

社会适应是指个体或群体通过自身或周围环境的调整，改变观点、态度、习惯、行为以适应社会的条件和要求的过程，是个体不断社会化的过程。小球运动对个体社会适应能力的提高主要表现在以下几个方面。

（一）缓解人的亚健康状态

亚健康状态是基于健康和疾病之间的一种状态。早期健康理论认为，人只会处在健康与疾病两种状态之中。而最新研究表明，除了健康与疾病这两种身体状态外，人体还存在一种介于两者之间的状态——亚健康状态。处在亚健康状态的人会有各种不适，多表现为疲乏、嗜睡、无精打采、注意力不集中及健忘等，但是医学检查又查不出任何实质性疾病。

世界卫生组织全球健康调查结果表明，全世界仅有约5%的人属于完全的健康，75%的人均处于亚健康状态。另据调查显示，知识分子和广大白领职工和蓝领工人是亚健康状态人群的主体，约占70%。可见，亚健康已成为一种普遍的社会现象。

小球运动对人体的健康具有极大的促进作用，现代社会中，身体、心理和社会适应能力的三维健康观成为人们的共识，参与小球运动能促进人们身体、心理和社会适应能力的发展。

通过长期科学参与小球运动，人们在运动过程中不仅恢复了体力与精力，身心愉悦，同时也促进了社会交往，有利于人们更好地从事各种社会生活，为人们的社会参与性奠定良好的身心基础。

（二）提高劳动力机体质量

小球运动有着丰富内容与多种运动形式，运动者在参与小球运动过程中，能够依据自身的条件灵活调整运动量。可以说，小球运动老少皆宜、男女不限，科学把握运动范围与运动量，能促进个体身体素质和生理机能的综合发展，同时有助于提高个体的免疫力。这些有益的身体素质，从整体上来看，提高了劳动力的质量，这对于个体更好地参与社会生产和社会竞争十分有益。

（三）影响个体的协作意识

体育能培养个体的团结协作精神。在集体体育运动项目中，参与者需要通过与同伴的默契配合来赢得胜利，因此体育有助于个体集体主义精神的建立和团结合作意识的提高。

小球运动虽然多为个人体育运动，但是也有团队比赛，如乒乓球双打、羽毛球双打、网球双打，可以是男双、女双，也可以是混双，在这样的比赛过程中，就不仅要依靠个人，还要重视同伴之间的配合与协作，强调协作意识和协作能力。

（四）培养人的社会意识

小球运动蕴含着丰富的文化价值，它有助于培养人们的社会意识，如自由意识、平等意识、公平意识、和平共处等，具体分析如下。

首先，小球运动可体现参与的自由和平等。小球运动是大众体育健身项目，也是全世界范围内广泛流行的运动形式。任何人，不分肤色、贫富、贵贱、种族、信仰和性别，都可以参与到小球运动中，这充分实现了平等。这种平等参与、平等拥有、友好相处的氛围必将使人们在日常生活中也具有平等的观念，使人们能保持一颗自由和平等的心态去处理一切事情，最终，这种自由和平等的观念和行为就会成为社会共识。

其次，小球运动可体现付出与收获的公平性。参与任何一项体育运动都必须长期坚持，才能收到预期的效果，小球运动的锻炼也不例外。任何人参与小球运动，都可以通过自身的努力获得成功，体验到更大负荷对肌肉刺激的快感。小球运动过程中，肌肉生理横断面的增大、体形体态的变化都是建立在坚持不懈、持之以恒的大量体力、精力消耗的基础上的，有付出必然有回报，由此可以培养运动者不断拼搏进取的人生观。

再次，小球运动可以强化人们的开放意识。众所周知，小球运动的产生与发展都离不开社会各方面要素的发展。任何体育运动的出现和发展都是一个重要的社会进步与文化发展的现象，其对社会各个领域如政治、经济、哲学、道德、教育、美学等所产生的影响都是广泛而深远的。反之，社会各方面要素也影响着体育运动的发展。在小球运动发展过程中，其发展需要依托社会政治、经济、文化等各方面的力量，这就是小球运动发展的开放性。体育是一种特殊的社会文化，通过参与小球运动，人们还能更深层次地认识到社会文化发展的开放性，从而以开放的心态面对自我和社会发展。

最后，参与小球运动可引导人们崇尚知识、不断学习知识。小球运动实践表明，要想取得理想的小球运动锻炼效果，不仅是靠反复力量大小的抗衡、长时间的训练，更需要科学的小球运动理论作为指导。知识与力量的交融能够促进人们对运动知识、运动规律的思考，使人们的运动过程更科学、运动效果更快实现。不仅在运动中如此，在日常生活中也是如此，要想少走弯路，也必须加强对知识和规律的学习，知识的发展是促进人类社会发展的重要基础。

总之，在小球运动中，人们不仅可以体会运动的乐趣，还能促进心智发展，促进人们更多地去思考个人和社会的发展，并形成良好的社会意识。

（五）提高个体的沟通能力

体育能提高学生的交际能力，尤其是对于集体性运动项目而言，参与体育活动的个体必须经过交流并最终达成一致意见才能顺利地进行体育活动。因此，体育活动为个体与他人进行人际交往提供了一个良好的平台。

在小球运动学、练过程中，每一个参与者都要经历由不会、不懂，到后来能独立完成运动训练的过程，这个学、练过程需要运动者与教师、指导员的不断交流来实现。

在小球运动双打比赛过程中，良好运动成绩的获得需要伙伴的相互保护、切磋经验的友爱性交往及练习过程中的自我沟通，这对于运动者沟通能力的提高和良好人际关系的构建具有积极的影响。

（六）实现个体的现代化

小球运动能提高劳动者的身体素质，促进个体不断地学习新知识并不断创新、探索，还能培养运动者良好社会意识的形成。从这个意义上讲，参与小球运动可以看作对人力资源的一种投资行为，这种人力资本投资和提高对个体促进和实现人的现代化具有重要的推动作用。

三、小球运动与和谐社会建设

和谐是人类的一种新的生活方式，在这种生活方式中，人与人的关系、人与自然的关系、人与社会的关系变得融洽、和谐；人的社会责任感更加强烈，并通过创造性的生活方式表达发展诉求，最终达到整个人类社会的和谐状态。

（一）促进科学休闲观的形成

小球运动文化是一种社会文化，参与小球运动，极大地丰富了人们的业余文化生活，有助于调节社会成员的心态，形成一种良好的社会文化心态，营造和谐的社会氛围和促进科学休闲价值观的形成。

在小球运动过程中，小球运动文化价值是以人的价值意识主导来实现的，小球运动文化的体育性和人文性，必须通过小球运动参与者的个人价值和意识来实现，这对于引导社会成员建立正确的价值观意义重大。

（二）促进社会精神文明建设

在社会大众中推广和普及小球运动，有利于创造一种合作、奋进、友爱的社会环境，可促进社会主义精神文明建设。

现代社会文化生活的内容是丰富多彩的，而小球运动作为社会文化的一种形式，能充分满足社会大众的娱乐性与消遣性需求，满足社会大众对健康美和生活美的需求，同时还能够满足社会大众自我发展的需求。小球运动是人们社会生活中的有机组成部分，使人们的精神生活更加丰富。

运动娱乐休闲是一种健康休闲，是一种理智的休闲，越多的人参与小球运动，就越能实现整个社会休闲观念的健康发展，从而避免不良行为带来的一系列社会问题，如沉迷电子游戏、社会孤独导致的自杀与犯罪等。

总之，小球运动过程中注重休闲的丰富性与趣味性，能使运动者放松身心并感受到轻松和睦的友善氛围。因此，小球运动不仅有助于提高人的整体素质，还对精神文明的建设具有重要的推动作用。

（三）培养健康的社会生活方式

在小球运动教育中，通过引导运动者合理安排自己的闲暇时间，可以促进运动者摒弃落后、愚昧、腐朽的不良休闲方式，抵制精神污染的发生，形成科学合理的生活习惯。

在生活、学习、工作之余，积极参与小球运动，可以使人们的身体得到有益的锻炼，从而使运动参加者的身体健康保持在较高的水平和状态。参与小球运动，也会在很大程度上促进运动者心理的积极反应，引导人们积极向上，不断推进社会的精神文明建设，并促进社会向进步的方向发展，实现整个社会的健康生活与发展。

第五章　乒乓球运动的多元发展研究

乒乓球是一项流行于世界各地的小球运动，也是我国的国球。目前，我国乒乓球运动为世界领先的水平，其霸主地位不可动摇。但整体来看，乒乓球运动的发展还存在着诸多问题，其中最突出的就是发展的不平衡，即片面重视竞技乒乓球运动的发展，忽略了大众乒乓球及校园乒乓球运动的发展。为了推进乒乓球运动的进一步普及与提高，促进乒乓球运动的健康有序发展，我们应注重以多元的视角来发展乒乓球运动。本章主要从大众乒乓球运动、校园乒乓球运动及竞技乒乓球运动三个方面来研究乒乓球运动的多元发展。

第一节　大众乒乓球运动的发展研究

一、大众乒乓球健身活动的发展现状分析

随着全面健身活动的广泛开展，乒乓球运动也逐渐成为大众健身活动的主要内容之一。为了清楚地了解当前我国大众乒乓球健身活动的发展现状，我们特对300名大众乒乓球参与者进行了调查，调查内容与分析结果如下。

（一）大众乒乓球健身活动的参与者现状

1. 性别现状　对300名大众乒乓球参与者的调查发现，有96名女性，204名男性，分别占到总数的32%和68%。从这一数据可知，参与大众乒乓球运动的男性远远超过了女性。造成男女比例悬殊的原因主要有以下两点。

第一，乒乓球运动的技术要求比较高，需要长时间的锻炼才能掌握运动技术，而女性需要承担照顾家庭的责任，所以很少有时间锻炼。通过进一步调查发现，女性在照顾家庭的同时，还会参加大众健美操、瑜伽、舞蹈等修身塑形的健身项目，以此来保持身材。

第二，与女性相比，男性更喜欢通过运动来释放压力，更喜欢在运动中享受乐趣。而且男性在学生时代就喜欢参加体育运动，养成了体育锻炼的良好习惯。此外，男性也会通过参加大众乒乓球运动来结识朋友，扩大自己的交友范围。

2. 年龄现状 据调查，大众乒乓球健身活动的参与者既有青少年，也有中老年人，年龄在 41～50 岁的参与者最多，通过进一步调查发现，这一年龄段参与者的职业以教师、技术人员、企事业单位管理人员居多，他们工作稳定，业余时间充足，因此具有参与大众乒乓球健身运动的条件。总的来看，参与大众乒乓球健身活动的人中，20～50 岁的参与者人群普遍学历较高，工资收入稳定，有能力支付参与大众乒乓球健身活动的相关费用。20 岁以下的参与者大都是学生，既有青少年运动员，又有普通在校学生，前者主要进行乒乓球专业训练，后者主要是通过上乒乓球课或参加课外乒乓球活动来接触乒乓球运动并达到健身的目的。

3. 职业现状 调查发现，大众乒乓球健身活动的参与者中，有接近 1/3 在企事业单位从事管理工作，其他健身人群以专业技术人员、商业或服务人员为主。一般来说，企事业单位管理人员和专业技术人员的薪资待遇比较好，收入比较高，而且工作比较稳定，所以有这方面的消费能力。另外，这些职业群体的休息时间比较固定，具备参加乒乓球运动的时间条件。再加上他们普遍学历较高，思想观念开放，因此健身意识也相对较强，注重通过体育锻炼来缓解工作压力，达到健身的目的。学生也是大众乒乓球健身活动的主要参与群体之一，他们通过上体育课，逐渐对乒乓球运动产生了兴趣，因而在课外也会积极参与其中。

4. 收入现状 调查结果显示，在 300 名大众乒乓球运动的参与者中，有 32.6%的参与者月收入为 4001～6000 元，共有 59.5%的参与者家庭人均月收入为 2000～6000 元。从这一调查结果来看，参与者中以中等收入者和中等收入家庭居多，消费阶层属于工薪族消费，他们工作相对稳定，收入比较可观，且休息时间比较固定，因此有经济能力，也有时间来参与乒乓球健身活动。

5. 教育水平现状 调查发现，在 300 名大众乒乓球健身活动的参与者中，有 68%的人为本科及以上学历，21.7%为大专学历，只有 10.3%为中专及以下学历（表 5-1）。结合以上调查结果可知，学历越高的人健身意识越强，越重视通过科学的体育锻炼来增强体质。面对工作和生活中的巨大压力，他们选择通过体育锻炼来放松自己。此外，学历高的人相对来说收入要高，所以有一定的消费能力。

表 5-1 大众乒乓球参与者的受教育情况（引自伍丽，2013）

学历	人数	比例/%
中专及以下	31	10.3
大专	65	21.7
本科	134	44.7
硕士及以上	70	23.3

（二）大众乒乓球健身活动的参与时间与频率现状

在被调查的300名大众乒乓球运动参与者中，每周锻炼3次及以上且每次锻炼时间超过1.5小时的占30.3%，这部分人群中大多数是离退休人员，他们时间充足，主要通过健身来打发时间、保持健康；每周锻炼1～2次且每次锻炼1～2小时的占39.6%，这部分人群主要是管理人员和商业服务人员，他们一般都采取适中的运动强度来进行乒乓球健身；锻炼次数及锻炼时间不固定的参与者占30.1%，这部分人群一般工作都很忙，偶尔利用假期时间进行短时间的乒乓球锻炼（表5-2）。

表5-2　大众乒乓球参与者的锻炼时间及频率（引自伍丽，2013）

时间及频率	比例/%
每周锻炼3次及以上，每次锻炼1.5小时以上	30.3
每周锻炼1～2次，每次锻炼1～2小时	39.6
锻炼频率及时间不固定	30.1

（三）大众乒乓球健身活动的场地设施现状

调查发现，在大众乒乓球运动的开展过程中，所用球台中绝大部分平均占用面积不到25平方米，甚至每两张球台之间仅仅间隔不到0.5米的距离，这很难满足技术基础良好的乒乓球健身者的锻炼需求。大众乒乓球馆中大多为地板铺制而成的地面，塑胶地面很少，这基本上可以满足乒乓球锻炼者练习需求。进一步的调查发现，大众乒乓球运动的参与者不是很在乎球馆的服务状态，他们去球馆打球主要是为了放松和缓解身心压力，对于环境的舒适度没有太高的要求。但是，一些小规模私营乒乓球馆的设备基础及环境条件都比较差，经营者没有投入一定的资金来购置规范的设施器材，现有的设施和器材难以满足健身者的需求。另外，一些乒乓球爱好者受场地设施条件的影响而只能在室外的水泥台上进行乒乓球锻炼。

北京大学体育馆开馆举办了“千台万人乒乓球比赛”，尽管该活动的规模很大，但也只是起到了示范性的作用，其全民健身的功能没有得到充分发挥。现在，各大城市都在兴建体育场馆，但兴建的目的主要是举办大型体育赛事，或提升本地的影响力，美化城市面貌。我国的大型体育场馆比较多，但真正属于大众健身爱好者的生活体育设施很少。受场地设施条件的限制，老百姓无法享用高规格的体育资源，进行高层次的体育锻炼，只能利用现有的条件进行低端的健身锻炼。此外，通过调查全国体育场地普查的结果，我国的体育场地有一半以上集中在东部地区，西部地区的体育场地很少，这就加剧了大众乒乓球运动发展的不平衡。

场地及器材是开展大众乒乓球健身活动的物质基础，只有将这一基础建设重视起来，才能保障大众乒乓球运动的普及与健康发展，我国相关部门应高度重视这一方面工作的开展。

（四）大众乒乓球健身活动的指导员现状

乒乓球指导员是影响大众乒乓球运动发展的一大因素，专业指导员对大众乒乓球运动的参与者进行指导，不但可以促进参与者技术的提高，而且有利于进一步推动乒乓球运动的普及与发展。

虽然人们参与大众乒乓球运动主要是为了健身，但也只有当技术水平达到一定程度后才能更好地实现健身目的。然而，参与者在平时进行乒乓球运动锻炼时，往往会因为锻炼方法不正确或技巧没掌握好而难以取得技术上的进步。长期没有取得进步的参与者慢慢地就对乒乓球失去了兴趣。调查发现，有 80%以上的大众乒乓球运动参与者希望有专业指导员或教练对其进行指导。但是，当前我国的体育指导员数量较少，而且分布不均匀，难以满足大众乒乓球运动发展的要求。我国现有的乒乓球指导员大都集中在俱乐部，通过调查我国部分地区的乒乓球俱乐部后发现，这些俱乐部中的乒乓球指导员中有些是省队退役的运动员，有些是在校的乒乓球专业大学生，还有一些是业余的教练。这些指导员专门负责指导俱乐部成员的乒乓球活动，在一定程度上促进了会员乒乓球技能的提高，但对大众乒乓球的促进作用有限。

（五）我国不同地区大众乒乓球健身的发展现状

调查发现，我国大众乒乓球运动开展较好的地区主要是经济发达的城市，如北京、武汉、广州、上海等。在这些经济发达地区，大部分单位或企业每年都会定期举办内部乒乓球比赛。参加这些比赛的选手的运动水平有一定的差异，有些选手是省队运动员，水平很高，有些选手只是业余爱好者，基础较差。分析原因得知，我国一些大型企业、事业单位在招录新人时，选录的标准倾斜于一些专业的乒乓球运动员，而且一些退役的省队运动员、体育院校的乒乓球专业毕业生也愿意在单位或公司发展。这些新成员的加入直接推动了单位或企业体育健身的发展，丰富了企业员工的业余文化生活。

与经济发达地区相比，中西部大众乒乓球运动的开展情况就不容乐观了。中西部地区的城市受各方面因素的影响，很少开展大众乒乓球比赛。即使开展个别的业余乒乓球比赛，也存在着种种问题，如竞赛管理不足、竞赛机制不完善等。这些地区举办的大众乒乓球运动比赛以小型比赛为主，规模和水平都有限，基本都是各单位或俱乐部内部举行的比赛，或者是单位之间或俱乐部之间的友谊赛。甚至各单位为了在比赛中获得好成绩，不惜花费高额费用请来专业运动员代表本单位参赛，这样一来，业余的乒乓球比赛就成了专业的竞技比赛，这也与举办比赛的初衷不符。举行大众乒乓球比赛主要是为了锻炼参赛者的身体，丰富其文化生活，缓解其工作压力，并激发与鼓励人们参加乒乓球运动，从而使其养成良好的锻炼习惯，而非为了拿奖或获取其他方面的利益。

当前，我国篮球业余比赛、羽毛球业余比赛开展得比较好，有关单位在开展大众乒乓球比赛时应当借鉴这些项目的经验，使乒乓球真正深入人民群众，鼓励业余选手参加比赛，从而推动大众乒乓球及全民健身运动的进一步发展。

二、大众乒乓球运动的发展对策研究

（一）大力开发大众乒乓球健身产业

开发大众乒乓球健身产业是发展大众乒乓球运动的一项重要举措。在开发过程中，应将群众体育自身的经济功能充分利用起来，开发市场内在的潜力，积极探索以依托市场为前提、以自我发展为契机的相互促进的良性循环之路，促进其健康快速的发展。

在体育事业中，群众体育是最基本、参与人数最多、普及度最广的一部分，我们只有对其重要性予以充分的肯定，才会使其在未来得到良好发展。因此，在发展大众乒乓球的过程中，应不断促进群众体育自身“造血”功能的增强，促进群众体育投入结构的不断完善，这主要从两方面来进行。第一，相关部门加大对乒乓球健身设施的投资力度，并以地市投资为主。第二，合理规划与布局乒乓球大众健身场地，对学校和社区的乒乓球资源进行整合，为大众参与乒乓球健身提供良好的条件。只有这样，才能更好地促进乒乓球大众健身运动的开展。

（二）全面实施全民健身计划，提高人民大众的健康意识

我国政府部门正在全面推行与实施《全民健身计划纲要》，借此机会，各地应

加强对群众体育的改革，建立大众体育群众化实验基地，为群众体育的开展营造良好的环境氛围。此外，有关部门还应建立与完善群众体育体制，同时可以在体育院校建立专业的大众乒乓球指导员培训基地，促进社会体育指导员在乒乓球大众健身中地位的提升和作用的发挥，培养群众的体育意识，使大众养成参与乒乓球运动健身的良好习惯。

（三）对现行群众体育体制进行改革

大众健身运动的发展离不开对相关组织管理机构的设置，大众乒乓球运动的发展同样也需要对相应的组织管理机构进行科学设置，并处理好各管理部门之间的关系。大众乒乓球健身运动在社会中能否良性运转和健康发展，主要受机构设置、权限划分及运行机制等因素的影响，因此我们应加强对这些因素的管理。

推动大众乒乓球运动的发展还需要加大对身体健康意识的宣传力度，促进群众体育的法制化发展，充分发挥群众体育组织和社会体育群体的积极作用，使全民健身向着群体化与社会化的趋势发展。只有人民群众的整体健身意识提高了，才能从根本上推动大众乒乓球运动的发展。

（四）注重竞技运动体育手段化，因材制宜

竞技运动体育手段化是优化竞技运动，发展体育健身运动，促进全民健身运动进一步开展，协调发展群众体育和竞技体育的重要措施。调查发现，我国大众乒乓球运动的群众基础好，乒乓球爱好者的健身意识和消费意识也比较高，但是受资源配置率低、指导员素质较差、健身计划执行力度弱等多方面因素的影响，群众参与大众乒乓球健身活动的情况不容乐观。也就是说，我国大众乒乓球运动发展的精神基础比较好，但是因为没有充分重视竞技运动体育手段化，也没有采取因地制宜、因材制宜的措施，所以影响了乒乓球大众健身运动的普及和发展。

（五）培养优秀的体育指导员队伍，促进体育指导员综合素质的提高

现阶段，我国虽然有一定数量的体育指导员，但是这些指导员学历普遍较低，科研能力较差，而且专门负责乒乓球指导的较少，这严重影响了我国大众乒乓球运动的发展。因此，各地体育局应严格要求体育指导员每年撰写一篇有关队伍建设的论文，以鼓励各地引进高职称、高学历、高水平的体育指导员，并以实际情

况为依据定期对体育指导员展开培训工作。各地体育主管部门应进一步开展基层体育指导员业务培训工作，加强整体规划，做好协调沟通工作，使体育指导员培训计划能够顺利实施。

在对体育指导员进行培训的过程中，应重点开展学历教育和岗位培训，并为指导员提供在职进修机会，促进体育指导员综合业务素质的全面提高。各地区的体育局可以借助地方高校的师资力量，对下属体育指导员展开多种形式的业务培训，并制定定期考核制度，使通过考核的体育指导员充分发挥自身在大众乒乓球运动中的作用与价值。

三、大众乒乓球运动重要技术图示

（一）握拍技术

用手握乒乓球拍的技术方法即乒乓球运动的握拍技术，现代乒乓球运动的握拍主要有直拍握法和横拍握法两种。

1. **直拍握法**　直拍握法包括直拍快攻型握拍法（图 5-1）、直拍削球型握拍法（图 5-2）、直拍弧圈球型握拍法（图 5-3）、直拍横打握拍法（图 5-4）。

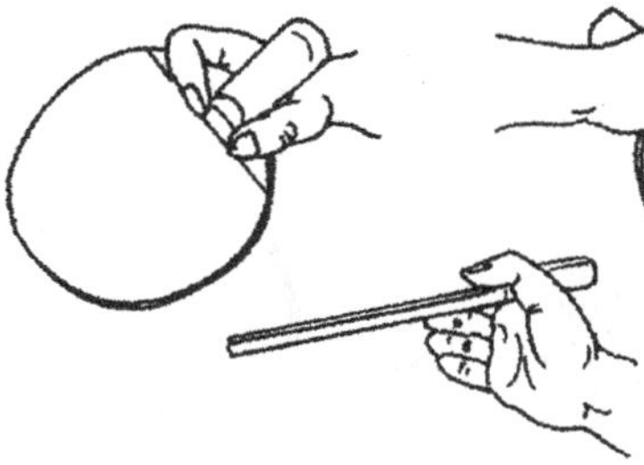

图 5-1　直拍快攻型握拍法

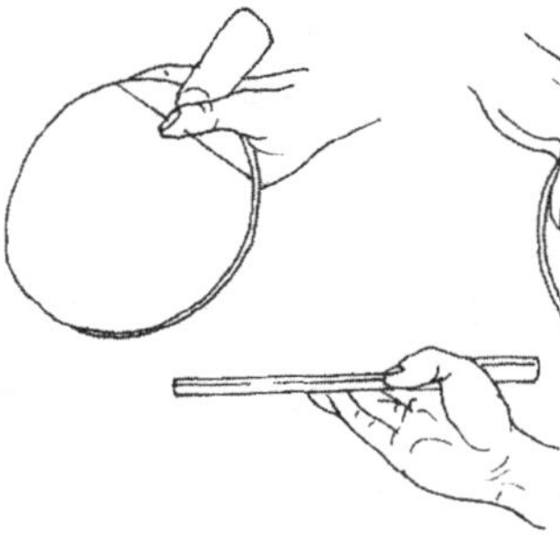

图 5-2　直拍削球型握拍法

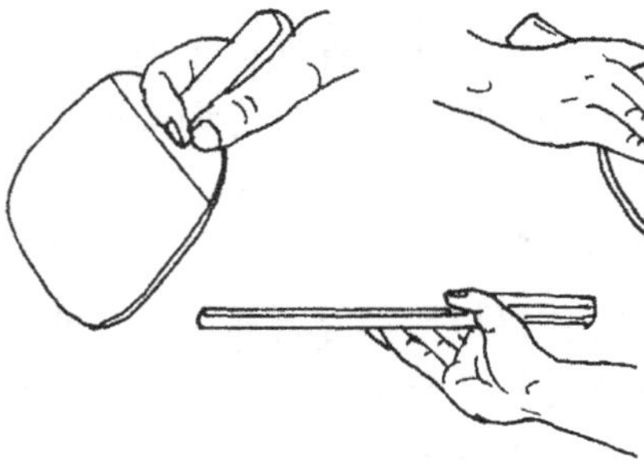

图 5-3　直拍弧圈球型握拍法

图 5-4　直拍横打握拍法

2. *横拍握法*　　横拍握法是中指、无名指和小指自然弯曲握住拍柄，虎口贴住拍肩；拇指在球拍的正面轻贴于中指旁，食指自然伸直，斜放于球拍背面。深握如图 5-5 所示，浅握如图 5-6 所示。

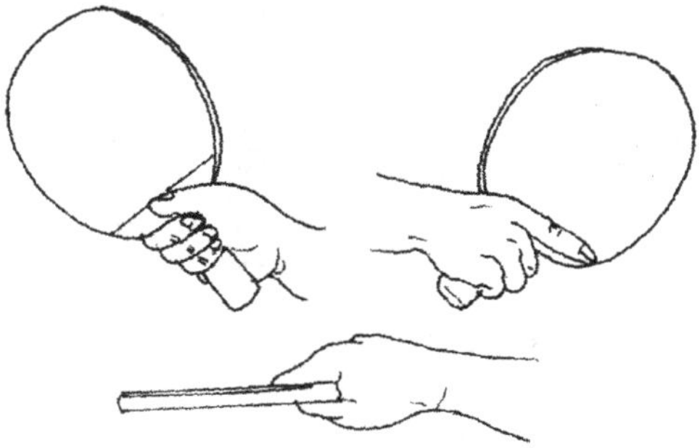

图 5-5　横拍深握

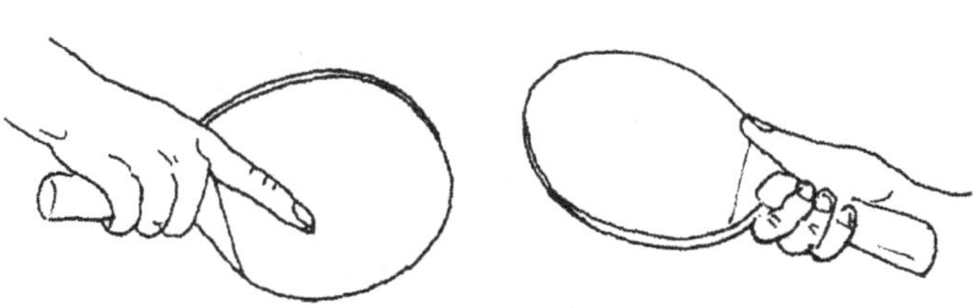

图 5-6　横拍浅握

（二）基本步法

1. 单步　以一脚的前脚掌为轴，另一脚向前、后、左、右不同的方向移动一步，如图 5-7 所示。

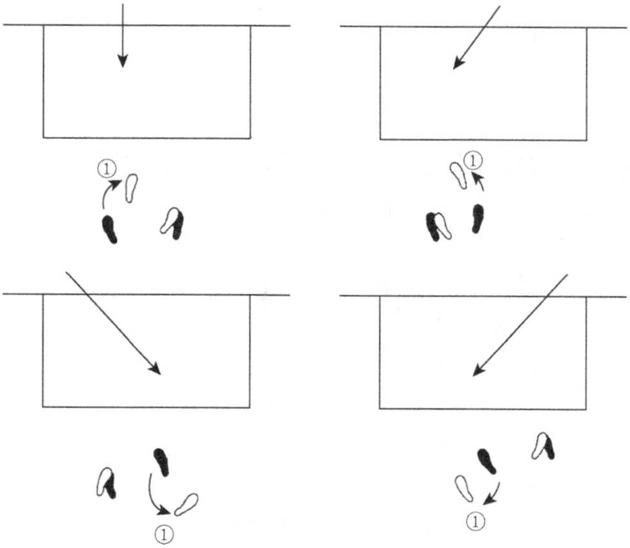

图 5-7　单步

①为移动 1 步

2. 跨步　如图 5-8 所示，用一只脚蹬地；另一只脚向来球方向侧跨步，并用前脚掌内侧蹬地制动；另一只脚迅速跟上。

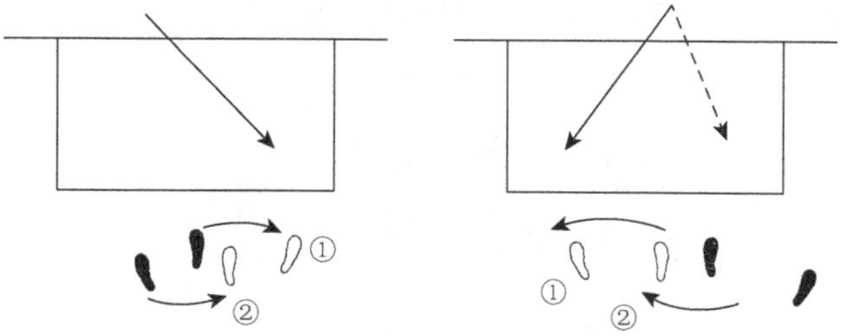

图 5-8　跨步

①为移动 1 步；②为移动 2 步，下图同

3. 跳步　如图 5-9 所示，一只脚用力蹬地，使两脚离开地面向来球方向跳动。

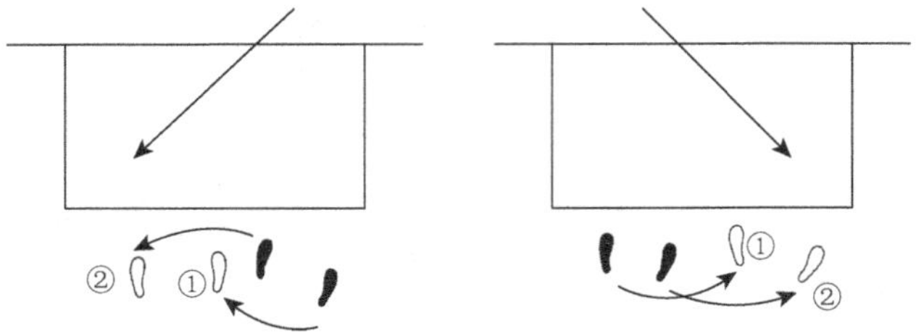

图 5-9　跳步

（三）发球技术

乒乓球运动比较常见的发球技术有正手发右侧上旋急长球（图 5-10）、反手发右侧旋球（图 5-11）、反手发急下旋球（图 5-12）。

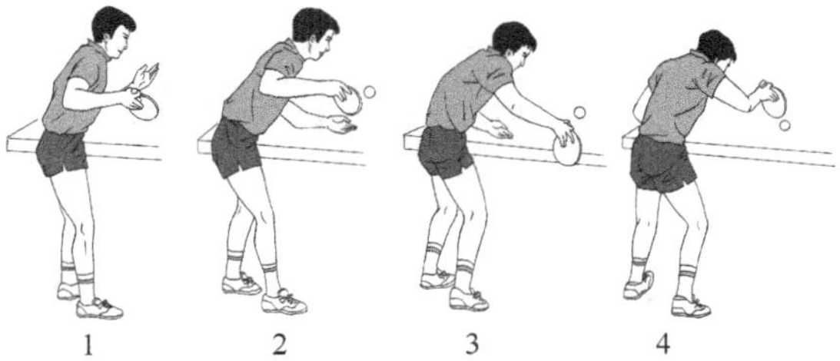

图 5-10　正手发右侧上旋急长球

图 5-11　反手发右侧旋球

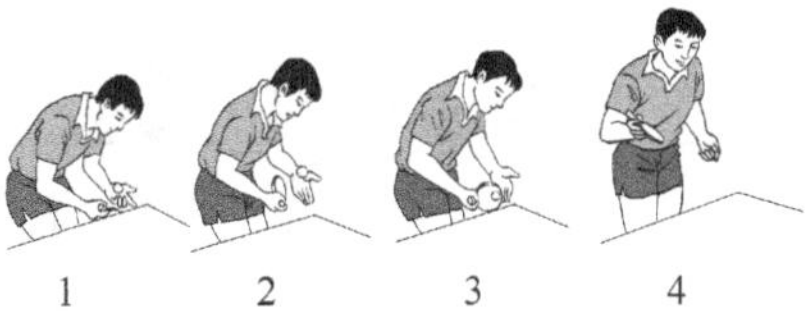

图 5-12　反手发急下旋球

（四）击球技术

1. **挡球**　　球拍触球时，前臂和手腕要稍向前移动，借助对方来球的反弹力把球挡回。在上升期，击球的中部，拍形与台面接近垂直（图 5-13）。

2. 快推　快推技术动作如图 5-14 所示。

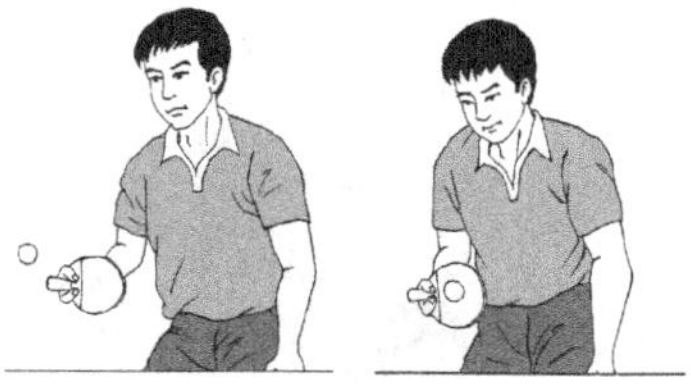

图 5-13　挡球

图 5-14　快推

3. 快攻　击球时，看准来球，当来球从台面弹起，前臂和手腕向前上方挥动，并配合内旋转腕的动作，使拍形前倾，在上升期击球中上部。拍触球瞬间，前臂用力收缩，手腕加快内旋速度，拇指压拍，使拍面沿球体做弧形挥动。直握拍者，拇指稍用力压拍，控制拍形，中指和无名指辅助发力并决定发力方向；横握拍者，靠食指调节弧线（图 5-15）。

图 5-15　快攻

4. 扣杀球　看准来球，积极移动，当来球从台面弹起后，腰、髋带动身体及上臂向左转动，同时上臂积极发力带动前臂和手腕向左前方挥拍，在来球的高点期，以前倾拍形猛击球的中上部（图 5-16）。

5. 搓球　击球者左脚稍前、身体稍向右转。前手臂向右上方引拍，前臂带动手腕向左前下方用力，在来球下降后期击球的中下部（图 5-17）。

6. 削球　以来球在身体中间偏右为例，击球者右脚后撤，含胸收腹，向右后转腰。上臂靠近身体，前臂稍外旋向右上方引拍，拍面竖立，上臂带动前臂向下用力压球以控制球弧线，在下降前期击球的中部或中下部（图 5-18）。

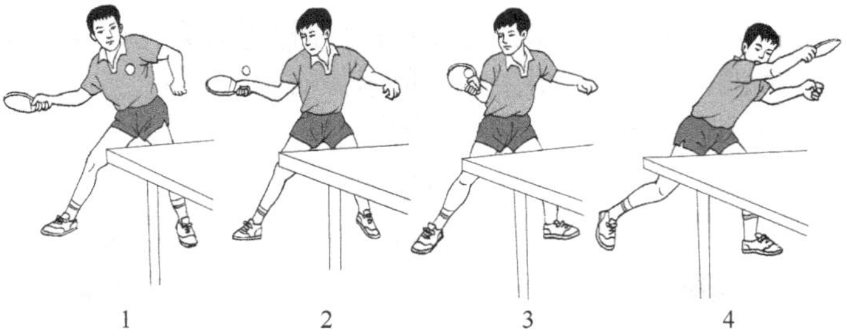

图 5-16　扣杀球

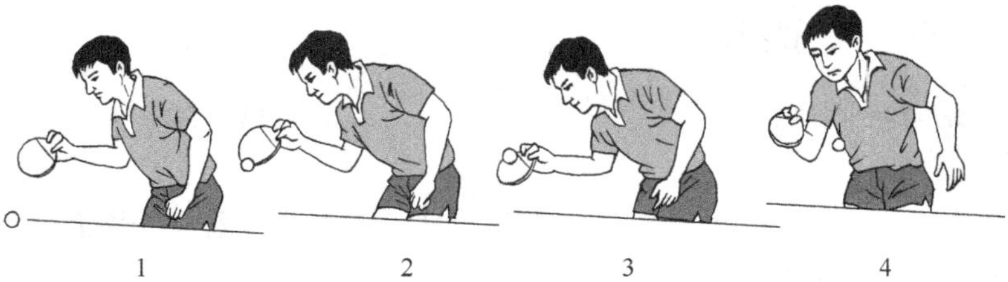

图 5-17　搓球

图 5-18　削球

7. 弧圈球　　击球者两脚分开，两膝内收微曲，重心放于前脚内侧，左脚在前，稍微提起脚后跟，身体略右转，手腕外展后拉引拍至右后方，当来球跳至高点期或下降前期时，腰髋带动上臂、前臂由后向前挥动击球的中上部或中部，击球瞬间向前上方发力，与此同时右脚掌内侧用力蹬地，稍伸膝，重心随之由右脚转向左脚（图 5-19）。

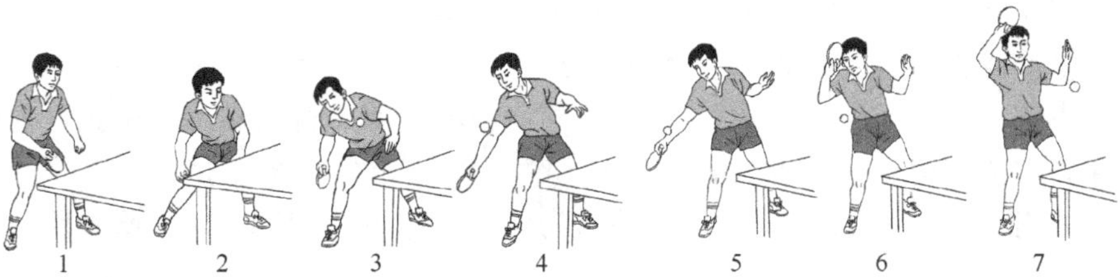

图 5-19　弧圈球

第二节　校园乒乓球运动的发展研究

乒乓球运动是校园体育教学的重要内容，也是学生课余生活中的主要活动方式，深受广大学生的喜爱。本节重点以高校为例来分析与研究我国校园乒乓球运动的发展现状与对策。

一、校园乒乓球运动的教学与开展现状分析

（一）学生对乒乓球运动的认知情况及参与乒乓球的运动情况

1. 认知情况

（1）大学生对体育运动的兴趣　众所周知，“兴趣是最好的老师”，这句话在体育教学显得更加有道理。学生只有对某项体育活动产生了一定的兴趣，才会花时间和精力参与其中。所以，在开展体育教学工作时，教师应充分把握学生的这一心理特征。大学生不仅面临着学业压力，还面临着就业压力，在双重压力下，大学生必须采取有效的措施来放松自己，调节身心，而体育活动正好可以达到这一效果。所以，大学生可以根据自己的兴趣选择具体的项目进行锻炼，在体育锻炼过程中逐渐达到强身健体、缓解压力的目的。

通过调查大学生对不同体育项目的兴趣后发现，有63.0%的学生对篮球感兴趣，57.5%的学生对羽毛球感兴趣，52.1%的学生对乒乓球感兴趣，49.7%的学生对慢跑和散步感兴趣（表5-3）。篮球、羽毛球、乒乓球及跑步项目分别排在了第一、二、三、四位。从这一调查结果来看，大学生最喜爱的运动是篮球，这主要有两方面原因。第一，高校篮球场地比较充足，能够满足学生锻炼和比赛的需求；第二，随着我国竞技篮球运动的不断发展，学生逐渐被篮球明星吸引，因此会主动参与到篮球运动中。羽毛球和乒乓球也很受学生的欢迎，这主要是因为这两个项目有较强的娱乐性，上手比较容易，而且健身功能也很突出。羽毛球和乒乓球运动对于身体疲劳、眼睛疲劳的缓解，早期颈椎病的治疗，机体健康水平的提高等都具有积极的作用。

表5-3　大学生对体育运动项目的兴趣排序（引自孙荣江，2010）

体育项目	选择人数	比例/%	排序
篮球	460	63.0	1
羽毛球	420	57.5	2

续表

体育项目	选择人数	比例/%	排序
乒乓球	380	52.1	3
慢跑和散步	363	49.7	4
网球	280	38.4	5
足球	236	32.3	6
健美操	230	31.5	7
游泳	190	26.5	8
排球	189	25.9	9
跆拳道	184	25.2	10
武术	157	21.5	11
定向越野	90	12.3	12
轮滑	84	11.5	13
其他	35	4.8	14

（2）大学生对乒乓球运动的态度　　态度是构成主体意识的一个重要成分，态度能够引导人的行为，影响人的学习速度与效率。不仅如此，一个人坚持何种生活信念也会受到态度的影响，因此在研究主体意识的过程中，应将态度作为重点研究内容。一个人对体育活动所持有的认知评价、情感体验和行为意向的综合表现就是所谓的体育态度，体育活动的功能能够从个体的体育态度中反映出来。

学生长期在校园中生活，通过体育课和课余体育活动来接触体育，自然而然地就形成了一定的体育态度。某种程度上，学生的价值观和人生观能够从其体育态度中间接反映出来。

通过调查大学生对乒乓球课的态度后发现，有 260 人非常喜欢乒乓球课和乒乓球运动，占调查总数的 35.6%；有 340 人比较喜欢乒乓球课，占总数的 46.6%；不喜欢乒乓球课或无所谓的学生占 17.8%，共有 130 人（表 5-4）。从调查结果来看，大多数学生对乒乓球运动还是比较喜欢的，不喜欢或持无所谓态度的学生为少数。但学生不喜欢乒乓球课的客观现实也应引起学校的重视。在我国，乒乓球运动群众基础广泛，参与者众多，大学生也是一个非常重要的参与群体。为了进一步推动乒乓球运动在校园的发展，高校有关部门应积极宣传乒乓球运动的健身、娱乐等功能，使学生进一步了解乒乓球运动的益处，从而积极主动地投入其中，达到强身健体、提高技术的目的，并养成终身体育锻炼的良好习惯。

表 5-4　大学生对乒乓球课的态度（引自孙荣江，2010）

态度	人数	比例/%
非常喜欢	260	35.6
比较喜欢	340	46.6
不喜欢	60	8.2
无所谓	70	9.6

（3）大学生参加乒乓球运动的动机　　人类的一切行为都是受某种动机驱使或多重动机共同作用的结果，在多重动机中，起决定作用的是主要动机，该动机对人的身体行为有支配作用。所以，支配人体育行为的动机主要是体育动机。

通过调查大学生参加乒乓球运动的动机后了解到，不同学生参加该项运动的动机不同。有 280 人是为了强身健体，占总数的 38.4%；有 220 人是为了娱乐放松，占总数的 30.1%；以提高社交能力、发展个性、锻炼意志为动机的学生比较少，分别占调查总数的 11.6%、9.6%和 6.1%（表 5-5）。通过动机排序了解到，大学生对参加乒乓球运动是抱有很大期望的，他们希望通过上乒乓球课达到增强体质的效果，并在锻炼过程中放松自我、享受快乐、获取成就感。大学生出于提高社交能力和锻炼意志品质等目的而参与乒乓球运动，说明他们已经认识到了乒乓球运动的多元功能。

表 5-5　大学生参加乒乓球运动的动机（引自孙荣江，2010）

动机	人数	比例/%
强身健体	280	38.4
娱乐放松	220	30.1
提高社交能力	85	11.6
发展个性	70	9.6
锻炼意志	45	6.1
其他	30	4.1

2. 参与情况

（1）大学生参加乒乓球活动的频率　　大学生每周参与乒乓球运动的次数对其运动效果有直接的影响，只有坚持不懈地保持长期的高频率锻炼，才能达到良好的健身效果。学生喜爱乒乓球运动的程度直接影响其参加该运动的频率，一般来说，喜爱程度越强，参与频率就越高；相反，如果学生对乒乓球运动没兴趣或兴趣不浓，他就不会一周多次地参与该项运动。

通过调查大学生每周参加乒乓球运动的次数，发现有 305 人每周参加 1～2 次乒乓球运动，占被调查学生总数的 41.8%；有 80 人每周参加 3～4 次乒乓球运动，占 11.0%；每周参与 5 次以上乒乓球运动的学生很少，共有 65 人，占 8.9%；还有 38.4% 的学生每周几乎都不参加乒乓球运动，这部分学生共有 280 人（表 5-6）。从调查结果来看，大学生参加乒乓球运动的情况不容乐观，当前的参与频率与相关部门的要求还有一定的差距，造成这一现状的原因主要有以下两个方面。

第一，高校乒乓球场地在课堂之外的其他时间实行收费制度，学生经济条件有限，所以只在课堂上参与乒乓球运动，其他时间则选择一些不需要付费的项目来锻炼身体。

第二，大学生面临着巨大的学习压力和就业压力，为了毕业之后能够顺利就业，他们通常都会花费精力参加一些培训班，这样就没有时间锻炼身体了。

表 5-6　大学生每周参加乒乓球运动的次数（引自孙荣江，2010）

次数	人数	比例/%
几乎为 0	280	38.4
1～2 次	305	41.8
3～4 次	80	11.0
5～6 次	40	5.5
7～8 次	25	3.4

（2）大学生的乒乓球技术基础情况　　高校大学生来自不同地区，其在中学时期接受体育教育的情况各不相同，所以在进入大学时，不同学生的体育基础也有差异。倘若大学生在中学时期就经常参与乒乓球运动，具备一定的功底，那么其在进入大学后就能轻松地参与该项运动，并取得良好的运动成绩。反之，如果之前从未接触或很少接触乒乓球运动，那么在大学学习乒乓球时就会感觉很吃力，需要长时间坚持锻炼才能取得一定的成绩。可见，乒乓球运动效果与基本功底之间存在着密切的联系。

调查发现，有 340 名学生在进入大学之前乒乓球技术基础几乎为零，占被调查学生总数的 46.6%；有 260 名学生的乒乓球技术基础一般，占 35.6%；有 130 名学生的乒乓球技术基础较好，占总数的 17.8%（表 5-7）。这一调查结果表明，大学生在大学里学习乒乓球运动的起点不同，有较大的差别，之前没有接触过乒乓球运动的学生几乎达到一半。面对这一情况，教师在乒乓球教学中要贯彻好因材施教的原则，在制订教学目标时，要对不同学生的需求给予充分的考虑，既要使基础差的学生顺利入门，又要使基础较好的学生取得进步。

表 5-7　大学生的乒乓球技术基础情况（引自孙荣江，2010）

技术基础	人数	比例/%
较好	130	17.8
一般	260	35.6
几乎为零	340	46.6

（二）校园乒乓球场地设施及管理情况

1. *乒乓球场馆的基本情况*　乒乓球场馆是保证乒乓球教学顺利开展和学生课余时间进行乒乓球锻炼的物质基础。随着高校招生规模的不断扩大，大学生的数量不断增加，现有的体育场馆难以满足在校大学生的体育锻炼需求，体育场馆少和学生数量多的矛盾日益突出，这就需要相关部门给予一定的重视。

通过随机调查我国 8 所高校乒乓球场馆的基本情况，发现这 8 所高校都建设了乒乓球场馆，有些学校的球馆还不止一所，这看似能够保障乒乓球教学的顺利开展。但是这些高校的在校学生人数庞大，球馆的人均面积严重不足，这就严重制约了乒乓球教学的发展。要改善这一现象，不仅需要领导的高度重视，还需要制定相关的法律。一直以来，高校体育教师不断呼吁加强体育场馆建设，但有些学校相关部门对此不够重视，因此要想从根本上解决这一问题，就要制定法律，在《中华人民共和国体育法》中明确规定了学校人均场馆面积，这就是通过法律手段来保障学生的锻炼需求。如果高校的场馆建设达不到相关要求，教育部和省级招生办可以坚决停滞其招生，直到校领导将体育场馆建设计划付诸实践，再允许其继续招生。

2. *乒乓球场地的使用及经营管理情况*　高校建设体育场馆，目的是为体育教学的开展、学生的健身锻炼活动及体育竞赛的举办提供基本的物质保障。我国大多数高校的体育场馆数量不足，很多高校还按照商业模式来管理场馆，将体育场馆发包或出租，从而获取经济利益。一些高校虽然没有实行营利性经营，但场馆设施在课余时间是不向学生开放的，只有部分教师和领导才能使用场馆设施，因而学生的乒乓球锻炼需求难以得到满足。

在调查的 8 所高校中，体育场馆在课余时间不对学生开放的有两所，其余的 6 所高校虽然在课余时间向学生开放，但都制订了相关的收费标准，学生只有给付一定的费用才能在场馆锻炼，这是我国很多高校都存在的问题。

对于高校体育场馆在课余时间是否应该对学生收费这个问题，我们进行了调查。调查结果显示，有 640 名学生认为学校体育场馆不应该向学生收费，占总数的

87.7%；有 60 名学生认为体育场馆在课余时间应该向学生收费，占总数的 8.2%，对这一问题持无所谓态度的学生共有 30 名，占 4.1%（表 5-8）。从这一结果来看，认为不应该收费的学生占绝大多数，可见很多学生都对学校体育场馆收费的行为不满意。这些学生认为，他们每年交的学费中，包含了上课和课余时间锻炼的费用，所以不应该再向他们收费。虽然学生对此很不满，但是也只能“忍气吞声”，不敢向校领导表明自己的想法。这种状况不仅对学校体育的发展造成了严重的影响，也影响了学生的体育锻炼热情，因而不利于体育教学目标的实现和“终身教育”理念的落实。

表 5-8　学校体育场馆课余时间是否应该收费（引自孙荣江，2010）

课余时间是否应该收费	人数	比例/%
应该	60	8.2
不应该	640	87.7
无所谓	30	4.1

（三）校园乒乓球教学情况

1. 乒乓球开课情况　　高校通常通过两种课程形式来开展乒乓球教学工作，即必修课和选修课，这种课程设置方法与乒乓球教学的特点是相符的。通过调查我国 8 所普通高校乒乓球开课形式和开课时间了解到，共有 5 所高校设置了乒乓球必修课，占 62.5%，其中有 3 所开课时间为半年，占总调查高校总数的 37.5%；有 2 所教学时间为一年，占总调查总数的 25%；共有 3 所高校设置了乒乓球选修课，占 37.5%，其中 2 所开课时间为半年，占 25%；有 1 所开课时间为一年，占 12.5%（表 5-9）。从调查结果来看，将乒乓球课程设置为必修课的高校比设置为选修课的高校多一些，某种程度上，必修课比选修课更能督促学生学习与练习乒乓球技术，因为学生只有认真学习、注重练习，才能获得该课程的学分，也才能为自己顺利毕业奠定基础。

表 5-9　普通高校乒乓球开课情况（引自孙荣江，2010）

开课形式及时间	学校数量	比例/%
必修（一年）	2	25
必修（半年）	3	37.5
选修（一年）	1	12.5
选修（半年）	2	25

2. 乒乓球课教学内容　高校通常会以体育教学目标、教学大纲、现有体育场馆设施情况及学生的实际为依据来制订教学内容。通过对我国 8 所普通高校的乒乓球课教学内容进行调查了解到，在乒乓球课程教学中，8 所高校都会教授发球、接发球、推挡和正手攻球技术，这些是乒乓球运动的基础技术，学生只有掌握了这 4 项基础技术，才能更好地学习其他乒乓球技术，将这几个基本技术作为重点教学内容与乒乓球运动的特点及规律相符。除教授这几项基础技术外，教授左推右攻技术的高校有 3 所，在乒乓球运动中，这是一项非常关键的技术，学生在从自己练习到向实战过渡的过程中，必须掌握这项重要技术，只有这样才能更好地适应实战需求。而学生在掌握这项技术之前，必须先掌握正手攻球和推挡这两项技术。对弧旋球技术进行教学的高校有 2 所，这项技术是比较难掌握的，但学生一旦掌握了该技术，就可以进行有力的进攻，给对方造成威胁。在乒乓球比赛中，学生可以运用该技术来达到制胜的目标。所以，部分高校为了满足学生的好奇心和获胜需要，就将弧旋球技术纳入了教学内容中。此外，开展乒乓球战术教学的高校有 2 所，进行战术教学能够使学生更高的学习需求得到满足（表 5-10）。

通过进一步调查了解到，这些高校不管是进行哪项内容的教学，都只是将其作为介绍性知识进行讲解，并非必须掌握的知识，这就影响了学生乒乓球技术水平的提高。

表 5-10　普通高校乒乓球课教学内容（引自孙荣江，2010）

教学内容	学校数量	比例/%
发球	8	100
接发球	8	100
推挡	8	100
正手攻球	8	100
左推右攻	3	37.5
弧旋球	2	25
战术	2	25
其他	1	12.5

3. 乒乓球理论课开课情况　在高校乒乓球教学中，不仅要向学生传授基本技术，还要向学生讲解一些必要的理论知识。进行理论课教学，不仅可以使学生对乒乓球运动的发展历史有所了解，也能使学生从原理上掌握各个技术动作所包含的力学、人体工程学等方面的内容，从而更快地掌握技术方法。理论课教学是学生掌握乒乓球技术的基础与前提。

通过调查发现，很多高校都不注重向学生传授乒乓球理论知识，也没有开设乒乓球理论课，这必然会对学生乒乓球技术能力的提高和乒乓球教学目标的实现造成不利的影响。

从表 5-11 的调查数据来看，在调查的 8 所高校中，只有 3 所开设了乒乓球理论课，占调查总数的 37.5%；有 5 所高校未开设乒乓球理论课，占 62.5%。从这一结果来看，没有开设乒乓球理论课的高校所占的比例要比开设乒乓球理论课的高校所占的比例大，这说明乒乓球理论课的教学还未引起高校的普遍重视，高校领导没有充分意识到乒乓球理论教学对技术教学的积极促进作用。

表 5-11　普通高校乒乓球理论课开设情况（引自孙荣江，2010）

是否开设乒乓球理论课	学校个数	比例/%
开设	3	37.5
未开设	5	62.5

4. 高校乒乓球师资队伍现状　随着高校体育教学改革的不断深化，对体育教师的业务能力与综合素质也提出了越来越高的要求，教师只有与时俱进、不断更新自己的教学理念、完善自己的知识结构，才能更好地适应现代社会的发展，也才能更好地指导学生的学习。下面就从年龄结构、学历结构及职称结构三个方面来对高校乒乓球师资队伍的现状进行调查分析。

（1）年龄结构情况　一所高校中乒乓球教练团队的年龄比例、教龄等情况在一定程度上能够从该校乒乓球教师的年龄结构中得到反映。构建优秀的教学团队不仅要求教师的教学能力强，还要求教师的年龄结构合理，不同年龄段的教师比例不能差太多，只有维持这样的年龄结构，才能确保在一定时间内不会出现人才断层的问题，也才能够保证教学的稳定性。除此之外，高校男女体育教师也应保持一个合适的比例，一般男性体育教师应比女性体育教师多一些，男女教师的比例保持在 7∶3 更为适宜。

通过对普通高校乒乓球教师的年龄情况进行调查后发现，年龄为 25～40 岁的乒乓球教师较多，共有 42 名，占 75%。其中年龄在 25～30 岁、31～40 岁的乒乓球教师分别有 22 名和 20 名，占被调查教师总数的 39.3%和 35.7%。年龄在 40 岁以上的乒乓球教师有 14 名，占总数的 25%，其中年龄为 41～50 岁的占 14.3%，51～60 岁的占 10.7%（表 5-12）。从调查结果可知，被调查的高校中，乒乓球教师以中青年居多，这主要是因为在 20 世纪 90 年代末，我国高校开始不断扩大招生规模，在校大学生不断增加，学生的增加要求学校招聘更多的教师来满足教学的需要。在这种情况下，我国高校不断引进人才，年青教师的数量也因此超过中老年教师。

表 5-12　普通高校乒乓球教师年龄结构（引自孙荣江，2010）

年龄段	人数	比例/%
25～30 岁	22	39.3
31～40 岁	20	35.7
41～50 岁	8	14.3
51～60 岁	6	10.7

（2）学历结构情况　　不同学历的教师在所有教师中所占的比例就是教师的学历结构，一个教学团队的教学能力、科研能力等都能够通过教师的学历结构表现出来。教师的学历反映了其受教育程度，在一定程度上也代表了教师的能力。教师的学历越高，说明其教学能力与科研能力也就越强，就越能够对学生进行科学的指导。

通过对高校乒乓球教师的学历结构进行调查了解到，大多数教师为本科学历，占被调查教师总数的 71.4%，只有 16 名教师是研究生学历，占 28.6%，专科与博士学历的教师数量为 0（表 5-13）。从这一调查结果来看，高校乒乓球教师的学历结构不容乐观，学历为研究生及以上的乒乓球教师数量太少，这对于教学团队开展教学与科研工作是不利的。

表 5-13　普通高校乒乓球教师学历结构（引自孙荣江，2010）

学历	人数	比例/%
博士	0	0
研究生	16	28.6
本科	40	71.4
专科	0	0

（3）职称结构情况　　在一定程度上，乒乓球教师的职称是其学历和能力的代表，职称越高，说明其教学与科研能力水平就越高。如果乒乓球教师团队的职称结构良好，就有利于乒乓球教学工作和科研工作的顺利开展，而且教学团队的稳定性也能够得到一定的保障。

通过对普通高校乒乓球教师的职称结构进行调查发现，有一半的教师职称为助教，共 28 人；有 32.1%的教师职称为讲师，共 18 人；职称为教授和副教授的教师共 10 人，占调查总数的 17.8%（表 5-14）。从这一结果来看，高校乒乓球教师的职称偏低，大多数为助教和讲师，职称为副教授及以上的教师所占的比例较少，这一职称结构不利于高校乒乓球教学目标及科研目标的实现。

表 5-14 普通高校乒乓球教师职称结构（引自孙荣江，2010）

职称	人数	比例/%
助教	28	50
讲师	18	32.1
副教授	5	8.9
教授	5	8.9

（四）校园乒乓球课余活动及俱乐部的开展情况

1. 课余时间乒乓球的开展情况 除上课时间之外，学生在个人支配时间内所参与的体育活动就是课余体育活动。课余体育活动的自主性、娱乐性等特点都很突出。一般来说，一个体育项目在一所学校的开展情况能够从该校学生在课余时间参加该项运动的情况中反映出来。作为学校体育的重要组成部分，课外体育深受学生的欢迎与喜爱。早在 20 世纪 90 年代，国家教委就曾明确规定，普通高校不仅要开设体育课、劳动课，还要组织学生开展课外体育活动。我国教育部于 2006 年开始倡导"阳光体育运动"，号召学生每天运动一小时，自此，高校大力开展课外体育活动，学生也积极参与其中，并取得了良好的健身效果。大学生可自由支配的时间比中学生要多，所以其可以在课外时间自由选择自己感兴趣的或擅长的运动项目来参加。

通过调查发现，在课余时间参加乒乓球运动的大学生占 46.5%，这说明乒乓球运动对大学生的吸引力还是很强的。但是进一步调查了解到，学生虽然在课余时间参加乒乓球运动，但其没有明确的参与计划，大都是一时兴起，为了娱乐而参与，这样虽然也能达到增强体质的效果，但不利于乒乓球技术水平的提高。所以，如果条件允许，高校可以在课余时间免费向学生开放乒乓球场馆，并安排指导员指导学生的课余乒乓球锻炼活动，从而满足学生的锻炼需求，并促进其乒乓球运动水平的提高。

2. 乒乓球俱乐部的开展情况 当前，我国很多高校都采取俱乐部式的教学方式来进行体育教学，并取得了良好的教学成果。不仅如此，俱乐部也是学生在课余时间进行体育锻炼的一种主要手段。现阶段，我国高校的体育俱乐部主要有以下三种形式。

1）体育教学中心选派体育教师对俱乐部进行组建，由教师向俱乐部成员传授相关知识。

2）由学生自发组织的体育俱乐部，这种形式的俱乐部完全由学生发起，校方完全不参与。

3）营利性俱乐部，校内或校外人员以营利为目的对学校体育场馆进行商业性操作。

通过对我国 8 所普通高校的乒乓球俱乐部建设情况进行调查发现，有 6 所高校建设了乒乓球俱乐部，但都只是建立了 1 个，这难以满足学生的锻炼需求。通过进一步调查了解到，场地缺乏、高校领导不重视是高校乒乓球俱乐部开展不广泛的主要原因。营利性的乒乓球俱乐部与现代学校体育的发展是不相符的，因此必须对这类俱乐部进行改革。

关于高校是否应该建设乒乓球俱乐部，不同的体育教师有不同的看法，通过调查发现，有 66.1%的体育教师对高校建设乒乓球俱乐部持支持态度，认为高校没必要建设乒乓球俱乐部和对此无所谓的教师共占 33.9%（表 5-15）。这一调查结果表明，大多数体育教师还是希望学校建设乒乓球俱乐部的，这是因为这些教师认识到了乒乓球俱乐部对促进学生身体健康和乒乓球技能提高的重要性，而那些认为没必要和无所谓的教师并没有意识到这一点，所以态度冷淡。事实上，建设体育俱乐部，开展俱乐部教学已经成为大势所趋。

表 5-15　体育教师对高校建设乒乓球俱乐部的态度（引自孙荣江，2010）

态度	人数	比例/%
支持	37	66.1
没必要	6	10.7
无所谓	13	23.2

二、校园乒乓球运动发展中存在的问题及解决对策研究

（一）校园乒乓球运动发展中存在的问题

通过对校园乒乓球运动的教学与开展现状进行调查了解到，当前我国校园乒乓球运动的发展存在如下几个问题。

1）乒乓球场馆及配套设施不足，场馆经营商业化趋势明显。

2）乒乓球教师队伍的年龄、学历及职称结构不合理。

3）乒乓球教学内容单一。

4）高校不注重对课外乒乓球俱乐部的建设。

5）学校领导对乒乓球教学工作不够重视。

（二）推动校园乒乓球运动发展的对策

1. **大力建设体育场馆设施，改善场馆设施的管理制度**　一所学校的体育场地和运动器材象征着该校的体育办学水平。近些年，随着高校在校学生的不断增加，体育场馆设施和体育器材越发显得不足。为了解决学生需求的增加与场馆设施不足之间的矛盾，学校应按照配备目录的要求建设体育场馆，购置运动器材，尽量使学校体育场馆及器材的数量、质量与国家的相关要求相符。学校在建设体育场馆的过程中，可以通过多种途径进行融资，从而使社会各界人士都参与到学校的硬件设施建设中来。学校在对现有的体育场馆进行管理时，应树立为学生服务的管理原则，采取科学有效的管理办法，严禁在学校体育场馆中频繁开展以营利为目的的商业活动。

2. **加强乒乓球师资队伍建设，促进教师专项技能的提高**　学校的乒乓球师资配备情况对乒乓球教学效果有直接的影响，如果乒乓球教师团队的年龄、职称、学历结构都是合理的，那么就容易顺利完成教学任务，实现预期的教学目标。为了构建一支优秀的乒乓球教师队伍，学校应加强对教师的业务培训，以促进教师专项能力的提高。对于年轻的乒乓球教师，学校应鼓励其继续深造，以促进其理论能力和学术科研能力的提高。此外，年轻教师也应该不断充实自己、完善自己，提高自己的专业教学能力，从而更好地在乒乓球教学中发挥自己的价值。

3. **对乒乓球教学内容进行优化，改进乒乓球教学手段**　教学内容是教学目标的载体，也是教师和学生的纽带。所以，乒乓球教学内容的合理性与科学性对乒乓球教学质量有决定性的影响。高校在设置乒乓球课程的过程中，应将乒乓球的趣味性突出来，注重将新的知识与技术传授给学生。在教学手段上，应充分运用多媒体手段，从而吸引学生的注意力，营造良好的教学氛围，促进教学效果的提高。

4. **积极开展课外活动，创建良好的校园乒乓球文化氛围**　乒乓球课外活动是学校乒乓球教育的一个重要组成部分，课外乒乓球活动的开展情况与学校的乒乓球文化氛围密切相关。课外乒乓球活动深受学生欢迎，乒乓球俱乐部活动更是吸引了大量乒乓球爱好者的参与。学校应注重开展课外乒乓球活动，着手打造体育文化节，举办校内乒乓球比赛，以此来调动学生参与乒乓球运动的积极性。

第三节　竞技乒乓球运动的发展研究

一、乒乓球运动的常见赛事

（一）世界乒乓球运动赛事

1. 世界乒乓球锦标赛　世界乒乓球锦标赛是由国际乒乓球联合会主办的规模最大、水平最高、参赛人数最多的世界乒乓球赛事，联合会中的任何会员协会都可以派运动员参加比赛，该赛事共设置了7个项目，即男子单打、双打、团体；女子单打、双打、团体及男女混合双打。

目前，世界乒乓球锦标赛逢双年举行团体比赛，逢单年举行5个单项比赛，以捐赠者的姓名或国名来对各项奖杯进行命名。

世界乒乓球锦标赛的冠军奖杯是不断流动的，各项冠军从获得冠军到下届比赛举办之前都可以保留奖杯。在男子单打或女子单打项目中，如果运动员连续三届获得冠军，国际乒乓球联合会为了对其表示嘉奖与肯定，会制作原奖杯的复制品，该复制品小于原奖杯的一半，制作后将赠予获奖运动员，运动员可永久保存。目前为止，我国乒乓球运动员中获得过这一殊荣的只有庄则栋，其在第26、27、28届世界乒乓球锦标赛男子单打项目中连续获得冠军。

2. 世界杯乒乓球比赛　世界杯乒乓球赛正式诞生于1980年，该赛事每年举行一届，包括两个项目的比赛，即男子单打和女子单打，参加该赛事的运动员共有16名，这16名选手中，有1名来自东道主国家，其他均为国际乒乓球联合会指定的世界优秀选手和各大洲的单打冠军。

3. 世界职业巡回赛总决赛　职业巡回赛总决赛是由国际乒乓球联合会推出的世界性乒乓球赛事，1996年举办第1届。该赛事的竞赛方法为国际乒乓球联合会单独对全年国际乒乓球公开赛的参赛运动员计分，最后排名在前的运动员才能获得参加巡回赛总决赛的资格。

世界职业巡回赛总决赛共设置4个比赛项目，分别是男子单打、双打；女子单打、双打。

（二）中国乒乓球运动赛事

1. 全国乒乓球锦标赛　由中国乒乓球协会举办的全国乒乓球锦标赛是我国最高水平的乒乓球赛事。在中国乒乓球协会注册的各省（自治区、直辖市）、解放军和俱乐部乒乓球队均可参加该赛事。第1届全国乒乓球锦标赛于1952年举行，地点为北京。该赛事从1956年起每年举办一次。1967～1971年因为政治因素而没有举行，1972年开始重新举行。全国乒乓球锦标赛共设置了7个比赛项目，分别是男子单打、双打、团体；女子单打、双打、团体及男女混合双打。

2. 全国运动会乒乓球比赛　全国运动会是“全运会”的全称，这是我国规模最大的综合性运动会，每4年举行一次，该运动会中共设7个乒乓球比赛项目，是我国乒乓球最高水平的角逐。

3. 中国乒乓球俱乐部比赛　中国乒乓球俱乐部比赛是由中国乒乓球协会推出的赛事，时间为1995年。之所以推出该赛事，是为了进一步拓展我国的乒乓球市场，在社会主义市场经济中不断加强“双轨制”的运行力度，提高我国乒乓球俱乐部的发展水平。赛会制是这一赛事的主要比赛形式，参赛的俱乐部男女各12支，在1995年举办的第1届中国乒乓球俱乐部比赛中，孔令辉和邓亚萍分别获得男女单打冠军，获得男女团体冠军的分别是黑龙江雅丰俱乐部和北京华远俱乐部。

1998年开始，中国乒乓球协会对“中国乒乓球俱乐部比赛”这一赛事名称进行了改革，正式将其命名为“中国乒乓球俱乐部甲级联赛”，本届赛事中，获得男女团体冠军的分别是八一工商银行俱乐部和江苏无锡山禾俱乐部。1999年，该赛事的比赛名称为“阿尔卡特俱乐部超级联赛”，获得男女团体冠军的分别是黑龙江蓝盾运输俱乐部和江苏无锡山禾俱乐部。2000年开始，山东鲁能集团开始冠名该赛事，因此这一赛事也被称为“鲁能杯中国乒乓球俱乐部超级联赛”。

此外，1998年开始，中国乒乓球协会相继推出中国乒乓球俱乐部甲A、甲B、乙A、乙B比赛，乒乓球俱乐部比赛是中国俱乐部超级联赛的一个重要组成部分，推出这些不同级别的赛事主要是为了进一步完善俱乐部赛制，各级别比赛均采用升降级办法。其中，甲A比赛每年3站赛事，其他级别的比赛每年2站。依据各参赛队的总积分来排列其最终名次，总积分越多的参赛队，排名越靠前。

二、乒乓球运动在奥运会中的发展历史

（一）乒乓球运动进入奥运会的历史

国际乒乓球联合会于1981年在第84届国际奥林匹克委员会（简称“国际奥员会”）上提出将乒乓球列入1988年奥运会正式比赛项目的申请，这一申请最终通过。从1988年开始，每届奥运会上均有乒乓球比赛项目。1988～2004年的历届奥运会中，乒乓球比赛项目均为4项，即男子单打、双打和女子单打、双打。为了使比赛更加精彩，国际奥委会在2005年采纳了国际乒乓球联合会的提议，即

在不增加参赛人数和比赛天数的基础上，从北京奥运会（2008年）开始，双打比赛由团体比赛取代。此后，乒乓球的比赛项目共有男子单打、团体和女子单打、团体4项。

（二）中国乒乓球队在历届奥运会中的金牌榜

2016年里约奥运会中，中国乒乓球队成功包揽该次奥运会4枚金牌，这是中国乒乓球队第五度在单届奥运会上包揽乒乓球项目的全部金牌。下面列举中国乒乓球队在历届奥运会中的金牌成绩（表5-16）。

表5-16　中国乒乓球队在历届奥运会中的金牌榜（1988～2016年）

历届奥运会	获得金牌的运动员及小项	金牌总数
2016年里约奥运会	丁宁——女单 马龙——男单 李晓霞、丁宁、刘诗雯——女团 张继科、许昕、马龙——男团	4
2012年伦敦奥运会	李晓霞——女单 张继科——男单 李晓霞、丁宁、郭跃——女团 张继科、王皓、马龙——男团	4
2008年北京奥运会	张怡宁——女单 马琳——男单 张怡宁、王楠、郭跃——女团 王皓、马琳、王励勤——男团	4
2004年雅典奥运会	张怡宁——女单 王楠、张怡宁——女双 马琳、陈玘——男双	3
2000年悉尼奥运会	王楠——女单 孔令辉——男单 王楠、李菊——女双 王励勤、闫森——男双	4
1996年亚特兰大奥运会	邓亚萍——女单 刘国梁——男单 邓亚萍、乔红——女双 刘国梁、孔令辉——男双	4
1992年巴塞罗那奥运会	邓亚萍——女单 邓亚萍、乔红——女双 王涛、吕林——男双	3
1988年汉城奥运会	陈静——女单 陈龙灿、韦晴光——男双	2
总计		28

三、乒乓球运动的欣赏礼仪

乒乓球运动员在赛场上的表现与周围环境密切相关，观众作为一个重要的环境因素，必须严格遵守观赛礼仪，做一名文明的观众，为运动员营造良好的环境。下面就观众在观看与欣赏乒乓球赛事时需要注意的一些礼仪问题进行阐述。

1）从运动员准备发球开始到这个球成为死球的过程中，观赛者不要鼓掌、跺脚、大声说话，也不要为运动员呐喊加油，更不要起身随意走动等，要充分保持赛场的安静。

2）观赛者不要在赛场吸烟；手机要关机，或者调成静音模式。

3）观赛者呐喊加油或以其他形式为运动员鼓劲助威时，要含蓄一些，不要将喇叭、锣鼓等容易造成噪音污染的东西带进赛场，因为过大的声音、过激的语言会影响参赛者的心情，而且会分散选手注意力，使其难以集中精力进行比赛。

4）观赛者不要用闪光灯拍照。闪光灯会对运动员技术的发挥造成非常大的影响，因为球拍和球是瞬间碰撞的，如果用闪光灯拍照，会使运动员的眼睛受到刺激，从而使其难以准确判断来球的质量，进而影响回球的质量和命中率。

第六章　羽毛球运动的多元发展研究

小球运动中的羽毛球运动具有较为广泛的群众基础，它在校园与大众中的普及程度都非常高，因此对其发展进行深入的研究具有非常重要的现实意义。本章将分别从大众羽毛球、校园羽毛球及竞技羽毛球三方面对羽毛球运动的多元发展进行具体研究。

第一节　大众羽毛球运动的发展研究

一、大众羽毛球运动的发展现状

（一）大众羽毛球运动发展的基本情况

1. 大众羽毛球运动开展的现状　　目前，羽毛球运动很受广大民众的喜爱。调查显示，在被调查者中非常喜爱、较喜爱羽毛球运动的占绝大多数。

近些年来，全国大众羽毛球场馆的设施也有了一定程度的提升，以往很多的水泥运动场地、木地板场地都逐渐升级换代为塑胶场地，但是仍然不能够完全满足广大羽毛球爱好者的需求。

另外，当前的大众羽毛球运动还有相应的业余教练进行指导。其中，专职教练占少数，大部分的教练都是学校中的体育老师，另外还有一些受过一定训练的羽毛球运动员。在这些业余教练的指导下，我国大众羽毛球的竞技水平获得了一定程度的提升，广大群众参与羽毛球运动的热情也非常高涨。在一些经济基础较为雄厚的城市中，也开展了一些群众性的羽毛球赛事，很多羽毛球俱乐部之间也经常会举办交流比赛，事业单位的内部也会偶尔举办羽毛球运动的比赛活动。从近些年的发展状况来看，群众性羽毛球运动比赛的举办次数明显增多，参加的人数也在逐年增加。

2. 大众羽毛球运动的市场现状

（1）参与消费性羽毛球锻炼群体的年龄结构　　调查显示，当前参与消费性羽毛球锻炼的人群以中青年为主，45 岁左右是消费性羽毛球锻炼人群的分界线，并随着年龄的增大而出现减少的趋势。

（2）参与消费性羽毛球锻炼人群的收入情况　调查显示，当前参与消费性羽毛球锻炼人群的月收入水平以中等收入群体为主，具体以企业人员、商业人员、公务员、学生和教师五类人群为主。

（二）大众羽毛球运动发展中存在的问题

当前，我国的大众羽毛球运动虽然处于不断发展之中，但是仍然存在着很多问题与不足之处，具体主要表现在以下几个方面。

（1）大众羽毛球运动管理体制亟须完善　由于多种因素的影响，社会及国家的相关管理部门对当前大众羽毛球事业还不够关注，对于群众性的羽毛球活动也缺少全面的统筹与战略规划。而近年来，随着各种类型群众性羽毛球运动比赛的不断增加，参加过群众性羽毛球比赛的人数比例也有了一定程度的提升。但是，其中有不少私营羽毛球馆由于片面追求经济效益，造成大众羽毛球运动很多矛盾状况的发生。

（2）经费相对短缺，场馆设施不齐全，相应的市场还不够成熟　当前，大众羽毛球活动所需要的经费很少由政府部门出资，大部分比赛基本上都是由单位或者群众团体自发组织，这就在很大程度上制约了比赛的水平，而且观赏性也不强，社会关注程度也不够高，整个市场处于正待开发的状态，这种现状对于提高大众羽毛球运动的水平是非常不利的。虽然很多专业化的羽毛球运动场馆正在不断建立，但是这些场馆仍然不能满足广大羽毛球运动爱好者的需求。

（3）大众羽毛球的教练员数量还比较少，专业素质也有待加强　当前，大众羽毛球运动中的专业教练员的数量还比较少，很多都是由中学体育教师或没有受到过训练的业余选手充当，这就在一定程度上限制了大众羽毛球运动的发展。

（4）业余训练的选材对象比较狭窄，后备人才不容乐观　当前，由于受到资金、场地等多种因素的限制，我国还没有建立起体教合一的业余体校来开展羽毛球运动的训练。当前的选材主要是在羽毛球特长班或者学校进行，这就使羽毛球业余训练的选材对象较为较窄，对于业余羽毛球运动的发展非常不利。

二、大众羽毛球运动的发展对策

（一）积极开展大众羽毛球运动的管理体制改革

要想使大众羽毛球运动实现更好地发展，就应该不断深化大众羽毛球运动的管理体制改革，充分发挥羽毛球协会的积极作用。

对于政府管理部门，应该成立相关的管理部门或组织，对群众性羽毛球运动进行有效的管理与引导，同时还要不断加大羽毛球场馆建设的投入，并对场馆设施进行合理有效的利用；营业性场馆应加强相关的专业化管理工作，制订合理的对公众开放的时间；广大高校的体育运动场馆也应该积极转变原有的观念，可以适时对社会有偿开放，做到以馆养馆，实现发展的良性循环。除此之外，还应该充分发挥羽毛球协会的管理作用，积极开展相关的专业化业务培训。

（二）不断加强群众性羽毛球俱乐部的建设

大众羽毛球运动的发展还需要加大对业余训练的投入力度，努力建设群众性的羽毛球俱乐部，这就需要相关的政府管理部门在经费等方面予以强有力的支持。与此同时，政府的管理部门还应该积极寻求有效的社会力量来支持羽毛球运动的业余训练，并加强指导与宏观管理。群众性羽毛球俱乐部也应该建立起相应的组织机构，聘请羽毛球运动的教师或者专业教练员来担任俱乐部的指导工作。

（三）不断培养群众性羽毛球运动的教练队伍建设

大众羽毛球运动的发展应该注重专业教练员的队伍建设，实行完全的教练员目标责任制。应该对大众羽毛球运动的教练员进行专业化的培训，不断发展壮大教练员队伍，不断提高教练员的理论水平与执教水平。在培养大众羽毛球运动专业教练员的过程中，应该积极调动教练员的创造性与主观能动性，使训练的质量与效益得到有效提升。

（四）努力创办群众性羽毛球运动的品牌赛事

应该逐渐创立群众性的羽毛球运动品牌赛事，这样才更有利于大众羽毛球运动的推广与宣传。

群众性羽毛球运动品牌赛事的建立，可以设立等级制或者升降级制，提高赛事的吸引力，从而吸引各大企业对于该项赛事的赞助与支持。在积极创立群众性羽毛球运动品牌赛事的同时，还应该不断完善相关的赛制，丰富活动的内容，使赛事更加富有参与性和娱乐性，使赛事的影响力不断加深，从而吸引更多的赞助，使更多的群体能够参与其中。

三、大众羽毛球运动重要技术图示

（一）握拍技术

握拍技术分为正手握拍（图 6-1）和反手握拍（图 6-2）。

图 6-1　正手握拍

图 6-2　反手握拍

（二）发球技术

发球是羽毛球运动中唯一一项不受对手控制的技术环节。对于发球的分类，可以根据发球姿势的不同，将发球分为正手发球和反手发球；根据球飞行的角度和距离，也可将发球分为后场高远球、后场平快球和网前球三种。

1. 正手发网前球　　握拍尽量放松，上臂动作要小，重心在左脚上，右脚跟提起。击球时，由前臂带动手腕使拍面从右向左斜切击球，用力的大小要控制好，使球与网轻轻摩擦而过，落在对方前发球线附近（图 6-3）。

图 6-3　正手发网前球

2. 正手发后场高远球　左手持球，自然弯曲置于胸前，右手持拍向右后上方摆起，身体重心前移，右脚跟提起。左手放球使其下落，在右臂向前上方挥动的同时，右脚蹬地，腰腹向正前方转动。使下落的球与拍面在身体右侧前下方的交叉点碰触，球触拍面的中上部。击球时，握紧球拍，闪动手腕，向前上方鞭打击球，手臂随击球后的惯性自然往左肩上方挥起，身体重心也由右脚移至左脚。击球后，双膝微屈，重心下沉，做好回击对方来球的准备（图 6-4）。

图 6-4　正手发后场高远球

3. 反手发网前球　击球时，球拍从后向前推送，拍面以切削的方式击球，使球过网后迅速落到距离对方场区的前发球线不远的位置（图 6-5）。

图 6-5　反手发网前球

（三）击球技术

1. 放网前球　正手握拍，球拍向右前上方斜举。向右侧侧身，右脚向右侧前方迈一大步成弓步。击球时，右臂带动手腕稍后伸，小臂稍外旋，手腕右后伸，右手轻松握拍，在手指手腕的控制下，轻击球托底部将球轻送过网，击球后快速还原以便为下次击球做准备（图 6-6）。

2. 搓球　击球时，在球拍举至最高点时前臂稍外旋，手腕由后伸至稍内收。击球时，要体现出“搓”“切”的动作，击球的右下底部（图 6-7）。

图 6-6　放网前球

图 6-7　搓球

3. 勾球　在右网前，球拍随上臂向右前方斜平举，同时前臂稍有外旋，手腕稍后伸，食指的第二指节贴在拍柄的外侧宽面上。击球时，稍微向内旋动靠前的手臂，然后向左拉收，手腕从稍微伸展到内收抖腕，对球托的右侧下部做击球动作，使球沿着网的对角飞行至对方另一侧网前角落（图 6-8）。

图 6-8　勾球

4. 推球　移动至网前右侧，球拍向右侧平举，前臂稍外旋，手腕后伸，拍面对准来球。击球时，尽量向后引拍，积攒足够的力量，手腕由后伸直并且闪腕，食指向前方压下，同时小指和无名指突然将拍柄握紧，使球拍快速由右经前向左挥动击球（图 6-9）。

图 6-9　推球

5. 扑球　扑球技术动作方法如图 6-10 所示。

图 6-10　扑球

6. 击高远球　击高远球有正手、头顶和反手之分。正手击高远球动作方法如图 6-11 所示；头顶击高远球如图 6-12 所示；反手击高远球动作方法如图 6-13 所示。

图 6-11　正手击高远球

图 6-12　头顶击高远球

图 6-13　反手击高远球

7. 吊球　　击球时稍微向内倾斜拍面，快速用手腕做切削下压的动作，击球托的后部和侧后部（图 6-14）。

1　2　3　4　5　6

图 6-14　吊球

8. 杀球　在准确判断对方来球线路的基础上移动到位，侧身屈膝重心下降，准备起跳。起跳时，右肩上提，球拍上举，身体后仰成反弓形在空中收腹用力，前臂全速往前上挥动。击球时，前臂内旋，手腕快速闪动发力杀球（图 6-15）。

1　2　3　4　5　6　7　8

图 6-15　杀球

第二节　校园羽毛球运动的发展研究

一、校园羽毛球运动的发展现状

（一）校园羽毛球运动发展的基本情况

1. 高校羽毛球运动场地设施及器材使用情况　专业的运动场地与器材是开展体育运动教学的重要物质基础与条件，运动场地与器材质量的好坏不仅会在一定程度上决定着运动教学的最终效果，还会影响高校学生参与运动的积极性。

调查显示，当前我国大部分高校中都有羽毛球运动场地，只是场地的数量与质量方面存在着不小的差距。其中，拥有完善室内羽毛球设施的学校只是少数，大部分高校都是简陋的室内羽毛球场地和室外羽毛球场地。另外调查结果还显示，广大高校羽毛球场地数量也较少，体育教师在这种教学条件下完美完成既定的教学任务有一定的难度，这也不利于学生很好地掌握运动技术。

2. *高校羽毛球运动的教学组织与安排情况* 羽毛球运动的教学主要包括理论教学与实践教学两方面。实际调查表明，当前高校的羽毛球运动教学存在着很多不合理之处，主要存在教学专业性太强、教学趣味性不足、教学内容过于单调等问题。传统的教学方式往往会将羽毛球运动的教学变为一种羽毛球运动竞技项目的训练课，学生的学习积极性无法得到很好的调动，这样就会对教学效果的取得产生不利影响。

3. *高校羽毛球运动的课余开展情况* 课余时间开展的体育活动是指学生在上课和有组织的课外活动以外的个人支配时间开展的体育活动，具有自主性、选择性、参与性、灵活性、娱乐性等特点。

实际调查发现，羽毛球运动在当前高校课余运动项目的开展中属于热门项目，它与乒乓球、篮球、足球等一样，都是高校学生在课外活动时间乐于参与和开展的项目。但是，由于受到场地、天气等因素的限制，学生在大多数时候只能选择在晴天、无风的情况下在草坪或者空地上进行羽毛球运动，而这些场地、天气等因素也在一定程度上影响了学生在课余时间参与羽毛球运动的积极性。

（二）校园羽毛球运动发展中存在的问题

具体来讲，当前校园羽毛球运动发展中主要存在以下问题。

1. *羽毛球教师的专业水平有限* 从体育教师的知识水平与学历层次来看，近年来全国高校教师队伍的学历要求正在逐步提升，到高校担任教师工作的学历要求大多数为本科以上，而全国能够招收羽毛球运动专业的研究生又不多，这就导致羽毛球教学的教师很多都不是专业出身。在实际调查中还发现，高校中有一部分进行羽毛球教学的教师是兼职的，而他们的羽毛球运动教学技能是通过自学得到的，这样并不能够满足羽毛球体育教学的专业化需求，教学与训练的质量很难得到保证，这对于学生运动兴趣的培养与锻炼也非常不利。

2. *课程的设置不够完善* 随着社会的不断发展，学校也需要培养素质更加全面的优秀后备人才，也都面临如何培养更适应社会发展的学生的重要问题。高校教育的目的不仅是使学生学习一定的科学知识，提高自身的身体素质与技术水平，同时还需要使学生发展多方面的综合能力。

羽毛球运动是一项能够全面锻炼学生多方面素质的运动项目，它同时还具有丰富的文化内涵，学生通过羽毛球运动的锻炼与比赛能够有效锻炼自身的意志品质，从而使自身的身体素质与心理素质得到很好的提升。同时，羽毛球运动具有娱乐性、简便性、趣味性和锻炼性等特点，这也使得该运动已经被人们视为锻炼身体的最佳选择。由此可见，当前高校的课程设置还不够完善，很多运动项目所具备的教学价值还没有完全开发出来。

3. *羽毛球课教学模式较为陈旧*　随着科学技术的不断发展，现代体育教学除了增强学生体质外，还应该不断开发学生认识事物与创造事物的能力，而当前陈旧的教学模式在一定程度上限制了学生的个人发展。

目前，我国高校的体育课基本上都是沿用传统的教学模式，教学方法较为陈旧落后，在“学科中心论”的影响下大多以教师为中心，而作为教学主体的学生往往处于被动地位，在教学过程中进行被动式的学习。当前教师主要考虑的是传授运动技能的教法，却没有充分考虑学生在主体活动中的地位，教学模式落后而单一、枯燥的内容与形式很难调动学生学习的积极性。在当前高校的教学过程中，“填鸭式”的教学方法仍然被很多高校与教师采用，教师讲解、示范成为体育教学中最主要的一种教学方法，这种机械式的教学形式是当前羽毛球运动教学的普遍现象。

4. *体育考试的方式不够科学*　当前，各个高校对于体育课考试并没有一个统一、科学的标准，这主要是因为不同的运动项目特点也不一样，评分标准很难统一。羽毛球运动恰恰是一项技术性较强的运动，想在较短的时间内练好并不容易，这些使得很多学生放弃选修这门课程，而不科学的评判标准也在一定程度上影响了选择这一运动课程的学生的积极性。

5. *专业的体育场地器材设施缺乏*　在我国高校当中，羽毛球运动的群众基础一直很好，而且有越来越多的学生逐渐参与其中，加之近年来高校招生规模的不断扩大，体育场地建设又需要大量的资金与土地资源，这就导致了高校羽毛球专业场地器材设施的缺乏。

具体就器材使用方面来讲，虽然开课的学校大部分都提供球拍和球，但羽毛球是一种损耗极快的必需品，其在运动过程中的消耗量非常大，加之球拍较昂贵、拍弦易损坏，很少有高校能够完全担负这一器材的消耗，而这种情况也在一定程度上影响了学校羽毛球运动的发展。

二、校园羽毛球运动的发展对策

（一）不断转变对羽毛球运动教学的认识

树立科学正确的思想更有助于羽毛球运动教学活动的开展，学校的管理者要不断加强对体育工作的思想认识，这对于高校体育课的开展及学生身体素质的提升意义重大。

开展学校体育的主要任务是提高学生的身体素质，学生的身体素质水平不仅会影响自身的学习效率，还会影响我国今后的社会主义现代化建设。因此，学校的有关领导应该充分认识学校体育的重要性，为学生的成长发展进行全方位的考虑，领导的重视程度及对体育教学的态度对于体育运动的发展具有直接的导向作用。

另外，在不断提高对学校体育的认识基础之上，还要贯彻落实健康第一的体育教学思想，不断深入改革体育教学课程，同时结合学校自身的发展情况及学生的客观需要优化教学课程的设置，使学生的个性得到更好的发挥，从而最终使素质教育落到实处。另外，还要积极培养学生的自主学习能力，灵活运用教学方法并进行有效的创新，使学生能够更好地掌握体育知识。

高校中往往有着较好的文化氛围，这对于推动高校羽毛球运动的发展是非常有利的。高校的羽毛球相关管理与运作机构应该加强相互之间的协调配合，可以根据高校的具体情况开展一些羽毛球运动的教学交流工作，从而对学生的运动学习进行积极有效的引导，让学生获得更多的专业运动知识，并最终推动羽毛球运动在高校中的全面展开。

（二）加强羽毛球运动专业场馆与设施的建设

场地设施是任何体育运动得以顺利开展的重要物质基础，如果没有完善的场地设施作保证，那么体育运动的发展也就无从谈起。

高校中的体育场馆设施与相关器材配备是学校积极贯彻国家教育方针、进行体育教育、培养后备人才的重要物质条件，而且从环境、气候、教学等方面来考虑，学校的羽毛球运动课程都应该在室内进行。近年来，大部分高校的体育场馆设施及器材配备都有了很大的改善，国家有关管理部门的政策支持及资金投入方面也在不断加大。此外，在当前条件的基础上，学校应该不断加强对体育场馆设施的管理，从而使现有的运动设施得到更加充分的利用，除了规定的课程之外，还应该积极利用休息时间来进行多种形式的有偿教学。还可以在学校开辟一些空闲场地，并在这些场地上安装一些简单的羽毛球运动设备，这样更有助于学校的广大学生参与到羽毛球运动中。

（三）不断提升体育教师的专业业务水平

在学校体育教学中，体育教师是学校体育工作的主体，是教师队伍中的一个重要分支，体育教师所具备的专业业务水平直接关系到教学质量的好坏。

羽毛球运动是一项极具魅力而高雅的体育项目，而且在国际范围内有着较为广泛的影响力。该运动有着较强的技术性，技术要求细腻，速度快而且变化多，比赛过程较为激烈，其运动技能的掌握与提升都有着一定的难度。这就对高校体育教师提出了更高的工作要求，他们不仅应该具备获取知识的专业能力，还需要不断提升自己的专业运动技能，从而不断完善自己已经形成的知识结构。

提高体育教师的教学专业素质是完成教学任务、提高教学质量的重要保证。具体来讲，提升体育教师的专业业务水平主要可以从以下三个方面着手。

1）高校体育院系要加强对羽毛球运动师资力量的培养，根据客观实际需求增加普修课与专选课程的教学时数，使体育院系的学生（未来体育教师的主要来源）具备更加专业的业务素质。

2）应该积极鼓励并支持羽毛球专业教师的职后学习，从而不断提升其所具备的业务水平。

3）高校应该注重专业优秀教师人才的引入，积极改变当前的教学环境来增加学校对于教师人才的吸引力，也可以采取相应的优惠政策来吸引更多的高水平运动教师加入其中，从而有效缓解当前广大高校羽毛球教师短缺的现状。

（四）积极组织高校内外的羽毛球比赛活动

通过组织高水平的运动竞赛能够更好地展示运动本身所具有的魅力，同时还能很好地发掘运动者身上的运动潜力，增强自身的自信心与集体荣誉感，因此应该多组织一些高水平的羽毛球比赛活动。在高校中组织羽毛球竞赛不仅能够有效提升学生参与羽毛球运动的兴趣，还能够有效检验学校羽毛球运动的教学情况。

当前，很多高校都会定期或不定期地举行一些羽毛球运动的比赛，这些都在一定程度上促进了学校羽毛球运动的发展。但是，这种比赛对于羽毛球运动开展所起到的积极作用是非常有限的，还应该积极发挥校团委及各社团的积极作用，成立羽毛球运动俱乐部、运动协会等。

（五）不断优化与完善羽毛球运动的教学模式与方法

随着高校课程改革工作的不断推进，高校的体育教学理念也在不断地发展，相应的教学工作也需要不断创新，以形成时代教学需求的新的体育教学模式。

具体到羽毛球运动教学，应该不断激发学生的学习积极性，最终实现学生的自主体育能力与整体素质的协调发展。科学的教学应该充分发挥教师的主导作用，整个教学过程应该是在教师的积极引导下进行的能使学生进行主动创造性的学习。体育教学的主要目的是让学生掌握一定的体育技能，只有教师与学生之间积极配合才能获得最佳的体育教学效果。在教学手段方面，应该坚持趣味性、娱乐性及全面性的教学原则，采取适当的运动方式与合理的运动负荷，使学生通过学习最终实现身心的全面发展。羽毛球运动具有显著的竞争性特点，而这一特征更能吸引青少年参与其中来展示自己的才能，并从中获得运动的快乐。

第三节　竞技羽毛球运动的发展研究

一、羽毛球运动的重要赛事

（一）汤姆斯杯羽毛球赛

汤姆斯杯羽毛球赛（Thomas Cup Badminton，中文简称“汤杯”）是世界最高水平的男子羽毛球团体赛，该赛事创办于 1948 年，每两年举办一届。1934 年国际羽联成立时，英国人汤姆斯被选为国际羽联主席。5 年后，汤姆斯在国际羽联会议上提出，组织世界性男子团体比赛的时机已经成熟，并且为这一赛事捐赠了一个奖杯，该奖杯称为汤姆斯杯（图 6-16）。

图 6-16　汤姆斯杯

由于受到第二次世界大战的影响，第一届汤姆斯杯羽毛球赛一直推迟到 1948 年才举行。从 1984 年起，汤姆斯杯羽毛球赛改为每两年举行一次。比赛分为预赛、半决赛及决赛三个阶段，比赛时间为决赛前年的 11 月 1 日到决赛年的 6 月 30 日。6 支在相应区域进行半决赛而出线的队伍加上直接进入决赛的东道国，以及上届冠军共 8 支队伍进入决赛阶段的比赛。如果东道国也是上届的冠军，那么在半决赛中要出 7 个队进入决赛。

（二）尤伯杯赛

尤伯杯赛（Uber Cup Badminton）也称为“世界女子羽球团体锦标赛”，该赛事奖杯是由英国羽毛球选手尤伯于 1956 年国际羽联理事会上向该组织捐赠的，故由此得名（图 6-17）。

第一届尤伯杯赛于 1957 年在英国举办，最终美国队以 6∶1 的成绩击败丹麦队夺得了首届尤伯杯赛的冠军。

1957～1984 年，尤伯杯赛每三年举办一届。1981 年，世界羽联和国际羽联合并成为新的国际羽毛球联合会，并决定从 1984 年起汤姆斯杯羽毛球赛和尤伯杯赛改为每两年举办一届，每届两项赛事同期同地举行，比赛采用五场三胜制。

在 1956 年第一届尤伯杯赛时，只有 11 个国家和地区参加，而到了 1996 年已达到了 47 个国家和地区。

图 6-17　尤伯杯

（三）世界羽毛球锦标赛

世界羽毛球锦标赛又称为“国际羽联世界锦标赛”，这是一项由国际羽毛球联合会组织的羽毛球单项锦标赛事，是国际羽毛球联合会主办的世界最高水平的羽毛球单项锦标赛（图 6-18）。

图 6-18　世界羽毛球锦标赛标志

首届锦标赛于 1977 年在瑞典马尔默举行，之后每三年举办一届，第三届之后改为每两年（奇数年）举办一届。1978 年，一些国家和地区另行组织了世界羽毛球联合会，当年也举办同名的“世界羽毛球锦标赛”。1981 年，国际羽联与世界羽联合并，沿用“国际羽毛球联合会”的名称。世界锦标赛同样合二为一，首届于 1983 年举行。1988 年，国际羽联决定世界羽毛球单项锦标赛与新设立的苏迪曼杯赛同时同地举行。国际羽联根据当时的世界排名，邀请每个项目中的前 16 名（对）运动员直接参加比赛。国际羽联每个会员国和地区可以在每个项目中报名的运动员不得超过 4 名（对）。原先设有男、女单打，男、女双打及混合双打 5 项，1989 年起增设了苏迪曼杯混合团体赛。

（四）苏迪曼杯

苏迪曼杯（Sudirman Cup）又称为“世界羽毛球混合团体锦标赛”，继汤姆斯杯赛、尤伯杯赛及世界锦标赛世界三大比赛之后，为了更好地提升世界各国羽毛球运动的实力与水平，1986 年国际羽联召开的理事会上首次提出了举行混合团体赛的建议。1987 年，国际羽毛球联合会决定新增设一项世界男女羽毛球混合团体锦标赛，并以苏迪曼杯作为这一锦标赛的奖杯。1988 年，国际羽联接受并指定了混合团体赛与单项锦标赛一起举行的事宜，同时决定将苏迪曼杯作为混合团体赛的冠军奖杯。1989 年，第一届苏迪曼杯赛与第六届世界羽毛球锦标赛在印度尼西亚共同举行。前八届苏迪曼杯的比赛安排在与世界锦标赛同一时间和地点举办（先进行苏迪曼杯比赛，紧接着进行世界锦标赛），从 2005 年第九届苏迪曼杯开始，苏迪曼杯比赛与世界锦标赛分开不同时间和地点在同一年举办。苏迪曼杯是由印度尼西亚羽毛球协会代表本国人民向国际羽毛球联合会捐赠的一座奖杯，苏迪曼杯也因此而得名（图 6-19）。

图 6-19　苏迪曼杯

苏迪曼杯的比赛采用五场三胜制，由男子单打、女子单打、男子双打、女子双打及混合双打等 5 个项目组成。该赛事与汤姆斯杯羽毛球赛与尤伯杯赛齐名，是代表羽毛球整体水平的重要国际大赛。

（五）世界杯羽毛球赛

世界杯羽毛球赛也是一项重要的国际性赛事，从 1981 年开始连续举办，1997 年由于多种原因而被迫中断。根据国际有关惯例，世界杯羽毛球赛将邀请男单世界排名前十六名、女单前十二名、男双前八名、女双和混双前六名的选手参赛。

（六）全英羽毛球锦标赛

全英羽毛球锦标赛又称为“全英羽毛球公开赛”，这是世界上最早的羽毛球赛事，一年一届。1899 年 4 月，第一届全英羽毛球锦标赛成功举办，但当时只有男双、女双及混双三个比赛项目，男女单打比赛是后来才设立的。在最初举办的三届比赛中，该项赛事都被称为英格兰公开赛，在 1977 年国际羽联正式举办官方的世界锦标赛之前，当时全英羽毛球锦标赛一直被公认为是非官方的世界羽毛球锦标赛。

在全英羽毛球公开赛的发展历程中曾因故发生过两次中断，第一次发生于 1915～1919 年的第一次世界大战期间，第二次发生在 1940～1946 年的第二次世界大战期间。在 2007 年之后，世界羽联改变了公开赛以往的“星级”分类法，改为超级赛、黄金大奖赛、大奖赛等新型分类法，其中最高级的赛事为超级赛。全英公开赛位于全年十二大超级赛之列。

2011 年，世界羽联改革了羽毛球运动的有关赛制，决定从 2012 年开始将超级赛的 5 站升级为顶级赛系列，全英公开赛为其中之一。

（七）奥运会羽毛球比赛

1988 年，奥运会在汉城（今首尔）举办，羽毛球是该届奥运会上的表演运动项目。1992 年，羽毛球运动正式成为奥运会比赛项目，但是在比赛设立之初只有单项比赛，并没有团体比赛，也没有混双项目。从 1996 年亚特兰大奥运会起，奥运会开始增设羽毛球混双项目。

（八）国际系列大奖赛

羽毛球国际系列大奖赛是国际羽联参照世界网球大奖赛办法组织的，于 1983 年开始举办。羽毛球国际系列大奖赛的比赛分为若干区，由多个比赛组成系列赛。该赛事根据运动员在各次比赛中的成绩积分进行相应的排名，前 16 名可以进入总决赛。该赛事主要包括各类公开赛及超级赛。

二、竞技羽毛球运动的发展及基本礼仪

（一）羽毛球运动在奥运会中的发展

羽毛球运动从 1992 年第 25 届奥运会开始被列为正式的比赛项目，设有男女单打及双打，混合双打于 1996 年第 26 届奥运会被列为正式比赛项目。近几届奥运会羽毛球比赛冠军见表 6-1。

表 6-1　近几届奥运会羽毛球比赛冠军

年份	东道国	男单	女单	男双	女双	混双
2000	悉尼	吉新鹏	龚智超	陈甲亮、吴俊明	葛菲、顾俊	张军、高凌
2004	雅典	陶菲克·希达亚特	张宁	金东文、河泰权	杨维、张洁雯	张军、高凌
2008	北京	林丹	张宁	马基斯·基多、亨德拉·塞蒂亚万	杜婧、于洋	李孝贞、李龙大
2012	伦敦	林丹	李雪芮	蔡赟、傅海峰	田卿、赵云蕾	张楠、赵云蕾
2016	里约热内卢	谌龙	马林	张楠、傅海峰	松友美佐纪、高桥礼华	通托维·阿玛德、莉莉雅娜·纳西尔

（二）羽毛球运动的基本礼仪

经过长时间的发展，羽毛球运动也逐渐形成了一套固有的运动文化，即雅致、飘逸、细腻和彬彬有礼。对于羽毛球运动而言，每一个参与者都应该表现出优雅的行为举止，共同遵守并维护羽毛球运动的文化。具体来讲，羽毛球运动的基本礼仪主要有以下几点。

1）羽毛球运动者的服装应该以白底色为主，同时可以适当配合一些花色的图案。女子运动员可以穿运动短裙进行运动，但最好不要穿背心。

2）运动时必须穿运动鞋袜。运动者在参与羽毛球运动时应该穿着羽毛球运动专门的运动鞋，鞋的大小也要合适，并系牢鞋带。为保持球场的清洁，防止场滑，一般不应穿着室外的旅游鞋上场运动，需要换上室内专门的羽毛球鞋然后再进行羽毛球运动。

3）对于羽毛球拍的握柄，应该注意防滑，特别是在夏季运动时，手心很容易出汗，如果球拍柄没有吸汗设施就很容易在运动中脱手。因此，运动者应该适时更换羽毛球拍的握柄皮或毛巾胶条。另外，要将新球拍握柄处包裹着的塑料薄膜揭去后再使用，否则球拍容易从手中滑落。运动时，不要将多余闲置的球拍放在场地内，防止对运动者造成伤害。

4）如果场地上有其他人运动，注意不要进入球场内而要绕场地线外行走，防止对他人的运动造成影响。

5）讲究卫生，在羽毛球运动场地不要随意吐痰。运动时可携带毛巾在运动过程中擦汗。

三、竞技羽毛球运动的发展趋势

（一）羽毛球比赛规则的演变

在羽毛球运动发展的初期，对参与人数、比赛分数及运动场地等并没有详细的规定，运动双方主要是在场地上进行对击。从伯明顿庄园开始，羽毛球运动开始对比赛分数、运动场地及参与人数等进行限制与规定。1875 年，第一本介绍羽毛球运动规则的书籍出现在英国，当时的规则较简单，规定比赛场地为长方形，也规定了中间挂网的高度、双方对击的要求，但单打与双打还没有进行相应的区别。随着羽毛球运动技战术的不断发展，相应的比赛规则也在不断地发展细化，出现了单、双打场地区别及发球区的规定，发球得分及发球得分后的换区等规则。除此之外，为了使羽毛球运动更加具有竞争性和观赏性，比赛还规定了双方打满

13 平、14 平，女子单打打成 9 平、10 平时还要进行加分比赛。国际羽联对羽毛球运动的规则不断修订，力求使羽毛球比赛更加紧张激烈、精彩纷呈。

另外，羽毛球运动的设备也从原始的低级阶段向现代的高级阶段不断发展。羽毛球从开始时的硬纸板和绒线团发展到用皮包扎的木托，再改进成用 14～16 根高级羽毛插在软木托上。羽毛球拍从木板发展成椭圆形穿弦木拍。之后，规定球拍重 95～120 克，拍框长 25～25.5 厘米，宽 20～20.5 厘米，拍柄长 39.5～40 厘米；其制作材料也经历了木框钢管拍、铝合金拍再到碳素纤维拍的发展阶段。

（二）羽毛球运动的发展趋势

羽毛球运动在世界范围内开展得相当广泛，相关大赛的举办也非常频繁，在 1992 年羽毛球被列为奥运会的正式比赛项目之后，该项运动也越来越被世界各国重视。

随着世界羽毛球运动的不断发展，近些年来，该项运动的商业化、职业化及专项化的程度不断提高，世界各大羽毛球强国之间的竞争更为激烈，对于羽毛球运动的科学研究也在不断深入，21 分赛制的实行引起了羽毛球教学训练的理念更新，同时也使得世界羽毛球运动的技战术朝着更加快速、全面及特长突出的方向发展。

羽毛球运动采用 21 分赛制使得比赛最终的胜负更具有偶然性，运动员心理因素对于比赛的影响也更为突出，这就要求运动员在比赛中要更好地集中与分配自己的注意力，同时还要有良好的心理素质及冷静思考、判断决策的能力。

羽毛球运动采取 21 分制，每一局的比赛时间也会相应减少，但是比赛出现 3 局的比例会相应增加，比赛持续的时间更长，这更有利于进攻性的打法。与此同时，羽毛球比赛的运动强度也会相应增加，对运动员的无氧能力提出了更高的要求。

在 21 分制的条件下，羽毛球运动的发球与接发球技术会在更大程度上影响比赛的胜负，运用进攻技术的比例会相应增加，比赛的进程相应加快，同时还要求运动者的技术要更加稳定；不管是单打还是双打，前半场的争夺会更加激烈，网前技术的重要性也更为突出。

羽毛球竞赛的规则对场上的发球环节有很多限制，这就一定程度上限制了发球的攻击性与威胁性。发球得分的规则其实就是为了平衡场上双方的利益，弥补发球方所处的相对不利状态。21 分制取消了发球得分的附加条件，加速了得失分的进度，单局比赛的时间相应减少。但是，这种改变的本质是计分方式的改变，影响的只是比分变化的速率，得分和失分的本质、“以快制胜”的原则依然不变。因此，该规则对于羽毛球竞赛的影响是较为有限的，反而对制胜核心“快”提出了更高的要求。

第七章　网球运动的多元发展研究

网球运动作为一项时尚性较强的小球运动，具有较为显著的健身性与竞技性特征，受到广大群众的欢迎与喜爱。当前，随着全民健身的不断开展，网球运动也将其健身价值充分发挥出来，成为全民健身的重要方式和手段，并且已经发展成为具有大众性质的运动项目。另外，网球运动在学校中和竞技领域也都得到了一定的发展。本章将分别从大众健身、校园、竞技三个方面入手，来对网球运动的多元化发展进行深入的剖析和研究，从而对网球运动有一个更加全面、细致的了解和认识。

第一节　大众网球运动的发展研究

一、大众网球健身发展现状

大众网球在健身领域有一定的发展，具体可以从以下几个方面入手，来对其发展现状进行分析和阐述。

（一）参与网球健身人口状况分析

参与网球健身的人口的状况，可以从性别、年龄、职业、学历等方面体现出来，具体如下。

1. *性别方面*　从对网球健身参与人员的性别调查和分析中得知，参与网球健身的人群中，以男性居多，女性所占比重较小。这一现象的发生主要是受网球运动特点的影响。这一运动项目对参与人员的力量素质有着较高的要求，同时活动量也很大，且是在户外进行，紫外线强度太高，因此很多女生不喜欢这种运动形式，而更倾向于形体类的活动量较小的运动项目。而很少一部分参与网球健身活动的女性人群，也往往通过在现有场地上加装灯光等方式，在清晨和傍晚进行网球健身活动，从而改善一些不利的条件。

2. *年龄方面*　从对网球健身参与人员的年龄调查中得知，18～30 岁和 41～50 岁这两个年龄段的人群参与程度最高。究其原因，主要是这两个年龄段的人群闲暇时间较多，压力较小，有充足的精力用于网球健身活动。而 18 岁之前的人群，由于需要学习并且面临着考试，尤其是高考，因此参与体育锻炼的时间非常少，用于网球健身的时间便少之又少了；31～40岁的人群参与网球健身活动较少的主要原因是，他们面临着结婚生子、工作升迁、子女教育等各种问题，生活、工作压力都比较大，没有多余的时间和精力用于网球健身活动；51岁以后，人的身体条件开始出现逐渐下降的趋势，而网球运动的高强度、大运动量显然已经不符合这一年龄段人群的需求，所以这一年龄阶段的人群参与网球健身活动的越来越少。

3. *职业方面*　从对网球健身参与人员的职业调查分析中得知，领导干部、专业技术人员和学生是参与网球健身活动的最主要的三大类人群。其他职业人群参与网球健身活动所占比例非常小，主要有两方面原因：一是压力大，没有充裕的时间和精力；二是没有较高的收入。

4. *学历方面*　从对网球健身参与人员的学历调查中得知，参与网球健身活动的主要人群是受过高等教育的人口。主要是因为他们对生活质量有着较高的要求，且对体育锻炼的重视程度较高，参加健身活动的意愿也较为强烈，最重要的是，他们在时间和经济方面有着较为充裕的条件。

（二）网球参与人员健身状况分析

网球参与人员的健身状况，可以从健身动机、途径、规律、比赛等方面体现出来，具体如下。

1. *健身动机方面*　人们之所以参与网球健身活动，主要目的在于健身，娱乐、社交及其他需要占次要地位。由此可以看出，随着生活水平的不断提高，简单的物质生活已经无法满足人们的需求，人们对精神文化的需求越来越强烈，而网球运动则正好能够满足人们的这些需求，因此成为人们健身的重要方式和手段。

2. *健身途径方面*　随着网球运动的不断发展，人们参与网球健身活动的途径也发生了一定的变化。例如，在最开始的网球健身活动中，人们往往通过教练或者体育教学等途径来学习网球，后来随着网球运动的普及，亲朋好友一起相约参与网球健身运动成为比较常见的重要途径，还有就是在同一球场内，与其他网球爱好者进行面对面的切磋。

3. *健身规律方面*　对于长期参与网球健身运动的人们来说，他们对网球健身有着非常深入的了解和认识。他们意识到，要达到理想的健身效果，就需要保证合理的运动频率和运动持续时间，同时还要具有持之以恒的精神。

4. *比赛方面*　从相关的调查中可以得知，能经常参加网球比赛的人数并不多，只有很少一部分人。而这部分人中，很少有人将得奖作为比赛的目的，而主要是为了在比赛中与不同的对手交流、切磋，丰富和改善网球健身的方式和手段，提高健身效果，或者是为了与亲朋好友一起参加，作为增进感情的途径。

另外，很多网球健身的参与者不能参加比赛，除了水平欠佳之外，还有很多其他方面的原因，如对网球健身的相关比赛信息知道得较少，或者没有专门参加比赛的时间等。

（三）网球健身场地状况分析

一般来说，网球场地主要有沙土球场、硬地球场和人工草坪球场。平时，最为常见的网球场地几乎都是硬地球场。球场的修建时间会在一定程度上影响着球场材料的使用，以前常见的是沙土球场，而近几年，硬地和人工草坪这两种类型的网球场地较为常见。

相较于其他运动项目来说，网球场地很少在室内，主要为室外场地，如住宅小区、高校、体育运动委员会（简称“体委”）、党政机关、部队等。网球场地数量最多的是高校，而且其开放程度和利用率也都是最高的，并且还具有收费较低的特点，因此对网球健身的爱好者有着非常大的吸引力。其次，体委的网球场地也比较多，而且大都为室内场地，因此具有受自然条件及天气情况影响较小，相关人员的专业性较强，收费、利用率较高等显著特点，这也就决定了这些场馆所面向的人群往往都是收入水平较高的网球爱好者。另外，有些党政机关及部队等单位，为了满足本单位职工的需求会自建网球场地，这些场地往往只面向内部人员，不对外开放。住宅小区和宾馆的网球场地利用率是最低的，且缺乏专业人员的指导，往往是荒废状态，维护方面也较为欠缺。

（四）网球健身消费状况分析

网球运动作为一项时尚性的运动项目，对参与者的经济水平也有着较高的要求。下面就对网球健身参与者的收入和消费情况进行分析和阐述。

1. *收入方面*　从对网球参与者的经济收入调查中可以得知，参加网球健身人群中除了学生之外，其他群体的收入都是相对比较高的，这也在一定程度上体现出了网球的“贵族气质”。

2. *消费方面*　从对网球参与者的消费情况调查中可以得知，他们在网球健身中的消费水平并不高，每年的消费只占到月收入的一小部分。由此可以看出，网球健身活动并不是一项非常“烧钱”的活动。具体来说，参与网球健身活动，花费最多的地方在拍弦和球方面，其次是服装方面，而在场地方面的消费水平还是非常合理的。另外，还有一些人往往会请教练进行专业教学，这也是消费的重要组成部分，但是绝大部分人会选择向身边的朋友请教的方式来进行学习，这样就不会产生消费。由此可见，网球运动已经从以前的“贵族运动”逐渐发展为广大人民群众可以接受的大众健身项目。对于普通人来说，参与网球健身活动并不会产生太多的消费，都在可以承受范围内。

二、大众网球健身发展对策

针对上述大众网球健身的发展现状，为了更好地促进大众网球健身的发展，可以采取以下几个方面的措施。

（一）加大宣传力度

通过多种宣传渠道和方式，对大众网球健身进行进一步的宣传，从而使人们对网球健身有更加全面、深入的了解和认识，并且能树立正确的健康观，使网球成为人们健身运动的重要形式之一，同时也使人民群众对网球是“贵族运动”的认识得到有效的改观，进而使越来越多的人参与到网球健身活动中来。

（二）增强专业技术指导

当前，网球的专业指导人员如教练员较少，这就需要通过各种方式和途径对网球专业技术指导人员进行重点培养和培训，增加网球专业技术指导人员的数量，同时也要有效提升他们的专业水平。另外，还要加大宣传力度，提高人们通过教练学习网球的比例，使越来越多的练习者能较规范、正规地掌握基本技术，降低由于技术不正规导致的运动伤害概率，进而提高网球健身技术的整体水平。

（三）促进网球在学校中的开展

为了提高网球健身运动在学校其他运动中的排名，就要求提升网球在高校体育课中的开课率，使更多学生能在大学时期学习网球，并且能够熟练掌握网球的相关理论知识和基本技能，通过体育课来培养他们终身体育的思想。同时，还要进一步加大高校网球场地对外开放程度，进一步增强校内外网球的交流，从而有效提高高校网球健身水平，这对网球健身运动的发展能起到积极的促进作用。

（四）改善场地设施

积极改造现有网球场地，通过加装灯光设施使网球场地具备夜间开放的能力。

有条件的地方可以建设室内网球馆，降低自然条件对网球健身运动人群的影响，吸引广大女性加入网球健身中来。

三、大众网球运动重要技术图示

（一）握拍法

网球运动握拍方法有东方式、西方式、大陆式和双手握法。

东方式正手握拍法如图 7-1 所示，东方式反手握拍法如图 7-2 所示，西方式握拍法如图 7-3 所示，大陆式握拍法如图 7-4 所示，双手握拍法如图 7-5 所示。

图 7-1　东方式正手握拍法

图 7-2　东方式反手握拍法

图 7-3　西方式握拍法

图 7-4　大陆式握拍法

图 7-5　双手握拍法

（二）发球技术

发球技术是由发球姿势、抛球及抛球位置、击球、跟进动作组成，具体方法如图 7-6 所示。

图 7-6　发球技术

（三）击球技术

1. 正手击球　正手击球为网球运动中最主要的击球方法，由回拉转肩、击球、跟进动作组成，具体动作方法如图 7-7 所示。

图 7-7　正手击球

2. 反手击球　反手击球有单手击球和双手击球两种，由回拉、转体、用力、击球、跟进等动作组成，具体动作方法如图 7-8 所示。

图 7-8　反手击球

3. 截击球　截击球是网前进行的一种攻击性击球方法，当球还没落地并在空中飞行时（除高压球外），被凌空打掉，动作方法如图 7-9 所示。

图 7-9　截击球

图 7-10　高压球

4. **高压球**　高压球属于上网击球技术，用以对付对方挑高球，其动作类似发球，动作方法如图 7-10 所示。

第二节　校园网球运动的发展研究

一、校园网球教学开展的现状

关于当前校园网球运动的开展状况，可以从以下几个方面展开阐述。

（一）网球课在学生中受欢迎程度状况分析

网球运动是一项有着时尚、健康、休闲、青春活力等显著特点的运动项目，这些都与学生朝气蓬勃、积极向上的心态、对新鲜事物有强烈求知欲的特点相符。因此，越来越多的学生开始喜欢网球运动，并且积极参与其中。当前，大部分高校都已经开设了网球课程，这不仅增强了宣传的力度，还提升了学生对网球的认知程度，这也从侧面反映出网球的社会关注度是比较高的，影响力也越来越大。调查发现，大部分学生对网球有着较大的兴趣，学生基础较为雄厚，网球的受欢迎程度也相对较高。

（二）网球课的教学内容状况分析

从对网球课的教学内容状况进行调查发现，当前一些高校网球课的教学内容是相对全面和充实的，教学内容中往往都包含着网球运动的发展概况、基础步法、发球与接发球技术、正反手击落地球技术、截击球与高压球技术、截击球与高压球步法、网球比赛规则和裁判法等。

（三）网球课的考核方式状况分析

网球课程的考核方式往往有两种：一种是在某个教学阶段结束时以理论和实践考试相结合的形式进行的终结性评价；另一种是对学生在课程学习过程中的表现情况做出评价的过程性评价。网球教学课考核的内容主要有 4 个方面：一是包含学生的出勤率、学习态度、完成作业情况等在内的平时表现；二是以非闭卷的考试形式开展的理论知识；三是实践技术；四是除了上述三个方面之外的其他方面。其中，实践技术的考察是重点，正反手击落地球技术和发球与接发球技术是考察的主要技术内容。

需要强调的是，网球教学课的考核也存在着一些不足之处，主要表现在两个方面：一是对学生学习感知、学习态度和学习效果等方面的考察较为缺乏；二是对学生在整个学习过程中的观察、记录和反思也较为欠缺。这两个方面亟须解决，要引起重视。

（四）网球课的师资力量状况分析

鉴于网球教学特点，对任课教师提出了更高的要求。具体来说，即要求其具备丰富的实践能力和扎实的专业知识。因此，学校会组织和要求网球任课教师定期参加专业培训，从而使其自身专业知识得到进一步的充实，专业理论知识也得到有效提升。然而，由于高校网球教师需求量大，非网球专项的教师有时为了能够较好地完成教学任务，也会进行网球专项教学。但是这样的教师原始专项结构与网球的专项教学要求存在一定的差异性，因此并不会取得理想的教学效果，还有可能对学生的兴趣产生不利的影响，这就要求进一步优化和完善学校网球任课教师的专业结构。

（五）学生对网球课的难易程度反映状况分析

在网球教学中，难点在于技术方面的教学。要在短时间内熟练掌握网球技术，是非常难的，尤其是对于思想意志比较弱、身体素质比较差的学生来说，难度更大一些。具体来说，学生在网球教学中面临很多困难，其中最主要的是网球技术不好掌握。此外，网球场地少、练球时间少，网球课涉及内容比较多、比较系统且网球技术动作复杂也是较为困难的方面。因此，进一步优化、改进教学时数、教学内容的安排，提供充足的练习场地是亟须解决的重要问题。

二、校园网球教学过程中存在的问题

网球运动在校园中开展，充实和丰富了校园体育文化，对学生终身锻炼的意识的培养与建立也有着积极的影响。但是，不可否认，校园网球教学中也存在着一些问题，如网球走进校园的时间较短、发展的水平仍比较低，因此也导致一些不足，需要进一步改进和弥补。

（一）师资方面的问题

在校园网球教学过程中，师资方面所存在的问题主要表现在以下两个方面。

1. 教师学历较低　网球运动在学校中较为广泛地发展，受到学生的广泛欢迎，参与网球运动的学生数量越来越多，这就对教师的要求越来越高。当前，网球方面的教师学历普遍较低。导致这一现象的主要原因是网球专业出身的教师非常少，往往是从与网球相近的乒乓球专业转过来的，并且往往是运动员直接转为网球教师。

2. 教师结构不合理　这里所说的教师结构，主要包括两个方面：一是学历结构，二是职称结构。这两个方面不仅能够体现教师队伍素质，还能够体现教师队伍的知识结构、理论水平、科学素质和工作质量。构建合理的任课教师学历结构、职称结构和专业结构，对校园网球课程的发展会起到积极的促进作用。

（二）教学条件方面的问题

网球教学外部条件方面的问题主要表现在场地设施方面，具体如下。

在高校中，网球课往往有必修课和选修课两种形式。前者主要针对普通高校体育学院和专业体育院校的学生；后者则主要面对非体育专业的学生。但是，不管哪一种形式，都面临着场地设施简陋、场地无人管理、网球场地少、学生较多、无安全措施辅助、各项基础配备不健全等问题。这往往会导致学生上课时，产生人多场地少、多人共用一片场地的情况。另外，训练时，常常出现拍子和球伤人而得不到及时治疗的情况。这些不利的教学条件，都会在一定程度上影响网球教与学的积极性和教学质量，进而导致教学目的难以达成，从而制约网球在高校的顺利发展。

（三）教学形式方面的问题

网球教学存在的问题，在教学思想、模式、内容及方法方面都有所体现，具体如下。

1. *教师教学模式、思想、方法滞后，缺乏创新性*　尽管学校中网球运动教学已经开展了一段时间，但是其教学理念一直没有改进，仍然是传统的教学理念，教学模式和方法也都存在着一定的滞后性。这样，学生学习的积极性就会受到影响，学生会感到枯燥，技术教学与身体素质锻炼脱节等问题也非常突出。另外，考核方式的滞后，也对学生学习和参与网球教学的兴趣产生不利的影响，进而使整体的教学质量也出现下降的趋势。因此，遵循创新的原则来使网球教学得到进一步的改进是非常重要且必要的。

2. *教学周期短，内容不完善*　对于大部分学校来说，其所开展的网球教学的课时基本都为32～36学时，周期为一学期。但是，以网球本身的特点和教学内容来看，这些课时是不可能使学生系统、全面地学习好网球的。而在教学内容方面，各个学校都有着一定的差异性。例如，有的学校网球教学让学生掌握系统技术，将使学生具备一定的网球比赛能力作为重点；有的学校将培养学生对网球的兴趣作为重点；还有一些学校将相关基本理论知识作为教学的重点。由此可以看出，在教学内容各方面，还有很多不完善的地方亟须解决。

（四）竞赛组织方面的问题

对于所有的体育运动来说，在达到一定的水平之后，往往都会组织一定的竞赛来对所掌握的技能进行检验，这对于校园网球教学也是适用的。学生在经过一段时间的学习之后，对网球的技能有了一定的掌握，经过一定的训练之后，参与比赛就成为他们渴望的事情。需要强调的是，训练和比赛之间存在着较大的差异性，训练水平高，比赛成绩不一定就好。但是，比赛成绩好，训练水平肯定高。因此可以说，比赛是检验网球运动水平高低的最好办法。但是现实情况是，我国各高校竞赛组织非常少。除每年一次的校运会外，学生要参加网球比赛，只有到社会上参加一些赛事。但是，社会上的网球比赛水平往往都比较高，而对于刚刚掌握网球技能的学生来说，这不会达到理想的检验目的，反而可能会打击他们的自信心，因此加强校园网球竞赛组织方面的工作也是非常重要的。

三、校园网球教学发展对策

鉴于校园网球教学开展的现状和存在的问题，需要提出相应的一些发展对策，来有针对性地解决上述问题，从而促进校园网球教学的进一步发展。

（一）加强教师队伍建设，全面增强师资力量

对于网球运动的发展来说，加大教师队伍建设，提高教师的知识和技能水平是非常重要的。具体来说，网球教师应该通过各种方式来不断提高自身的技术水平，加强自身理论水平的培养，还要抽出一定时间进修深造，进行科学研究，努力提高自身综合文化素养，从而建立良好的知识和文化素养基础。在此基础上，将自己所学的理论知识结合经验历程运用到实际教学过程中。

另外，还要借助于新技术、新科技来改变原有观念，这对于网球教师教学水平的提高、学生的学习都会起到积极的促进作用。除此之外，还要进一步优化任课教师学历、职称结构，鼓励和支持教师去参加各类相关培训和进修，使任课教师的科研工作能力得到进一步的加强，业务技术水平也得到提升，进而全面增强网球教学的师资力量。

（二）积极争取领导重视，创造良好的教学环境

网球教学在学校中得到了较为快速的发展，而网球教学的各种场地、配套设施往往较为落后，与网球教学的要求相差甚远。因此，通过各种措施来进一步完善教学环境就成为重要的内容。这就要求各学校的相关领导加强对网球教学的重视，并且加大资金和人力投入，相关部门加大对网球教学的支持力度，为高校网球教学的发展提供后勤保障。除此之外，还可以与网球运动发展情况有机结合起来，与各大企业赞助商联手合作，寻求一些热爱教育事业的成功企业家的大力支持，从而达到扩大网球运动场地、完善网球运动设施，进而有效提高网球的教学质量和学生技术水平的目的。

（三）全面贯彻创新原则，建立完善的教学体系

网球教学中，教学思想、模式、内容和方法都会对教学效果产生非常大的影响，因此要求网球教师一定要改变原有的传统教学形式，以网球的特点为依据，并且与学生的喜好有机结合起来，不断创新，探索一种适合现代学生的教学模式和方法，通过各种教学方法的运用来充分调动学生学习的积极性，使学生愿意掌握各项网球技术。另外，还要创建网球运动俱乐部和协会社团，课内外联系相结合，从而使网球运动的教学内容得到进一步的丰富、知识面也得到进一步的拓展。除此之外，还要尽快建立起来完善的网球教学体系。

（四）完善高校竞赛体系，提高学生竞技能力

从当前的形势来看，各高校要进一步加快制订网球组织程序，进一步完善竞赛体系制度，同时还要规划学校网球协会和运动队的发展方向，定期举办一系列比赛，将学生主观能动性充分发挥出来，从而达到与我国高校网球教学的平衡发展相适应的目的。同时，学校还可以定期给网球协会和运动队一些优惠政策和技术指导，有条件的学校也可在竞技比赛方面投入适当的资金，将学生参与的积极性充分调动起来。学生在这样的制度保障下，就能定期参加比赛，对自身的训练效果进行有效的检验，这对于他们竞技能力的不断提高，以及校园网球教学的发展都会起到积极的促进作用。

第三节　竞技网球运动的发展研究

一、竞技网球运动的重大赛事

随着竞技网球运动的不断发展，赛事也越来越多，其中最著名的当属四大网球公开赛，也就是人们平时所说的“大满贯”网球赛。具体是指英国温布尔登网球锦标赛、法国网球公开赛、美国网球公开赛、澳大利亚网球公开赛。四大网球公开赛的详细情况见表 7-1。

表 7-1　四大网球公开赛的详细情况

四大网球公开赛	地点	比赛月份	起始时间		场地
			男	女	
英国	伦敦温布尔登	6～7	1877 年	1884 年	草地
美国	纽约皇后区	8～9	1881 年	1887 年	人工塑胶场
法国	巴黎罗兰·加洛斯	5～6	1891 年	1897 年	红土场
澳大利亚	墨尔本	1～2	1905 年	1922 年	人工塑胶场

（一）英国温布尔登网球锦标赛

温布尔登网球锦标赛是近代网球史上最早出现的重大赛制，期间由于受到两

次世界大战的影响，不得不停赛 10 届。在每年 6 月的最后一周至 7 月初，温网会定时举行，并且有着丰厚的奖金，总额也呈现出逐年增加的趋势。

温布尔登网球锦标赛有着节奏快速、多变的显著特点，球场也是世界级的，能够容纳 1.5 万名观众，这些对运动员的体力、精神、技术等方面都有着非常高的要求。温网是历史上最古老的、声誉是最高的网球比赛。观看温网，往往能够感受到它的雅致、风度及永恒的魅力。

（二）美国网球公开赛

1881 年，美国网球公开赛在罗得岛新港举行，而其对外开放成为“真正的”公开赛是在 1968 年后，为年度最后举行的大满贯赛。美国网球公开赛的地位和奖金都是非常高的，这些也成为众多世界网球高手参加比赛的主要原因之一。纽约皇后区的美国网球总会国立网球中心是美网的赛场。美网公开赛之所以吸引着网球爱好者前来观赛，主要是由于其热情、奔放、激情的特点。

（三）法国网球公开赛

最初，法国网球公开赛并不是开放的，只限于本国人参加。1925 年后才成为公开赛。一般，每年 5 月下旬至 6 月上旬法网会如期举行。巴黎西部一座叫罗兰·加洛斯的大型体育场内设有法网的球场。法网采用的是 5 盘 3 胜单淘汰制，因此比赛的时间往往达到 4 个多小时之久，这不但对选手的技术水平有着非常高的要求，而且也要求选手具有非常惊人的毅力和斗志，否则可能都完成不了比赛，更不用说取得最后的胜利了。法网的球场，建筑古典、别具一格，处处显得优雅浪漫，这也给前来观赛的网球爱好者在观看比赛的同时，带来了美的享受。

（四）澳大利亚网球公开赛

1905 年，澳大利亚网球公开赛开始建立并举行。尽管澳网是四大公开赛中最晚创建的赛事，但它却是每年最早开始的大满贯赛事。澳网的赛场设在墨尔本公园网球中心，这是世界上唯一拥有两个可收缩顶棚的网球场所。澳网的比赛场地是所有大满贯赛场中性能最为均衡的硬地球场，因此不同类型、风格的选手都能够在这里充分展现自己。但是，由于每年澳网往往都是在澳洲最恶劣的季节举行，气候炎热无比，且天气变化无常，这也对参赛选手的体能和意志提出了更高的要求。澳网给人的印象是自身有着独特的个性，友善、清新、真诚、包容、兴奋。

二、竞技网球运动进入奥运会历史

网球运动被正式列入奥运会的比赛项目，是在1896年的第一届奥运会上。爱尔兰人约翰·博兰（John Boland）前往雅典参加首届现代奥运会，但他没有想到的是，回到家乡时他已经成为第一个夺得奥运会网球金牌的冠军。

后来，奥运会网球比赛发生了非常大的变化。在1900年、1906年、1912年、1920年及1924年奥运会上，混合双打曾被列为比赛项目，但是现在这些项目已经不是奥运会的正式参赛项目了。后来，国际奥委会和国际网球联合会在“业余运动员”的定义上产生了分歧，受此影响，1924年之后，国际奥委会取消了奥运会中的网球项目。

现在奥运会网球比赛是向所有运动员开放的，因此越来越多的优秀职业运动员希望通过这一平台来进行角逐，证明自己的实力。

三、竞技网球运动竞赛的欣赏礼仪

为了能够保证网球运动员正常甚至超常发挥，同时也为了更好地欣赏网球比赛，要求网球比赛的观赏者要严格遵守以下几个方面的礼仪。

1）在比赛之前，观众就要提前入场，并按照规定进入观众席就座。在比赛过程中，为了保证比赛的顺利进行，观众不得随意走动、入场或出场。但是，在运动员交换场地或比赛暂停时，是允许观众走动的。

2）在观看比赛过程中，要求观众一定要保持安静，另外还要求观众不要在球来回飞行时鼓掌喝彩，这会影响运动员水平的发挥。但是，可以在每分球结束后鼓掌。

3）服从裁判员的规劝。如果听到裁判员在话筒中要求观众“安静”时，应立即停止鼓掌，保持赛场寂静无声。

4）若运动员不慎将球打入观众席内，为了不干扰比赛的进行，观众在拾球后，不得在比赛进行中随意将球扔回球场。

5）除必要的工作人员（裁判长、裁判工作人员、拾球员或获准入场的队长、教练员和摄影记者等）外，其他人一律不得进入赛场。

6）在裁判工作过程中，观众不得以任何方式对其进行干预。

7）裁判员、司线员、拾球员或运动员等工作过程中，观众不得与他们聊天攀谈。

8）记者须在指定的地点摄影录像，非休息时段不要游移走动。摄像时，也是不允许使用闪光灯的。

9）为了保证比赛的顺利进行和运动员的安全，要求观众不得向场内投掷任何物品。

10）带领婴儿入场也是不允许的。

第八章　其他小球运动的多元发展研究

近些年来，保龄球、手球、门球、沙壶球的参与人数不断增加，要想使这 4 个运动项目实现可持续发展、更好地服务于广大群众，就需对它们的发展展开深入研究。因此，本章就依次对这 4 个运动项目的发展进行梳理、阐述与分析，进而为其健康稳步发展奠定理论基础。

第一节　保龄球运动的多元发展研究

一、保龄球运动简介

保龄球（bowling）也称为地滚球，是一种在地面上以滚动的球击倒排列木瓶的室内体育运动，保龄是英语“bowling”的译音。现在地滚球这一古老的名称已正式被保龄球替代，木柱也演变成瓶状，并且在比赛场地、运动器械、比赛规则、记分方法及球员的服装等方面都进行了严格的规定。保龄球已成为一项老少皆宜、越来越受到人们喜爱的运动。现代保龄球的球体由球核、重量堡垒和外壳 3 部分组成。球核是确保标准重量的塑胶填充物；重量堡垒是重质塑胶粒子合成体，它有堡垒、薄饼、高块和酒杯等形状，设计这一结构的目的在于保证球钻孔后有一个重量补偿，并产生不平衡重量；外壳用尤氯丁纤维胶树脂为原料。以上三部分通过高精度的工艺技术合在一起，成为表面光滑，具有一定硬度和标准重量的球体。这种保龄球分软、中、硬 3 种不同性能。现代保龄球球体直径为 21.6 厘米，重 8～16 磅[①]，球上有 3 个孔，以便用拇指、中指和无名指抓紧它。

由于这项运动具有很强的娱乐性、趣味性、抗争性和技巧性，又不受时间、气候、年龄、性别、体质等因素的影响，易学易打，因此很快在欧美、大洋洲和亚洲的一些国家流行起来，名称也改为“保龄球沙龙”，变成一种时尚的娱乐活动，登上了大雅之堂。至 19 世纪末，大规模的保龄球室与溜冰场、舞厅、商店毗邻而设，在世界各国流行。

据说，保龄球运动的历史可以追溯到远古时代。相传古时候的某些部落，常把被征服者的头盖骨作球，腿骨作目标，进行投掷，以此取乐。考古学家曾在一

① 1 磅≈0.4536 千克

座公元前约5200年的古埃及墓中发现有9块成形的石头和石球。考古学家还发现，古波利尼西亚人的投掷游戏也是用石头作球和目标。当时，球与目标的距离为18米，与今天保龄球道的长度相差无几。

据目前流行的说法，保龄球起源于公元3～4世纪的德国和荷兰，当时只是一种宗教仪式活动。天主教徒通常把象征异教徒和邪恶的木柱安放在教堂的走廊或门厅里，用石头滚地击之。他们认为击倒木柱可为自己消灾、免祸和赎罪，能够交上好运，如击不中就应更加虔诚地信仰“天主”。到了13世纪，英国人开始在草地上玩地滚球。但那时只有一个目标或一个圆锥体。到了14世纪，这一运动才逐渐发展成为欧洲大陆普遍爱好的民间体育运动，目标也从1根木柱增加到9根木柱。16世纪后，英国人迁居澳大利亚、新西兰和南非，地滚球运动也随之传到了这些国家。其后，荷兰移民又把这种游戏带到了美洲大陆，由于这项运动集娱乐性、抗争性和趣味性于一体，很快为美国人所接受，并由户外移到室内。到了19世纪，人们又在原来9柱基础上增加了1柱，将菱形排列改为三角形排列，使之更具趣味性和挑战性。从此，这种作为现代保龄球运动雏形的10柱球游戏逐渐风行起来，并发展成为今天在世界各地广泛开展的一项竞技健身运动。

1455年前后，首先在英国伦敦出现了带顶棚的全天候草地球场，成为现代保龄球最初的竞赛场地。1875年，美国的纽约、布鲁克林等9个保龄球俱乐部的27位代表，组成了第一个保龄球协会并规定了保龄球道的长度和柱子的大小，为近代保龄球运动的发展奠定了基础。1895年9月，美国纽约正式成立了保龄球协会，1916年成立了国际女子保龄球协会，国际保龄球联合会成立于1951年，每4年举办一次世界保龄球锦标赛。

1988年汉城（现在首尔）奥运会上，保龄球被列为表演项目。4年后，在巴塞罗那奥运会上，主办者在奥运村建了一个现代化的保龄球馆，世界保龄球冠军在这里进行了表演赛，并向奥运会选手传授了打保龄球的技艺。由于保龄球还没有成为奥运会的正式比赛项目，4年一度的世界锦标赛是目前国际上最高级别的赛事。

二、我国保龄球运动的发展

我国的保龄球运动起步较晚，建于1865年的烟台保龄球馆，被称为亚洲第一保龄球馆，有4条球道，人工置瓶，现在作为展示性营业。

1925年前后，上海、天津、北京等大城市建有人工保龄球场，专供少数外国人和“上等华人”享用，广大平民百姓无缘参与。

新中国成立后，保龄球运动仍没有得到发展。十一届三中全会以后，人们的思想和观念发生很大的变化，对保龄球运动也有了正确的认识和了解，从此保龄球运动开始在我国迅速发展。1981 年，上海锦江饭店率先同美国 AMF 公司进行友好合作，在锦江俱乐部建成有 6 条自动化球道的保龄球场。

1984 年，我国决定将保龄球作为正式开展的体育项目。1985 年 5 月 24 日，我国保龄球协会成立。国家体委在北京民族文化宫举行了全国首次保龄球表演赛，参赛队有来自北京、上海、天津三个城市的五个球队。

1986 年 11 月，我国首次参加在马来西亚举行的保龄球世界杯赛，这标志着我国保龄球运动开始走向世界。

1987 年，我国保龄球协会加入国际保龄球联合会。同年 8 月，在第 23 届新加坡国际保龄球公开赛上，上海队李海珠、杨佩忠获女子双人冠军，这是我国首次在国际赛事上获得奖牌。

1997 年 5 月，第二届东亚运动会在韩国釜山举行。我国选手赵军、梁丽影包揽保龄球项目的两枚金牌。国际奥委会主席萨马兰奇亲临赛场观看了比赛。这是我国保龄球选手在重大国际比赛中取得的突破，在国际、国内产生了重大反响。

2000 年 7 月，在多哈举行的第 16 届亚洲保龄球锦标赛上，我国保龄球队的钟建雄、沙明建和赵栋山勇夺男子三人赛金牌，从而实现了我国保龄球队在亚洲大赛中金牌“零的突破”。

三、我国保龄球运动发展中存在的问题

（一）开设保龄球馆的指导思想有偏差

调查表明，如今保龄球业重点针对消费水平较高的人群，并未真正从大众消费的角度考虑，进而出现了盲目开设场馆、大幅度增加球道的现象。但在体育产业项目快速发展及我国对外开放程度不断加大的情况下，很多喜爱保龄球运动的参与者逐渐被其他运动项目分流，过去参与保龄球运动的人开始转移到其他项目，寻找更加喜爱的运动项目。在保龄球市场盲目扩大的同时，参与保龄球运动的人数却在持续减少，最终使得保龄球运动难以实现高效发展（黄明强，2001）。

（二）高投入、低收费难以维持正常的运行机制

决定需求的一项重要因素是消费者收入。当消费者收入水平有所上升时，会对消费产生刺激作用；当广大群众的收入水平下滑时，对应消费也会出现下滑。换句话说，体育产业发展应当充分适应广大群众的收入水平。相关资料显示，我

国城乡居民大多只可以负担价格较低的经营性体育场馆门票。因为建成保龄球场馆需要很高的投入，保龄球业主不仅要应对行业间的竞争，还不得不考虑我国城乡居民的承受力，所以为了生存不得不降低消费标准。但是，这样必然会陷入恶性循环，最终就出现了保龄球场馆接连消亡的现象。

（三）经营管理人才素质偏低

在现阶段，尽管保龄球产业的经营管理人数呈现出了增长趋势，但其产业部门的体育经营管理人才却比较稀缺，进而产生了经营手段落后、经营内容片面化及营销理念陈旧等问题。

（四）税收政策的制约和影响

在市场实际情况及消费者消费水平的限制下，保龄球业正在逐渐从最开始纯粹的娱乐性消费转变为公益性的全民健身方向。但是，因为政府部门没有制定出推动保龄球产业发展的优惠政策，如体育健身娱乐经营单位需要上缴的营业税平均超过 10%，部分地区和卡拉 OK 等休闲娱乐场所实行同一税率，最高已经达到 20%，所以进一步压缩了保龄球产业。

（五）布局不科学，过于密集

保龄球场馆布局缺乏科学性，存在分布过度密集的问题。部分地区在很短时间内出现大量保龄球馆，并且所有新近出现的保龄球馆之间的距离都比较近，有些甚至只相距 300 米。这种蜂窝式的过密球馆经营经常采用压低消费的方式来增加顾客数量，进而产生了恶性循环，最终出现了亏本问题，部分球馆会在恶性竞争中被挤垮。

（六）占地多，盲目攀比建设规模

大多数情况下，建有 20 条球道的保龄球馆占地 6～7 亩[①]，并且保龄球馆经常集中在寸土寸金的都市中心位置，所以球馆的土地供求矛盾相对尖锐。更加严峻的是，全国各地的保龄球馆竞相通过扩大建设规模的方式，来争夺全国保龄球行业的霸主地位。

① 1 亩≈666.67 平方米

（七）经营状况差，管理混乱

要想使保龄球运动稳定发展，就必须具有充足的资金。塑料支撑的保龄球道需要较高费用，进口枫木等硬质木铺设而成的保龄球道更是需要高昂费用。就中等水平的保龄球馆来说，最少必须配备 6 条保龄球道，同时还需加上附加设施，因此中等保龄球馆如果没有大额度资金是难以开张的。伴随着保龄球馆投资金额的不断增加，消费者付出的相关费用也会随之上升。就众多工薪阶层的群众来说，只具备偶尔打保龄球的能力。因此，保龄球运动的对象多是境外客商、旅游观光者、国内刚刚出现的富裕阶层、收入水平高的家庭、渴望获得刺激的年轻人、款待存在业务关系的客户等，但需要说明的是此类人群极为有限。因此，很多保龄球馆面临着客源不足及竞争激烈两方面的问题。部分保龄球馆为彻底改变被动局面，开始实行降价策略，但降价策略并未获得显著成效。尽管球馆人数有所增加，但是保龄球馆的总体利润并未上升。权威部门推算，现阶段我国各地区保龄球道均存在利用率低的问题，保龄球市场出现了饱和。业内人士指出，近些年来占有位置优势和规模优势的保龄球馆还可以获得利润，然而中小型球馆因为无法接待团体消费，无法举办大规模保龄球赛，所以常常出现举步维艰的局面。除此之外，如今保龄球馆在管理方面还存在着很多漏洞，如设施不齐全、消防通道不通畅、卫生条件较差等。

四、我国保龄球运动未来发展对策

（一）培养和造就相关的经营管理人才

现阶段，保龄球产业市场急缺既懂体育，又充分掌握现代经营管理理论和方法的经营管理专门人才。针对这一问题，经营者可以积极组织并鼓励体育经营单位的相关人士参与岗位培训和在职进修，采用招聘策略大量引进经营管理人才，指导这些经营管理人才从事经营管理工作。此外，高校还可以在体育院校积极开设体育经营管理专业等。

（二）加大财政税收扶持力度

保龄球场馆相关人士可以在广大群众生活水平不断提升及全民健身意识不断

增强的情况下，紧抓机遇，尽全力发展体育产业。有关部门应当尽快制定出对体育产业可持续发展有积极影响的财政、税收政策。在财政政策上，应当在保障国家财政投入总量不下滑的情况下，适度调整对财政投入结构及投入方式，适度增加扶持体育产业发展的政策性专项投入；在税收政策上，可以在科学制定差别税率与减免税率的基础上，从根本上推动包括保龄球运动在内的体育产业发展，对体育产业总量和体育产业结构进行科学调控。

（三）进行规范化管理，努力发展民族保龄球业

只有保障保龄球管理的科学性和有效性，才能始终贴合保龄球运动的体育运动本质。我国保龄球运动拥有较大的发展空间，倘若能采取规范性管理，不仅能有效提升经济效益，还能获得相应的社会效益。

相关部门经过考察论证发现，近些年来我国保龄球运动始终表现出“忽冷忽热”的趋势，价格规律是出现该局面的重要因素。对于保龄球价格高昂的问题，业内人士认为和保龄球设备价格昂贵有着密不可分的关系，一些保龄球设备需要从国外进口。由此可知，只有在降低保龄球馆相关设备投入的情况下，才能有效降低前期投资和相关成本，进而实现科学降低保龄球消费价格的目标，最终有效吸引越来越多的人参与保龄球运动，从而使我国保龄球运动获得可持续发展。因此，保龄球业的经营者应当积极使用国产保龄设备，如此不仅能让自身和广大群众受益，还能用最短时间打破限制我国保龄球发展的瓶颈。此外，也能让我国保龄球设备制造业获益，原因是伴随着保龄球消费群的持续壮大，保龄球馆数量及保龄球设备需求均会增加，这必然会对保龄球制造业的快速发展产生积极影响，所以尽全力发展民族保龄球工业是推动我国保龄球运动发展的基础条件。与此同时，还需考虑经济发展水平、百姓消费能力及政府行为干预这三方面因素，从而使保龄球运动的发展更加有序。在政府行为干预方面，可以进一步明确保龄球主管部门及职责、保龄球登记审批及收费标准、保龄球经营者义务等，从而使我国保龄球运动朝着更加科学化、法制化的道路发展。

（四）在普及中努力提高我国保龄球运动技术水平

常言道：“厚积而薄发”。分析我国保龄球运动史可知，我国保龄球运动和世界其他国家存在着较大差异，发展过程中的无力感表现得尤为明显。因此，在积极倡导全民健身的同时，还应在培养高水平保龄球选手上投入更多的资金和精力，

努力用最短的时间提升我国保龄球运动的整体水平，用最短的时间和国际接轨，这是当前我国保龄球运动面临的首要问题。

（五）推进保龄球运动实体化和职业化发展，使保龄球进一步适应市场经济的要求

保龄球运动和奥运会项目之间存在着很大差异。通常情况下，国家会把有限精力投入奥运会重点发展的项目上，非奥运会项目在基础建设和队伍建设等方面均存在资金短缺的问题。和其余非奥运会项目一样，保龄球运动享有的国家资金投入、新闻媒体宣传、比赛奖金额度、人员调配等都和奥运会项目存在着很大区别。因此，要深入改革保龄球运动项目，努力促使保龄球运动朝着实体化与职业化的方向不断发展，最终真正达到保龄球运动的各项目标。

在管理方面，保龄球运动始终践行实体化与职业化的发展道路，这不仅是我国政治、经济体制改革对体育事业发展提出的客观要求，还是积极适应国际体育发展走向必须达到的要求，也是深入改革我国体育体制的重要决策。不可否认的是，实现该项目标必须建立在及时认识和更新观念的基础上。我国保龄球运动应当主动创造各种有利条件，努力在最短时间内实现保龄球运动的实体化与职业化。除此之外，我们也需要坚持实行多种管理类型，从而制定出更加清晰明了的发展对策。在推进保龄球运动实体化与职业化的过程中，实施具体步骤时应当密切联系各个地区的综合情况。另外，还需利用保龄球的社会吸引力来增加相关收入，努力从多种途径获得经费来源，进而实现通过保龄球运动的自我发展。

五、保龄球运动基本技术指导

（一）握球方法

握球时，双手放在球的左右两边，将球从回球机上捧起。左手靠左腹把球托住，右手的中指和无名指插入指孔，再把大拇指深插进拇指孔；手心贴着球弧面，把球牢牢握住。

1. 传统持球法　中指、无名指插入指孔后，第一指节至第二指节皆没于指孔内（图 8-1）。

2. 半指节握球法　将中指和无名指伸入指孔到第一指节和第二指节之间（图 8-2）。

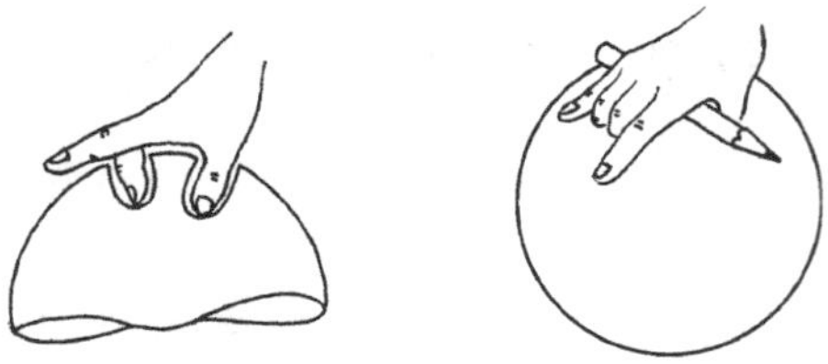

图 8-1　传统持球法

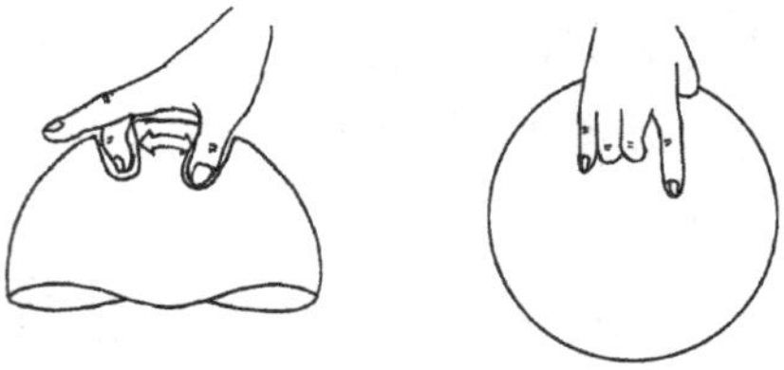

图 8-2　半指节握球法

图 8-3　满指节握球法

3. 满指节握球法　中指与无名指第一指节伸入指孔，然后再将拇指伸入指孔（图 8-3）。

（二）持球

1. 持球手型　保龄球持球手型有手腕挺直、手腕向内侧弯曲或手腕向外侧张开三种（图 8-4），前两种姿势是绝大多数球员采用的。

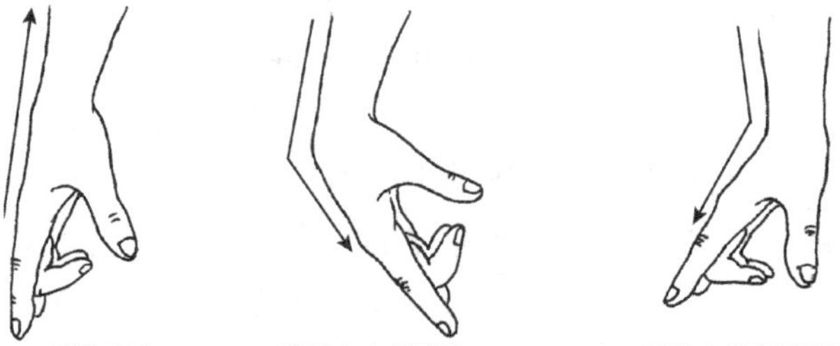

图 8-4　持球手型

2. 持球姿势

（1）设定站立点　以 4 步助走为例，在犯规线前背对投球方向向前跨出 4 大步，然后再跨出半步的滑行距离。在这个点上向后转，并依据自己的打法，向左或向右移动，以此确定站立位置的标示。

（2）持球站立　将球从回球机上捧起，走到设定的站立点上。脚尖对准瞄准点，双脚稍微并拢，使脚尖和瞄准点的连线与右肩整个摆动线平行（图 8-5）。这个设定位置站立好后，左手托住球，右手的中指和无名指插入指孔，大拇指插入拇指孔，手腕伸平，手心贴着球弧面，牢牢握住球。手臂与腰部尽量靠拢，手臂与肩膀成 90°，球的位置在腰与肩之间。握球力右手为 60%，左手为 40%。两肘紧靠腰部，上身稍微弯曲，腰部挺直，两膝微曲，眼睛瞄准目标及目标线，两肩水平正对目标，集中精神，准备投球。

（三）投球

图 8-5 持球站立

1. **推球** 以右手 4 步助走投球为例，在设立位置站定后，眼睛直视目标箭头，身体重心移到左脚。右脚起步的同时，双手将球向着瞄准点平直推出，上臂与前臂约成 45°，左手离球向外侧运动。脚尖、推出的球与目标箭头在一个平面上（图 8-6）。

2. **摆动** 保龄球的摆动动作是在体侧做一个前后的摆动（图 8-7）。要求手臂和肩膀不能摇晃；手肘绝对不能弯曲；后摆要低，保持与肩同高的自然后摆高度；与瞄准点保持一种直线式的摆动方向；整个摆动行进过程要流畅。

图 8-6 推球

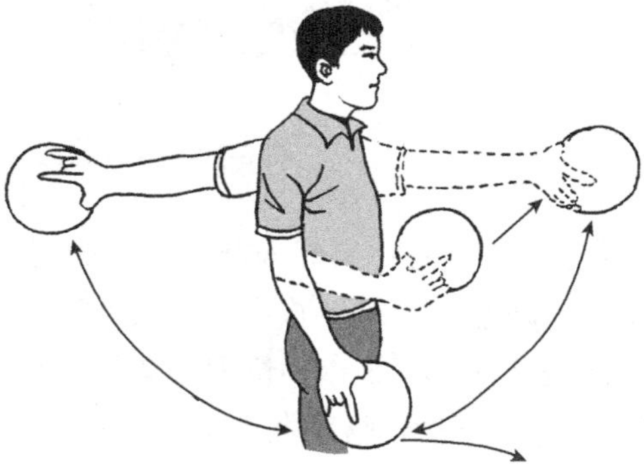

图 8-7 摆动

（1）直下摆 当第一步完成的同时，已推出的球依自身的重量自然向下坠落，左脚紧跟跨出稍大一步，左手继续外展。当持球手臂下摆至摆动曲线的最低点位置时，平稳地完成第二步（图 8-8）。

（2）垂直后摆 当第二步完成的同时，握球的右手在球的重力及惯性作用下，从垂直下摆过渡到后摆，此时右脚应向前跨出第三步，左手继续外展（图 8-9）。

（3）垂直前摆 第三步完成，球在重力作用下向前回摆，此时应跨出左脚并滑行 20～40 厘米，在距离犯规线前 5～7 厘米处，完成滑行动作。右脚向左后方伸出，左手向外侧平伸（图 8-10）。

图 8-8　直下摆

图 8-9　垂直后摆

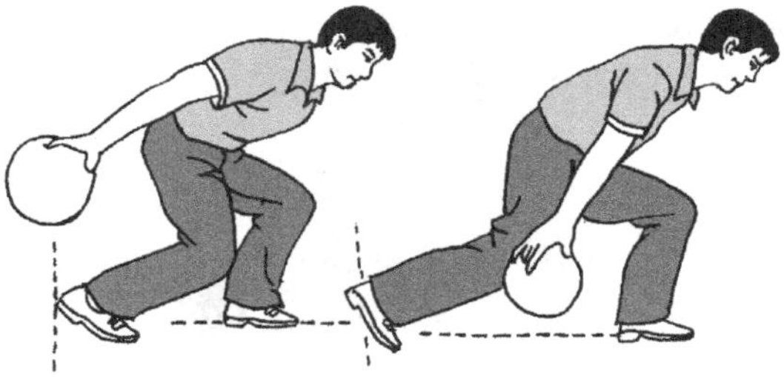

图 8-10　垂直前摆

3. 投球动作　当身体自然向前滑步完成时，利用重力球垂直回摆到距犯规线 15～20 厘米的高度，此时手腕不做任何人为的加力和转动。大拇指在 10 点钟位置，中指和无名指在 4～5 点钟位置顺势把球往目标箭头送出（图 8-11）。投球要求始终保持身体的平衡，两肩与犯规线保持平行；眼睛要直视设定的瞄准点，下颌不可往上抬；在依靠手臂力量的同时，还应合理动用全身的力量；当球达到一个定点以后，拇指先离开球孔，然后靠中指和无名指来做球的旋拉动作。

4. 投球后延伸动作　投球出手后，手臂随出球方向向前垂直上举，上身充分向前伸展，保持投球姿势（图 8-12）。

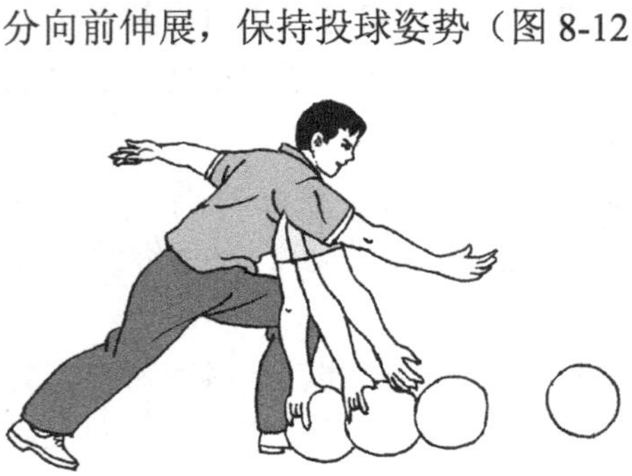

图 8-11　投球动作

图 8-12　投球后延伸动作

（四）4 步助走投球

保龄球的助走可分为 3 步助走、4 步助走、5 步助走三种。以右手投球为例，介绍一下最常用的 4 步助走投球法。

1. *第一步——右脚*　要点在于要自然地从固定位置起步。要求踏出右脚的同时，两手持球向前伸出，比平常的步幅要小，平稳地滑出。两肩正对前方，身体微微前倾。持保龄球的要领是不用力，向前伸满后，保龄球自然下落，摆动开始（图 8-13）。

图 8-13　第一步助走

2. *第二步——左脚*　该动作的重点是利用保龄球的重力自然下落。不可加力下落，步幅比第一步要稍大。保龄球下落时身体重心移到右脚，此时开始迈出左脚。左手离开保龄球，在球下落开始时向身侧摆动。左脚落地后，右手臂应伸直，保龄球下落到摆动弧线的最下方，和上身成一条直线。两肩保持平衡（图 8-14）。

图 8-14　第二步助走

3. *第三步——右脚*　该动作自然后摆最重要。最高点应和肩头一样高。后摆过高，虽然可以加大投球的力度，但会造成第四步不适当地加速迈出，从而破坏身体平衡。动作要求为保龄球继续由身体的中心线部位向后摆动，此时第三步右脚大步迈出。由于球的后摆，上身自然地前倾，身体重心前移。球摆的高度，要达到和肩平的状态。后摆时，需伸左手来保持身体平衡。

4. *第四步——左脚*　要注意，保龄球出手后才是滑步与收势。后摆到达最高位置后，改向前回摆，此时第四步左脚迈出（图 8-15），其分为落脚与滑步两个部分。第四步是左膝微屈迈出，这有利于降低身体重心，准确地出球。在球下落到最低位时左脚落地，身体重心在左脚，右脚滑到身体左后方。当体重全部移到左脚后，由于摆动和助走等原因，左脚会有 20～40 厘米的滑步。

图 8-15　第四步助走

5. *滑步——左脚*　滑步时（图 8-16），身体重心全部移至左腿，左膝稍弯曲，成弓形。右腿交叉于左腿后，左手横向侧后方，维持好身体的平衡。

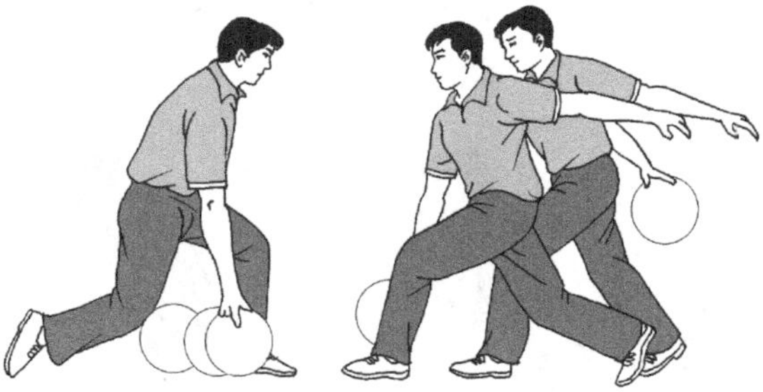

图 8-16　滑步

6. *出球*　出球要点，除直线球之外，曲线球、弧线球、飞碟球等都要有一个飞速的手腕翻转动作，要点是“快”“准”。保龄球宜在出手线前的 5 厘米处出手。球在犯规线后约 15 厘米处落地，此时身体重心降到最低位。球用腰、肩，用全身的力气顺势投出。出手时拇指先离球，然后中指、无名指同时离球。在三指同时离球的瞬间，手腕做旋转动作。

7. 收势　收势是出手后的动作，也是整个行动的终结。

第二节　手球运动的多元发展研究

一、手球运动简介

手球运动是综合篮球和足球的特点发展起来的一种用手掷球，将球攻入对方球门而得分的球类运动；是攻守交替、运动量较大、对抗激烈的球类运动。最初为 11 人制，后来发展为 7 人制。7 人制手球比赛时，每方上场队员为 7 人，其中一人为守门员，双方相互攻守，在规则允许的范围内，进攻队利用各种技术动作和战术配合将球射入对方球门。防守队则尽力阻止对方进攻，设法抢断球，转守为攻。男女成年队比赛时间为 60 分钟，分上、下两个半场，中间休息 10 分钟，以进球多者为胜。比赛结束时如果两队得分相等，为平局。休息 5 分钟后，再进行 10 分钟决胜期的比赛，如果仍然是平局，则再延长 10 分钟，直至决出胜负（白子平，1987）。

手球是一项比赛激烈、对抗性强、速度快、运动负荷大，对投掷力量有特殊要求的运动项目，它不仅包括田径中的跑、跳、掷等各项技术动作，还包括体操技术，是一项综合性球类竞赛项目，比赛中要求在错综复杂和变化多端的条件下做出正确判断，合理运用技术，与同伴密切配合完成技战术动作，对中枢神经系统和身体各部机能的协调及对身体素质的全面发展和提高都有明显的促进作用。由于比赛激烈，身体接触频繁，要求队员能克服各种困难和阻力，完成攻守任务，因此能培养运动员勇敢顽强、机智灵活、吃苦耐劳、坚忍不拔的意志品质，培养集体主义精神，它能促进青少年身心的正常发育及身体素质的全面发展。手球运动设备简单，技术动作容易掌握，只要有一定的球类基本技能，就可参加比赛。

二、手球运动起源与发展

手球运动源于欧洲，开始时作为一种游戏形式出现，1926 年由德国发起并组织国际手球比赛，此后逐渐在欧洲发展起来。国际手球协会于 1928 年成立，1936 年在由德国柏林举行的第 11 届奥运会上，手球被列为比赛项目。自 1938 年在德国举行第一届 7 人制手球锦标赛至今已进行了 12 届，1957 年在南斯拉夫举行第一届女子手球比赛至今已有 10 届，1972 年在慕尼黑举行的第 20 届奥运会上，7 人制手球被列为正式比赛项目，1976 年在加拿大蒙特利尔举行的第 23 届奥运会上，女子手球也被列为正式比赛项目。除世界手球锦标赛和奥运会以外，世界性的手球比赛还有世界大学生比赛、世界中学生比赛、世界青年比赛和洲际比赛等。

新中国成立后，手球在我国才逐渐开展。1956 年北京体育学院（现为北京体育大学）和解放军体育学院相继开展教学试点；1957 年在北京首次举办了全国 7 单位手球比赛；1958 年在上海举办了全国 13 单位手球锦标赛；在 1959 年全国运动会上，手球被列为正式项目，全国共有 30 余个男女队参赛；1960 年又在重庆、武汉、西安举行了手球分区赛。为了学习国外先进技术，1959 年我国邀请了德国手球专家汉斯·史太因来华讲学；并先后邀请了当时的民主德国国家队、罗马尼亚国家队来华访问比赛，我国广州部队队和安徽队分别战胜了当时的世界亚军队罗马尼亚队，这显示了我国年轻手球运动员快速、灵巧的特点，同时也展示出我国手球运动的广阔发展前途。根据手球运动的发展，1964 年后我国试行开展 7 人制手球，同年 5 月在合肥市举行了第一届 7 人制全国手球比赛。1965 年在沈阳市举行了第二届 7 人制比赛，还邀请了获得第 5 届男子手球锦标赛 11 名的日本队来访，同年我国手球队访问日本，又取得了很好的战绩，这说明我国 7 人制手球运动在短短的两年时间内所取得的成绩是显著的。自 1966 年我国手球运动又中断了 7 年。1973 年广西体委在南宁市举行了第一届手球邀请赛，自此国家体委每年举行手球比赛，有计划地举行全国手球锦标赛、全国青年制标赛、全国中学生手球比赛、全国高校手球比赛及业余体校比赛等，这大大推动了我国手球运动的发展。1970 年我国成立了中国手球协会，1980 年我国加入国际手球联合会。我国手球队同其他国家的手球队互访往来，这提高了我国手球运动的技术水平。1982 年在印度举行的第 9 届亚洲运动会上，我国男子手球队 7 战全胜获得冠军。1984 年在美国洛杉矶举行的第 23 届奥运会上，我国女子手球队荣获第 3 名，为国争光，并进一步推动了我国手球运动的飞速发展。

之后，我国手球便出现走下坡路的趋势。直到 1996 年，我国女子手球队遏制住多年的滑坡，在奥运会上获得第 5 名。

但直到现在，我国手球的发展仍处于落后状态。在 1998 年曼谷亚运会的手球比赛中，中国男女手球队仅分别获得第 6 名和第 4 名的成绩。2002 年亚洲锦标赛和亚运会上，中国女子手球队均获得第 3 名，而中国男队仅在 2002 年亚运会上获得第 7 名。在 2008 年北京奥运会上，中国女子手球队获得第 6 名，男子手球队以东道主身份参赛，一场未胜。

值得欣慰的是，中国手球队员在国际大赛上能够充分发挥团队的协作能力，打出自己的精神，为手球的发展奠定了良好的基础。在国内有多支专业队伍，传递着手球精神，国家队更是有着全国顶尖的手球选手，为手球的明天努力奋战。

目前国内各省市的手球专业队有上海男子手球队、天津男子手球队、山东男子手球队、四川男子手球队、河北男子手球队、江苏男子手球队、安徽男子手球队、广东男子手球队、北京男子手球队、北京军区男子手球队，以及北京女子手球队、北京军区女子手球队、广东女子手球队、安徽女子手球队等 10 支男队、4 支女队共 14 支专业运动队。

总体来说，中国手球还处于发展阶段，各方面亟待加强和完善，相信在不久的将来，中国手球队会在国际大赛上会带给我们更大的惊喜。

三、制约我国手球运动发展的原因分析

（一）手球运动的发展离不开经济基础的支撑

经济是发展体育的基础条件。高水平的手球球队需要经过很长时间的磨炼与打造，而在此过程中的训练、比赛、器材、引进高水平运动员、运动员伤病防治等都需要很大的经济支出。分析众多手球比赛也能够得出，经济在手球运动中拥有不可撼动的地位。统计历届全国运动会手球比赛冠军能够得出，我国开展竞技手球较好的地区主要集中在北京市、上海市、广东省，同时全国高校手球及中小学手球开展较好的地区也集中在北京市、上海市、广东省。

（二）青少年手球运动员的价值取向影响手球发展水平

有关调查表明，45.5%的青少年手球运动员将训练和比赛视为升学的捷径，19.5%的手球运动员将争得荣誉置于首位，仅有 18.5%的青少年手球运动员持续参与手球运动是因为个人爱好，仅有 8%的手球运动员参与相关训练是为了进入专业队，进而有资格参与级别更高的国内外大型比赛。由此可知，期盼自己在升学考试中享受特殊政策是青少年运动员的最大愿望，自身兴趣和为学校争取荣誉仅排在次要位置。

在日常训练与学习过程中，教练员应主动对运动员展开各方面的引导，努力使运动员对手球运动产生浓厚兴趣，促使运动员深深爱上这项运动，通过恰当的方式激励手球运动员坚持训练，使他们把进入专业队及参加更高级别比赛当成至高荣誉，尽可能避免将注意力只局限在求学和求职两方面。

（三）手球教练员的业务水平制约我国手球运动的发展

尽管我国手球教练员的人数相对较多，但很多都是半路起家，即他们通常不是攻读过手球专业的运动员，只是在地方、体委及学校的支持下开展手球运动，这必然会对教学质量和训练质量产生不同程度的制约。尽管各地区会定期举行各

种类型的教练员培训班，但在经费及很多因素的影响下，培训班持续时间均比较短暂，难以使教练员的专项业务水平获得本质提升。在基层，手球运动实现可持续发展主要依赖于教练员，要想推进我国手球运动的发展进程，不仅要增加我国手球教练员的数量，还要使手球教练员的执教水平和业务水平获得质的飞跃。

四、发展我国手球运动的措施与对策

（一）制定我国手球发展战略，规划发展步骤

现阶段，我国手球运动的总体水平相对较低，手球运动的社会化程度和市场化程度均比较低。针对这种情况，要想实现手球运动的快速发展，就不能过度依赖政府，而且也不能忽视并脱离市场经济规律，要避免将手球运动发展的职责彻底移交给社会，任手球运动随意发展。应当密切联系我国手球运动发展的实际情况，制订出切实可行的手球运动发展战略及清晰化的手球运动发展重点与发展方向，从而使发展数量与发展质量达到协调统一，使发展速度和发展效应达到一致。我国手球运动发展，应当和我国经济发展水平及社会发展水平相适应。长远规划是战略成功的重中之重，可将我国手球运动的发展步骤划分成以下几个阶段。

1. 扶助阶段　在扶助阶段，政府的宏观调控发挥着决定作用，政府可通过制定政策、制定法规、资金调拨等方式，率先扶持我国手球运动发展情况较好的地区，扩大手球运动在各级学校的推广范围，增加各种手球比赛的开展次数，从而不断拓展手球运动在我国的普及范围。和手球运动相关的各级政府部门，应当把握手球运动的发展机遇，大力扶持手球运动。充分发挥布局点的示范作用与带动作用，大力推进我国竞技手球和校园手球的发展，不断提升我国手球运动员的竞技水平。在此时期，应当重点突出政府的扶持作用和引导作用，手球运动队伍应当不断强化自身“造血”功能，积极拓宽与社会的接触面积，主动吸纳来自社会各界的赞助资金，积极强化自主经营能力，最终使手球运动更好地融入市场。

2. 普及与提高阶段　在普及与提高阶段，应当深入改革业余体校手球与学校手球。对于业余体校手球，应当构建与完善各地区的手球协会网络，在发展会员方面投入更多的精力，将会员制形式应用在各地区手球队的构建过程中。对于条件允许的地区，可以适度增加手球比赛的数量，以此来有效增加各球队相互交流、相互学习的机会，同时使各球队日常训练水平得到检验。此外，还应对学校手球运动的开展情况予以高度重视，将培养我国手球运动后备人才的职责逐渐转移至教育系统的方方面面，进一步落实手球招生制度，通过多种方式激励中学与大学组建手球队伍，同时主动举办中学生手球联赛和大学生手球联赛，深入改革

学校体育教学组织形式，对于条件允许的学校可以设置手球选修课或者实行“手球俱乐部制”教学形式，最终从根本上提升我国手球人口的数量和层次。

3. 快速提高阶段　在我国手球人口相对较多的基础上，伴随着我国手球运动竞技实力的增强，我国手球运动即将进入快速提高阶段。在此阶段，应当高效发挥媒体和比赛对手球运动的宣传作用，尽全力实现手球运动的市场化进程和职业化进程，通过多种方式鼓励我国各类企业主动参与到手球运动中，通过资金赞助来支持我国高水平手球职业队积极参与全国手球锦标赛，进而有效扩大企业影响力。在该阶段，市场经济杠杆将发挥关键性作用，手球竞技水平将成为我国手球职业队自下而上发展的决定性因素，手球球队应当尽一切可能向观众呈现出高水平的比赛，进而满足观众的欣赏需求，以此来有效拓宽手球市场，最终形成良性循环的发展势态。

（二）加快我国手球教练员的培养速度，提高业务能力

在运动训练过程中，教练员拥有主导性作用，原因在于教练员实际水平对相应运动队水平有着决定性影响。调查我国手球队的教练员与运动员后发现，现阶段我国手球教练员的整体素质与技战术水平已经难以满足我国手球运动的发展需求。分析调查信息可知，我国很多地区的小学、中学、高校都需要手球专项研究生，同时一定要是高水平运动员。手球专项教师是高校手球运动选项课得以开展的基础条件，但如今我国高校手球教师依旧处在比较匮乏的状态。当前，我国很多高校都需要手球专项的体育教育训练学硕士，但具备手球硕士点的学校还比较有限，因而存在手球硕士及具备手球特长的研究生比较稀缺的问题，并且短时间内解决该问题的难度较大。

针对上述情况，我国各高校应当积极推进手球专项教师的交流与协作，不断巩固手球科研团队，主动邀请国际高水平手球教练员来高校对本校教练员进行集中培训。对于部分中小学手球队来说，可让手球专项在校学生直接展开训练指导。对于省（自治区、直辖市）手球中心，应积极鼓励高水平手球教练员参与讲座活动，或者鼓励其前往手球运动开展较好的省市进行观摩和交流，进而使我国手球运动总体水平获得质的飞跃。地方教育局和体育局需要定期组织手球教练员参加培训班，每月安排适宜的组织次数，每年年底组织综合能力考核，向考试合格者颁发对应证书。距离较近的学校可积极组织交流比赛，在比赛过程中认真学习与交流。部分退役的专业手球运动员，因为运动伤病或其他原因无法参与高水平、大运动量的训练时，可以去基层中小学校任教。不但要妥善解决退役运动员的安置问题，而且要从根本上提升基层队伍的手球教学水平，最终有效提升各级学校的手球运动技术水平。

（三）注重科学化训练，提高运动员竞技水平

体能、技能、战能、心理、运动智能是构成手球运动员竞技能力的主要要素。在竞技体育比赛中，运动员要想超常发挥，取得理想成绩，必须要保证其训练符合系统性和科学性要求。在世界手球发展走向不断变化的情况下，应当尽全力适应现阶段手球运动的发展，如此才能在手球竞技领域占有一席之地。

相关调查表明，当前我国很多手球教练员均为专业手球队退役队员，训练水平长期处于停滞状态，没有深入研究专项训练的各项内容，在创新思维及科学化训练能力两方面都存在很大的不足，使用陈旧训练方法的情况比较常见，无法充分保障训练安排的合理性和科学性。在训练过程中，没有重视体能训练对手球运动的意义，仅仅单方面关注战术训练，在培养运动员智能和心理上花费的时间较少。很多手球教练员在培养运动员的过程中存在拔苗助长的问题，完成任务只是为了提升运动成绩，这使得一些运动员的相关潜力还未充分发挥就已经错过了训练身体各项机能的最佳时机，不利于高水平手球运动员朝更高层次发展。

作为手球队的教练，应当有系统、有计划地指导运动员参与训练，训练过程中应当保障训练方法的科学性，进而使运动员的各项能力得到全面发展；在比赛过程中，应当时刻留意外界环境对运动员心理的影响程度，进而使运动员的情绪得到及时疏解。此外，教练员应当利用空闲时间积极学习，制订出与运动员生长发育规律相吻合的训练方法，进而促使训练内容更加多样化。手球教练员应当深入研究与探讨当前欧洲国家的手球技战术，同时密切联系国内运动员的各项特征和实际优势，使得战术安排更加科学合理。

（四）多承办高水平手球赛事和相关活动

从项群理论的视角分析，手球运动属于技能主导类同场竞技对抗性项群，一般以具体得分来判断输赢。手球运动员竞技能力主要有体能、技能、战能、心理及运动智能，要想有效提升竞技能力，必须增加实战次数。利用比赛来客观检验教学水平与训练水平，从而有效提升运动员的心理素质。利用手球比赛，也可促使更多的人了解手球运动，吸引更多人参与到手球运动中。分析我国竞技手球队可知，我国手球运动员参与大型比赛及高水平比赛的机会很少，全国手球竞赛体系还有待进一步健全，这在很大程度上限制了我国手球运动员的健康发展。我国手球运动开展较好的省市有北京市、上海市及广东省等，这些地区的手球比赛较为普遍，其中广东省深受我国香港的影响，原因在于手球运动在香港极为盛行，每月广东省都有来自香港各个俱乐部之间的邀请赛。上海市有已成体系的小学生

手球联盟、中学生手球联盟及大学生手球协会，每周均会举办各联盟之间的比赛。与上海市和广东省相比，尽管北京市的手球比赛比较少，但国家队长期在奥林匹克体育中心训练，因此北京许多业余开展手球运动的组织可以在周末和国家队展开交流与学习。

与北京市、上海市、广东省相比，我国很多省市的手球比赛太少，省级以上级别的比赛也十分有限，有很多城市至今还未举办过手球比赛。与其他年龄阶段的手球比赛相比，各省青少年手球比赛更多一些，各省高校手球组织和手球比赛都十分少见。针对以上情况，我国各省高校应当积极成立手球协会，同时成立高校间手球组织机构，用来协调与举办高校内及高校间的手球比赛。利用品牌赞助方式，成立高校手球联赛，努力和全国大学生联赛接轨。除此之外，还应主动承办国内外重大赛事，从而增加我国手球运动员参与大型比赛的次数，最终使我国各地区的竞技手球水平得到显著提升。

（五）体教结合，以学校为依托，培养手球特长人才

充分发挥学校的力量，密切结合教育，增加手球特长生的招生数量。有机结合体育和学校，坚持实行“双特”模式，进而保障手球特长生全面发展；通过确立学生终身发展的目标理念，来实现手球运动的可持续发展。通过手球特长生有效提升学校手球竞技成绩，不断拓展手球运动的宣传范围，使对手球运动感兴趣的孩子参与到手球运动中，促使校园手球文化更加多样化。相信在政府扶持和政策鼓励下，我国手球运动将会获得体育运动委员会、教育委员会（简称“教委”）、企业等多方面的支持，进而大幅度提升在学校的普及率，推动越来越多的青少年接触手球运动，为我国竞技专业队提供数量更多、更加全面的手球后备人才。

此外，要想在校园中大范围普及与推广手球运动，也可以通过手球游戏来实现。起初，现代手球运动是通过游戏的形式逐步发展起来的。游戏属于各个年龄段学生比较感兴趣且容易接受的活动，所以可以让手球游戏成为课堂的组成部分，在最开始应当努力让学生对手球运动产生兴趣，让学生喜欢手球运动且享受手球运动带来的乐趣，而不是让学生被动接受手球运动。在开始训练阶段，应当采用科学方法培养学生的球性、球感、空间位置感觉、独立思维判断能力等，而不是生硬地灌输具体的、抽象的和难度较大的技术动作练习。可以结合各个年龄阶段学生的具体特征，合理调整手球门大小及手球场地大小，各年级组使用更具针对性的手球，结合手球游戏做难度较小的传球、接球和原地运球或移动中运球的游戏动作，增加学生对手球运动的兴趣，让学生充分感受手球运动的乐趣，有效提升各年龄段学生的球性与灵活性。除此之外，还可以让学生做特质小手球，或者将手球和特定运动结合起来，进而使手球运动在学

生群体中获得更好的发展。

（六）拓宽获取资金道路，保障职业化进程

有效挖掘竞技体育在有形资产与无形资产两方面的潜力，最大限度地开发体育产业与手球市场，从多种途径筹集资金。现阶段，资金短缺是我国手球运动面临的首要问题。要想彻底解决该问题，必须利用职业化使更多手球运动员加入职业联赛中。因为我国政府在培养手球运动员方面的投入比较有限，所以要想改善资金短缺的问题，可以从自身入手，深入挖掘手球运动的商业价值，尽可能获取社会各界的支持。分析现阶段体育发展走向可知，体育运动一定会朝着职业化道路不断发展。如今，手球运动在欧洲的流行范围更加广阔，商业价值与职业化程度更高，很多地区均先后成立了不同级别的手球俱乐部，比赛奖金、赞助商、商业广告费等都可以给运动员提供高额收入。职业化不仅是竞技体育发展的必然趋势，还是提升竞技水平的必经之路。因此，我们应尽全力发挥举国体制的可取之处，向竞技体育投入更多的资金和精力，为竞技体育规模及技术水平的可持续提升奠定稳固的基础。我国手球运动应当尽快和世界其他国家接轨，要加快我国青少年手球运动员的培养进程，推动更多高水平的青少年选手参与职业化比赛，有效提升我国手球运动员的整体水平，全力推进我国手球运动的职业化进程。

（七）构建新闻媒体的合作渠道

在我国，手球运动属于相对冷门的运动项目，因为宣传力度比较有限，所以知名度比较低。当前社会属于飞速发展的信息网络时代，可以在积极构建与运用媒体与网络等手段的基础上，大力宣传手球运动，以此来有效提升手球运动在我国的知名度，促使更多人清晰认识手球运动，进而推动手球运动的推广与普及进程。

与此同时，要不断强化新闻媒体对手球运动的推广与普及程度及对后备人才培养政策的宣传程度，要主动和新闻媒体展开有效沟通，向新闻媒体提供更多富有价值的新闻，定期组织学生参与手球活动，进而达到锻炼学生和宣传手球的双重目的。

（八）推出具有指导性、系统性的手球训练大纲和教材

首先，现阶段我国还未出现针对青少年手球运动发展的指导性和系统性的手

球训练大纲与教材，同时也没有出现兼备完整性和科学性的训练体系。因此与手球运动相关的政府部门与专家，应当尽全力撰写与完善手球训练大纲和教材。

其次，要加快数字技术在手球运动中的应用速度，这是有效发展我国手球运动的必经之路。在构建我国手球运动信息系统的过程中，应当有效发挥网络平台、影视媒介等信息载体的潜力，采用科学途径构建出基于体育院校、研究所、少年体校等手球后备人才培养与训练机构的信息系统。

最后，要建立平台共享手球信息，及时更新国际与国内和手球相关的最新信息，促使各级基层培养单位的教练员与运动员在最短时间内掌握世界手球运动的发展趋势，构建出切实可行的自我培养思路和发展目标，进而有效提高我国手球运动后备人才的培养质量。

（九）应严厉打击年龄造假，维护公平的竞赛环境

目前，手球运动我国各级学校还处在普及和发展阶段，应当保障学校手球运动的公平性和公正性，给学生提供更加和谐的竞赛环境，促使学生将自身潜力发挥到最大，进而在相关竞赛中获得胜利。

此外，还可以为各个年龄段在校就读的运动员建立信息注册网站，对每名参赛运动员的信息进行注册和审核，每名运动员仅可注册一个学校参赛，注册时间是 6 年。向审核通过的学生发放注册卡，现场报到时以注册卡上的信息为准。如此，就能有效防止运动员年龄造假、以大欺小事件的发生，还能向参与手球运动的学生提供公平的竞赛环境，激发学生参与手球运动的主动性。

五、手球运动基本技术指导

（一）进攻技术

1. *移动技术*　　移动是改变人体位置、姿势、方向和速度的方法，是队员在比赛中应用最多的一项基本技术，它对掌握与运用各种进攻、防守技术有密切关系。比赛中，运用各种移动技术的实质就是为了争取时间和空间的主动，占据有利的进攻和防守位置。移动分为进攻移动、防守移动、守门员移动三类。移动技术动作有走、跑、跳、滑、跨、切、交叉、撤步、转体、急停、鱼跃倒地等。

无论何种移动都可分为准备姿势、起动、移动和制动这四个阶段，四个阶段是一个连续的过程。以向左鱼跃倒地为例：两脚平行站立，屈膝较大，身体重心

放在两脚前脚掌之间；在降身体重心的同时，右脚前脚掌内侧向右蹬地，使身体重心快速向左移出体外；左膝关节积极前跪，使身体部位再度降低；伴随身体重心的下降，上体积极向侧倾，使左肩始终保持在支撑点和身体重心连线的延长线上；在左膝接近地面、尽量缩小蹬地角的情况下左脚积极蹬地，力量由下向上传递；用力蹬直左腿，推动身体重心向前，同时背肌用力，展腹出背弓，跃在空中；完成动作后，利用俯撑缓冲或滚翻缓冲的方式落地。

2. 传接球技术　传接球是手球比赛中，队员有目的地转移球的方法。这是一项运用最多的基础技术，直接影响其他技术的发挥。

（1）传球　进攻中的射门机会大都是按照一定的战术方法，通过准确的传球而取得的。在战术中运用传球技术还可以达到声东击西，打乱对方防御部署，完成全队进攻的目的。在攻守双方的激烈对抗中，为了避免对手的抢断，要求做到传球快速、准确、隐蔽、多变，利用巧妙、熟练的连续传球攻破对方防线。常用的传球方法有原地单手肩上传球、跑动单手肩上传球、单手甩腕传球、单手背后传球、单手头后传球及单手反弹传球，下面进行具体介绍。

1）原地单手肩上传球。在阵地进攻中，近距离的传递配合、中距离的快速转移，尤其是远距离的长传快攻，基本上都是采用原地单手肩上传球。传球的动作结构和发力是所有传球方法的基础，其特点是能充分运用全身的力量。

传球时，右手直接将球引至右肩的后上方，随着引球，身体重心移到右脚上，右腿稍屈曲，接着蹬地、转体、挥臂、甩压腕将球传出。原地单手肩上传球如结合垫步、交叉步、跳起等脚步动作，即可形成垫步单手肩上传球、交叉步单手肩上传球、跳起单手肩上传球。

2）跑动单手肩上传球。跑动单手肩上传球是快速推进中转移球时的主要传球方法，是手球运动中一个特有的传球技术。其动作特点是从引球到球出手是在跑动中（连续三步）完成的。因此，它不影响进攻速度，在比赛中运用得很广泛。

3）单手甩腕传球。它有快速、隐蔽、易于变换方向和衔接其他动作的特点，向邻近同伴快速分球时多使用甩传。甩腕传球时的动作关键在于前臂和手腕的甩、挑要快速有力。

4）单手背后传球。这是一种隐蔽性较强的传球方法，在近距离传球配合时使用较多。外线队员常结合体侧射门或低手射门等假动作，用单手背后传球将球传给内线队员进攻射门。

5）单手头后传球。这是战术配合中，外线队员向内线传球时采用的一种方法，适用于近距离传球。掌心对准传球方向，屈肘、扣腕、用手指拨球。

6）单手反弹传球。这是使球通过地面反弹到同伴手中的一种传球方法，一般在外线队员传球给内线同伴时采用。由于球是通过地面的反弹进行传递，因此能有效地避开防守的断截，尤其在对付高大防守队员时效果较好。

（2）接球　接球和传球是同等重要的一项基本技术，它和传球是相辅相成的，好的传球和好的接球结合起来，才能取得好的传接球效果。只有接好球才能进行传球、射门和突破等进攻动作。手球运动往往由于传球的力量大、球体小、飞行速度快，接起来比较困难，因此强调用双手接球。只有在来球离身体较远时，才采用单手接球。根据来球的高度不同，可分为接平球（腰腹高度球）、接高球（高于头部的球）、接低球（膝部高的球）、接反弹球和接地滚球等。无论是单手接球还是双手接球，手型必须成半球状，接球时迎球、引臂缓冲。

3. 运球技术　持球队员在原地或移动中用手连续拍按借助地面反弹起来的球叫作运球。运球是手球基本技术之一，其与突破、射门、传球及假动作等有着密切的联系。运球一般在快攻反击时采用。在阵地进攻中，为了缩短与球门的距离时、同伴被对手盯住而无法传球时、持球突破对手时、调整进攻位置和组织战术配合时都需采用运球技术。手球运动在运球前和运球后均可迈（或跑）三步，所以当必须用运球进行直接攻击或连接其他技术动作时，应及时进行，发挥运球前后三步的作用。运球技术包括直线运球和变向运球两种。

（1）直线运球　直线运球是在抢断球或接长传球后，个人快速推进时采用的一种方法。

（2）变向运球　变向运球是当对手堵截运球路线时，改变运球方向借以摆脱对手的一种运球方法。

4. 突破技术　突破技术是持球队员灵活地运用脚步动作或结合运球快速超越对手的一项攻击性很强的技术，是个人进攻的重要手段之一。比赛中，成功地突破防守可在局部地区造成以多攻少的局面，在很多情况下，突破以后可以直接射门。因此，熟练地运用突破技术，增加个人的攻击能力，能打乱对方防守的布局，为同伴创造良好的射门机会。

手球运动允许持球走三步，而且没有中枢脚的限制。如果能够充分利用前三步（指运球前）和后三步（指运球后），并结合灵活多样的步法和各种巧妙的假动作，就能达到突破对手的目的。突破分为徒手突破、持球突破和运球突破三种。

（1）徒手突破　徒手突破是指不持球的进攻队员突破对方防守的方法。徒手突破是为了达到接球或接球后射门的目的。

徒手摆脱时，主要运用各种脚部动作改变速度或方向，并利用转身、假动作摆脱和突破对方的防守。在移动中可以利用速度快慢的改变和跑动方向的突然变化，使防守者应变不及，从而达到摆脱和突破的目的。徒手突破可分变速突破、变向跑突破和转身突破三种。变速、变向是突破外线防守队员的主要方法；转身突破则是内线队员应用最多的突破方法。

（2）持球突破　　由于手球没有中枢脚的限制，因此可以合理和灵活地运用持球走三步的规定。持球突破即持球快速蹬跨三步从防守者身边切过，是个人攻击得分的重要手段之一。为了加快突破的速度，身体前倾角度不要过大，侧压肩动作要小，三步跑动要快，特别应注意保护球。在最后一步着地的同时引球，并迅速射门。持球突破与假动作结合运用，效果更好，以身体的虚晃、脚步和球的变化，诱使防守者产生错觉，可以获得良好的突破机会。持球突破技术包括同侧突破、异侧突破、跳步突破等。

（3）运球突破　　手球比赛中，由于球体小不易控制和防守动作幅度大，因此一般情况下不宜采用运球突破的方法。只有当持球队员所处的位置距离球门较远而需突破后继续运球前进，或有利于应用运球技术超越对手时，采用运球突破。

5. *射门技术*　　射门是手球运动的最重要、最关键的进攻技术，是组成战术的重要环节，是得分的唯一手段。一切进攻技术和战术运用的最终目的，都是为了创造良好的射门机会，射中得分。手球比赛是以进球数的多少决定胜负的，进球的多少直接取决于射门的水平。一个队射门能力的强弱是该队水平高低的重要标志，也是一个队比赛胜负的关键。射门不但是手球运动最重要、最关键的进攻技术，而且是手球比赛最精彩、最富观赏的技术，也是最难掌握的技术。

（1）射门技术分析　　射门技术动作基本上包括助跑、支撑起跳、射门、落地缓冲 4 个环节。这 4 个环节是连续的、一气呵成的。

1）助跑。射门前的助跑是整个射门动作过程中的一个重要环节。快速正确的助跑，不仅可以使身体获得更快的水平速度，提高蹬地的反作用力，提高跳起的高度和远度，达到提高球速和力量的目的，还可以使运动员及时地抢占有利的空间位置，取得进攻的主动权。

根据手球运动的特点，射门前的助跑路线多是直线、斜线、弧线三种。助跑又常常是以一步、两步、三步的助跑节奏。

直线助跑：多用在快攻中射门的助跑、直切和外围支撑、跳起射门中的助跑。助跑的方向和射门的方向是一致的。

斜线助跑：多用在外围交叉配合中的向上跳起和冷射中的斜向助跑。助跑的方向和射门的方向有一定的角度。

弧线助跑：多用在小角度队员向外包打和外围队员包打射门中的助跑。助跑的方向与射门的方向角度较大，而且是弧线。由于是弧线助跑，跑动中要求身体向内倾斜一些，加强两腿向内蹬地的力量。

2）支撑起跳。支撑起跳是同助跑紧密衔接的射门技术的又一重要环节。为了选择良好的射门时机，争取射门的空间，避开防守和尽量缩短射门距离，可以在快速助跑的基础上及时地支撑起跳射门。支撑是支撑射门动作技术的关键，如原地、跑动、垫步、交叉步、鱼跃倒地射门中，都需要明显的支撑过程，使蹬地的反作用力产生更大的扭力，增大射门的力量和提高球速。

起跳分为单脚起跳和双脚起跳，一般采用单脚起跳。根据起跳的方向不同，又可分为向上起跳、向侧起跳和向前起跳。支撑起跳的技巧为支撑脚要积极着地，脚尖稍向内扣，膝关节微屈，起到强有力的支撑作用；起跳时根据自己的意图调节身体重心位置；助跑、支撑和起跳动作要连贯协调。

3）射门。射门是整个动作最关键的一环。射门动作由引球、发力和出手组成，它和助跑、支撑起跳紧密相连，往往是在支撑起跳的同时就开始引球。

引球：引球的目的一是为了选择出球点；二是积极地向后拉长胸部和臂部用力的肌肉和韧带，保证射门时更快地挥臂用力，发挥最大的力量。射门时的引球动作主要有直线引球和弧线引球两种。直线引球是从体前或体侧的持球部位，直接向后引球的方法。它的特点是动作幅度小、突然、快速，多用于支撑射门中引球和突破防线后向前跳进射门中的引球。弧线引球是从体前或体侧的持球部位，经下向后、向上绕环划弧的引球方法。它的特点是动作幅度大，能充分拉长用力部位的肌肉，协调配合全身动作，合理提高角速度，发挥出全身力量。弧线引球多用于外围队员的向上跳起射门。

发力和出手：助跑、支撑、起跳和引球动作为射门的发力和出手动作做好了准备。发力是自下而上的依次发力过程，速度逐渐加快，形成蹬、转、挥甩的鞭打动作，通过手指的屈腕用力将球射出。整个发力和出手动作必须全身协调用力，才能最有效地发挥全身力量。

4）落地缓冲。射门出手后，由于快速的助跑和射门时的用力，身体有很大的前冲惯性，必须通过正常的缓冲动作制动身体，以避免伤害事故的发生。由于射门的方式不同，缓冲动作也不同。

支撑射门的上步缓冲动作：射门后，身体重心继续向前移，蹬地脚向前跨出一步，落地时屈膝收髋以缓冲。跑动射门、垫步射门和交叉步射门都采用此种缓冲动作。

跳起射门的缓冲动作：跳起射门后身体下落时，一般都是用起跳脚先着地，随即摆动腿的脚向前一步着地，屈膝缓冲，保持平衡。

倒地射门的缓冲动作：倒地射门是难度比较大的射门技术。由于倒地射门时前冲力比较大，又失去了身体的正常平衡，因此倒地射门的缓冲动作也比较复杂。根据不同的倒地方式，缓冲动作有三种基本形式。一是俯撑式缓冲动作，倒地射门后，利用先手掌着地，随后屈臂成俯撑的方式来缓冲身体的重力。二是滚动式的缓冲动作，倒地射门后，借助转体挥臂射门动作的惯性，利用身体的滚动动作来完成缓冲。滚动缓冲的方式又有两种，第一种是团身侧滚，即射门后，利用先投掷臂前臂外侧，经上臂外侧、肩、背的着地顺序团身侧滚，起到缓冲的作用；第二种是直体横滚，即射门后，两臂屈肘抱于胸前，全身紧张地横滚缓冲。直体横滚缓冲动作，多用于侧倒和鱼跃倒地射门。三是滑动式缓冲动作，当倒地射门前冲力很大时，可先用两手着地，随后屈臂、抬头、挺胸、两脚上抬，身体呈背弓形，使胸腹紧贴地面向前滑动。

（2）射门方法　常用的射门方法有原地射门、跑动射门、跳起射门、倒地射门和小角度射门等。

1）原地射门。原地射门多在阵地进攻中的防线前和防线内及罚 7 米球时采用。

原地单手肩上射门：其是手球运动最基本的射门方法。方法同原地肩上传球，只是为了加大出球的力量，射门时随着右脚的蹬伸，转髋带动上体急剧左转，持球手用力向前挥甩，以鞭打动作将球射向球门。

原地单手体侧射门：在防守者举臂重点封拦高手射门时，为变化出球部位所采用的一种射门方法，其动作特点是挥臂幅度小、动作变换快。

低手射门：其是在防守者严密封锁高空和两侧时，将球低于膝部高度射门的一种方法。特点是动作突然、快速，出手部位低，防守者不易判断，难以及时阻截。

2）跑动射门。跑动射门是在快速跑动中完成射门动作的一种方法。它可以在球场的任何位置和任意角度进行，常用于快攻。跑动中，左脚上步接球，右脚落地时双手持球于身体右侧，随着左、右脚的两步跑动，右手自下而后向右上方划弧，将球引至右肩上，呈准备出球状态。右脚支撑地面时，上体随球向右转动，利用身体的快速左转和腰腹力量带动右臂向前挥动，左脚积极前摆，最后甩腕将球射出。球出手后，左脚落地支撑，维持身体平衡，并继续向前跑。整个动作要在左脚落地之前完成。要求跑动、引球、射门动作之间衔接紧凑、自然、协调。由于跑动接球时迈出的腿和离球门区线的距离不同，跑动射门可分一步射门、两步射门和三步射门三种。

3）跳起射门。跳起射门是一种跳起在空中时将球射向球门的方法，多用于防线前或切入防线后射门。这种射门的优点是跃入球门上空，可以缩短与球门的距离；同时，射出的球速度快、力量大、效果好。防线外向上跳起射门能增加出手高度，从防守者头上将球射向球门。

跳起射门分为向前跳起肩上射门、向上跳起高手射门和同侧脚跳起射门等。

向前跳起肩上射门：进攻队员持球突破后，一般采用向前跳起的射门方法。其优点是缩短与球门间的距离；跳入球门区上空，避开防守队员，使其不能阻挠射门动作；小角度跳向球门区上空，能争取较大的射门角度。根据实际情况，向前跳起射门可分为一步、两步、三步三种。

向上跳起高手射门：外围队员在防线前进行中远距离射门，以及任意球进攻配合中，经常采用向上跳起射门。它能争取到最高的出球点，可有效避开防守者的封堵。其优点在于，采用这种方法射门时的出手时间，运动员可在跳起时采用高跳快带高手射门，也可采用身体在空中稍有停留，利用时间差寻找空隙将球射出。这种射门方法也可分为一步、两步、三步三种。

同侧脚跳起射门：这是一种起跳脚与持球手臂在同侧的起跳射门方法，多用于切入防线内射门。其优点在于能利用身体保护球，避开防守队员的封拦，使投掷臂能充分地展开。

4）倒地射门。倒地射门技术是手球运动的高难度技术，由于它能有效地摆脱防守接近球门，因此也是得分的重要手段。在外线队员切入防线，或内线队员在球门区前遇到严密防守的情况下，往往采用跃入或倒入球门区射门。球员在小角度跃入球门区射门时，为了扩大射门的角度，常采用跳起侧倒射门。在防线前，为了避开对方的封球，也可采用各种侧倒射门的方法。倒地射门可分为原地倒地射门和鱼跃倒地射门两种。

原地倒地射门：两脚前后或平行开立与肩同宽，面对射门方向，在屈膝身体重心下降的同时，左脚蹬地，身体重心前移，使身体向球门方向前倒，同时抬头挺胸。右腿抬起，身体迅速展开向右移动，右手将球直接引至右肩的后上方，当身体倒至与地面约成45°时，上体向左转动快速挥臂射门。球出手后，按照左手、右手顺序缓冲着地。

鱼跃倒地射门：左脚用力蹬地，上体前倾，向前（或侧）跃起，上体侧倒，左肩朝下，几乎与地面平行，挺胸展腹，身体在空中呈背弓形。跳起后，右手将球引至右肩后上方（或头后），当跃至最远点时，上体急剧左转，以收腹、挥臂、甩抖手腕的力量将球射出。同时左手、左脚、右手、右脚依次落地。若前冲力量过大，可以顺势向内侧滚动，缓冲落地。

5）小角度射门。在小于30°的区域边锋射门称为小角度射门。小角度射门并没有固定的方法，但作为位置技术来讲，有它自己的特殊要求，如助跑步幅小而速度快，跳得远；在跃起的情况下，射门有力；出球点多而善于变化等。实践证明，正确熟练地运用小角度射门，对守门员威胁很大，成功率较高。

小角度射门一般都是在较小的角度起跳而力求获得较大的射门角度。跳或跃入球门区时，用改变蹬地方向、改变出球部位的方法，可能达到争取较大的射门角度的目的。右手在右侧区，左手在左侧区，多采用向前跳起鱼跃倒地射门。右手在左侧区，左手在右侧区多采用跳起体侧射门。

6）快板球。快板球是进攻队员在球门区外原地或助跑跃入球门区上空接同伴吊入的球射门，然后倒地缓冲。具有突然性和隐蔽性，令防守和守门员防不胜防，有很强的攻击性。

（二）防守技术

比赛中，合理地运用脚步移动、手臂动作和身体堵截，积极地抢占有利位置，阻挠和破坏对手的进攻，并以争夺控球权为目的的行为称为防守。防守技术是全队防守战术的基础，要想提高全队防守水平必须要提高队员的个人防守能力，即稳固、准确与熟练地掌握个人防守的基本技术。防守技术包括防守站位、移动、防守对手、封球、打球、抢球、断球等。

1. 防守站位技术

（1）防守位置　防守人应处在持球进攻者与球门之间稍偏投掷手的一侧，即靠近持球者的射门或传球路线上。

（2）防守距离　防守距离的确定要根据对手是否持球、进攻意图、技术特点和距离球门的远近来确定，一般保持在一臂之间的距离。距球和球门远，防守距离则远些；距球和球门近，则防守的距离就近，以能控制对手为原则。

2. 移动技术　防守步法是防守队员所采用的脚步移动的方法。它是提高个人防守质量的保障，是防守技术的基础，也是攻势防守战术的基础。经常运用的防守移动步法包括攻击步、滑步、后撤步、交叉步等。

（1）攻击步　攻击步是突然、快速地接近进攻队员时所采用的步法。其目的是为了破坏、干扰持球队员的进攻，及时果断地接近对手或打掉、抢下对方手中的球，给反击快攻创造有利的机会。

（2）滑步　进行封球、打球或用身体堵截对方进攻路线时，经常运用滑步技术。滑步有左右滑步和前后滑步两种。

（3）后撤步　这是变前脚为后脚的一种向后移动的步法。防守队员为了保持有利的防守位置，特别是防持球突破时，常用后撤步或与其他步法相结合运用。

（4）交叉步　以侧身跑与交叉步跑相结合，用于防守不持球队员向内线空切。

3. 防守对手技术　防守对手是防守队员运用脚步移动积极地抢占有利位置，阻挠和破坏对手的进攻动作。手球规则规定，用身体阻拦对方持球或不持球队员的行动路线是合法动作。但用手臂或两腿阻挡对方移动则是不合法动作，应判罚任意球。防守对手，分为防守无球队员和防守持球队员两种。

（1）防守无球队员　防守无球队员在比赛过程中占有相当大的比重，一般占全场防守的80%左右。因此，其是防守技术中的一个重要组成部分，具有相当重要的意义。

防守不持球队员的基本站立姿势要始终保持在有弹性的起动状态，以便迅速地左右滑动，调整防守位置，两脚与球门线的距离约20厘米，这样不易使进攻队员从防守者的身后穿过。在进行特殊防守时（如混合防守、边线防守），为了不让对手向球移动，两脚应前后站立，身体面向对手，用眼的余光注视球，把重点放在自己所防守的对手身上。

（2）防守持球队员　进攻队员有球时，对防守者是一种直接的威胁。因此，必须尽可能地去阻拦和破坏其各种技术的运用。

防守善于在外线进行远距离射门的队员时，在对方接球的瞬间，要尽量地接近对手，选位偏向投掷手的一侧，破坏其接球后的身体平衡，使其不能起步与抬手射门。

防守善于突破的外线持球队员时，选位可稍远些，两膝屈曲，上体正直，两脚成斜步防守，两臂向体侧张开以扩大防守面积。

对能突然射门的进攻队员应当采用特殊的防守方法。先发制人，尽可能地贴近他，使他接不到球。如果对手一旦接到球，就应积极移动，紧逼死盯，进行封堵，迫使他将球传给其他进攻队员。

在内线队员接球后，防守者应主动抢占有利位置并贴近他，不让他轻易地出手或射门。

4. 封球、打球、抢球、断球技术　封球、打球、抢球、断球是防守中具有攻击性的技术。大胆、果断、准确地运用封球、打球、抢球、断球，能直接地破坏对方的进攻，为反击创造有利的条件。准确的判断、迅速突然的移动、合理的手部动作是完成封球、打球、抢球、断球的基础。

（1）封球　封球是用手臂阻截和改变射门球的路线与方向的方法，是一项重要的防守技术。正确及时的封球，能破坏对方射门的角度，减少威胁并为反击快攻创造机会。根据对手射门的位置、距离，出手时高度分为正面封球和侧面封球两种，都可在原地、跑动中和跳起时进行。

（2）打球　打球是用张开的手从任何方向拨打掉对方手中球的方法。在对方接球、运球、射门时，趁其不备将球打掉。

（3）抢球　抢球是将对方所持的球抢为己有，是争夺控球权的手段。抢球的成功意味着进攻的开始。

（4）断球　断球是截获对方传球的方法，是一项积极主动的防守技术。在对方传球时，突然断球发动反击快攻，就能造成以多打少的进攻机会。

第三节　门球运动的多元发展研究

对于门球运动发展研究，本节主要从门球运动简介、我国门球运动的发展、门球运动开展过程中存在的主要问题、门球运动的发展对策分析四大方面展开分析，具体如下。

一、门球运动简介

门球运动于 1947 年由日本人铃木荣治（北海道）根据法国传统槌球运动发明的，他发明此项运动的目的是为了给第二次世界大战后没有玩具的贫困孩子一个简单的游戏，但由于种种原因，最后并没有被当时的儿童接受。到了 1978 年，门球运动在全日本各个地区的中老年人群中逐渐风靡。1983 年，门球运动被介绍到我国，受到我国中老年人尤其是离休老干部的欢迎。目前，门球运动在全世界 30 多个国家得到广泛开展，在全世界拥有爱好者一千多万人。

门球运动是用槌击打小球过小门的一种运动，运动负荷不大、安全性高，通过走步和屈体击球等动作，使臂、腿、腰得到锻炼。门球比赛两队队员轮流攻门得分，每队各 5 人，分红白方，红方先攻，白方后攻，比赛中讲究技战术的配合，要求队员除了要有一定的技术功底外，还要讲究战术，根据场上局势的变化不断调整战术，双方你来我往，追、守、躲、撞，趣味无穷。门球运动具有安全、战术多变、趣味性浓等特点，颇受中老年人的青睐。实践证明，门球活动可以健身健脑，促进全身血液循环和新陈代谢，促进消化吸收，祛病延年，在运用技战术时，可以增强和保持脑细胞的活力，调节情绪，磨炼性格，是促进老年人身心健康的体育活动。

门球既有地上台球运动之妙，又有高尔夫之趣，还有地上棋类运动之精，其基本运动特点是："运动而有闲，用力而有节，快乐而不激，用心而不苦。"门球因这种动静相间、强身怡神的特点，而成为最适合老年人的健身运动之一。

二、我国门球运动的发展

（一）我国门球运动发展历程

门球运动于 20 世纪 80 年代初从日本进入了"马球""步打球""捶丸"的故乡——中国，这位迟到的"绅士"一经出现便立刻引起了人们的关注。1983 年，由日中友好团体派遣的日本门球队来我国访问，在北京体育学院和上海体育学院进行了示范教学和讲习。1985 年 4 月，国家体委委托上海市体委举办了第一届全国门球培训班，在全国推广门球。参加培训的有来自全国 25 个省市和火车头体育协会的学员共计 108 人，系统地学习了门球理论、技术、战术，并组织了教学比赛。1987 年，国家体委、中国老年人体育协会制定并颁布了我国第一部《门球竞赛规则》，一些体育刊物发表文章介绍门球运动，北京体育学院等院校还把门球列为选修课。

1986年，我国派河北廊坊门球队参加了第一届世界门球锦标赛，以组队不足半年的新师，与国外一些老牌门球队较量，打入半决赛。同年10月，我国在石家庄市举行首届中日对抗赛。日本门球协会派群马、兵库、关东、熊本和九州5支门球队参加，我国有17个省市派45支运动队参赛。经过128场比赛，中国参赛队淘汰了包括首届世界锦标赛冠军群马队在内的5支客队。从此以后，国内外的门球比赛与日俱增，1987年在我国门球协会注册的会员已达50万人。

进入20世纪90年代，门球运动有了长足发展。大江南北、长城内外，到处可看到肩扛“T”形球棒的老人。据保守估计，我国门球爱好者已逾百万。门球作为一种体育文化已渗透到生活的许多领域。深受人们喜爱的大型情景系列电视喜剧《我爱我家》中，那位离休的傅明老人和邻居胡学范工程师就都是门球爱好者。1996年举行的全国第三届工人运动会上，门球被列为比赛项目，这说明它已是可以登堂入室的“大人物”了。随着时代的发展，门球在我国必将会被更多人所接受、喜爱。

（二）门球运动在我国的发展前景

截止到现在，门球运动传入我国已经有很多年，曾经门球运动属于同时具备娱乐功能、休闲功能、竞技功能及健身功能的时尚体育活动，深受老年群体的欢迎，众多老年人可以在参与门球运动的过程中获得健康和幸福。发展到当前，在我国体育部门领导及数不胜数的门球运动爱好者的努力下，在不同类型赛事的激励下，门球运动已经从最开始属于老年人群体特有的娱乐健身项目，发展成现阶段各个年龄阶段大范围参与的体育休闲运动项目，门球运动在我国取得了很大进步。

要想大范围推广社会体育项目并保证其可持续发展，举行不同赛事对其展开多方刺激和持续推动是必不可少的。当前我国有全国门球农村大联动、门球中冠赛、门球公开赛、门球网友赛等赛事活动，这些赛事活动都能大力推动我国门球运动的推广和发展。

门球运动主要有竞技性、时尚性、休闲性等多项特征，但仅时尚性和休闲性属于门球的运动真谛。当前体育休闲和时尚健身受到越来越多人的追捧，倘若忽视门球运动的休闲性和时尚性必然会对门球运动发展产生一定的负面作用，同时门球运动的时尚性和休闲性特征也能吸引各个年龄阶段的爱好者参与到该项运动中。纵观门球运动在我国的发展历程，其已经从最开始的体育休闲健身阶段发展到了体育竞技阶段，我国门球运动经历了较大的蜕变。伴随着门球运动娱乐性和休闲性的回归，门球运动必将发展得更好。

三、门球运动开展过程中存在的主要问题

（一）门球运动老龄化严重，门球人口仍然有待增加

门球运动应当朝着纵深方向不断发展。在维持老年门球热点的基础上，进一步向中年群体和青少年群体延伸，积极吸收“新鲜血液”。在很多城区，老年人是参与门球运动的基础性队伍，这一现象表明绝大多数门球运动参与者的年龄结构已经趋向老龄化，然而参与该项运动的中年群体和青少年群体却十分有限，所以我国门球运动亟须吸收“新鲜血液”，进而使我国门球运动队伍更加充盈。如今我国门球运动呈现出了较好的发展局面，特别是近些年在各级门球协会的指引下，门球运动取得了较好的开展成效，逐步朝着年轻化趋势发展，表现出了蓬勃的生命力。虽然门球运动相关领导正在致力于突破老龄化难题，但这是一个长期发展过程，甚至是极为曲折的过程。因此，需要我们坚持不懈地努力，需要持续深入社会群众、政府领导及企事业单位，需要大力培养骨干力量，利用示范与比赛等不同类型的活动来促使各个年龄段的群体参与到门球运动中，有效增加门球运动的参与者数量。有效防止人员结构断层，是发展门球运动最为科学的路线。

（二）品牌效应较差，宣传不力

在我国老年人门球比赛中，除参加比赛的运动员充当观众外，关注该比赛的人数极少，这反映出我国门球比赛没有对广大群众形成强有力的吸引力，没有充分展示出门球比赛的竞技吸引力。自新中国成立到当前，我国门球队伍中能够发挥榜样作用的品牌门球队和影响力较大的门球运动员极少，品牌效应极差，这同样是门球比赛无法获得社会大众认可与关注的重要原因之一。不可预知性是门球比赛的一项显著特征，迈进门球比赛场，仅 10 个小球就可以使参与者达到身体愉悦的状态，其精彩程度可见一斑。

由此可知，我国门球比赛的品牌效应还存在着很大的可开拓空间。在宣传门球运动方面，各地区门球协会与队伍持有不同看法，部分门球参与者的意识相对薄弱，将门球比赛视为仅供老年人休闲娱乐的小型游戏。但是，绝大部分老年人指出要想推动门球运动的发展，一定要将宣传工作做到位，进而保证门球运动的可持续发展。而当前，我国各地区普遍存在门球运动宣传力度小、宣传方式单一、媒体利用率低的问题，同时没有主动运用互联网、移动终端广告等现代科技手段

来进行宣传，所以导致门球运动难以获得相关部门的关注，最终制约了门球运动的发展。

（三）门球运动经费筹措困难

门球运动属于一项深受一些群众喜爱的运动项目，其不仅能强身健体，同时还是一项多功能的、朝气蓬勃的事业。但需要说明的是，该项目起步时间相对较晚，基础还不扎实；尽管我国很多地区已经成立了各级门球协会，但其组织制度还有待进一步健全，绝大多数还没有达到社会化、实体化及产业化；场地设施亟须增加和完善，经费比较短缺，要想大范围开展推广门球运动的难度较大。在门球运动开展过程中，主办方自筹是经费的主要来源，地方财政审批的难度相对较大。尽管现阶段我国门球运动整体发展趋势较好，拥有很多种有利环境，但若不能妥善解决门球运动经费问题，则开展过程中依然会面临很多问题。

由此可知，确定正确的方向不仅能使体育竞技得到快速发展，还能加快实现我国门球事业的市场化与产业化，同时有效解决门球运动经费筹备难的问题。第一，应把社会化视为重要方向，汲取社会各界力量，坚持健全组织管理机制，使门球协会的工作效率得到大幅度提升。要促使门球协会从国家办与福利办变为社会办与服务经营型，即要大力引进社会各界力量来有效发展门球事业。近几年来，我国举办大型门球赛事的次数不断增加，一些地区的门球赛被列入地区的比赛项目中，这些成绩均有赖于高度关注门球事业的各级领导、各企事业单位及社会各界的支持。与此同时，我国各地区在发展门球事业的过程中可积极借鉴地区经费筹措途径，即“三个一点”的方法。第二，门球产业化应当成为我国各地区门球事业的发展目标，对相关管理体制展开深入有效的改革，积极做好办公司、搞实体、从事体育用品等产销活动，努力把门球竞赛活动推向市场，努力扩大健身娱乐市场，积极培育门球技术开发与训练的服务市场，促使门球运动完成经济独立，使门球运动经费短缺问题得到有效解决。

（四）门球理论与知识培养滞后

尽管我国老年人门球运动的整体竞技水平在逐步提升，但各辖区门球队的运动员组织的裁判员培训和教练员培训还处在比较落后的状态，仅有极少数运动员参加过正规的、统一组织的专业培训，经费、场地、教师、时间等均是导致该问题的主要因素。但是，当前门球协会的领导及众多门球运动爱好者的技战术科研水平依旧停滞在表面，无法对门球运动技战术展开深层次分析，最终难以保障日常训练过程中训练手段的科学性。尽管我国现行的《门球竞赛规则与裁判法》经历了几次大幅度修改，但依旧需要进一步完善。尽管该规则已经获得全方位应用，但据此展开的培训与讲授还远远不够，因此使得这些矛盾进一步深化，最终出现了我国各地区门球事业发展过程中往往因规则与技战术掀起争论的情况。

（五）政府领导对门球项目的重视程度不够

在现阶段，门球运动属于社会体育范畴，与其相关的政府部门领导没有给予高度关注，这严重打击了人们参与门球运动的主动性，直接限制了门球运动的发展。

门球运动在我国的发展过程中，出现了各区域发展不平衡的问题。在工作态度和工作情感两方面，负责各门球协会的领导存在着很大的差异性。有些领导热爱门球运动且拥有很强的能力，能够充分激励全体工作人员高效开展各项活动，最终取得较大成效；但有些领导属于兼职或退休干部，难以有效解决各种工作问题，虽然很想做好各项工作，但长期工作的热情不足。分析可知，我国各地区各级门球协会在力量方面还需进一步加强，所以工作中不仅要动员各界力量，还需深入基层单位。

四、门球运动的发展对策分析

（一）建立有序的竞赛机制，鼓励更多的人参与门球运动

自 2002 年开始，全国门球争霸赛拉开了帷幕，在首届比赛中湖北省门球队赢得赛事的冠军。近些年来武汉市为进一步巩固门球运动发展水平，先后建立了几个固定的门球赛事，进而有效提升了武汉市老年人门球运动的总体水平，并在 2012 年再次赢得冠军，这对武汉市门球运动发展和定位产生了巨大影响。与此同时，因为武汉市的门球比赛竞赛机制相对有序，选拔条件富有科学性，为武汉市很多高水平门球队伍与运动员提供了很好的锻炼机会，进而使得这些队伍和运动员拥有了参与全国乃至世界性大型门球竞赛的机会。对于武汉市门球运动发展过程中的可取之处，我国各省市可以主动学习与借鉴。

我们要将发展门球运动竞技水平摆在重要位置，同步发展康乐门球和竞技门球，有效增加门球运动的参与人数，勇敢战胜各项困难，积极组织小型多样的门球基层赛事，有效提升门球赛事的品牌效应，通过康乐门球推动竞技门球整体水

平，通过竞技门球带动康乐门球的发展，相互影响、相互促进，从而从根本上提升我国各地区老年人门球运动的总体水平（赵红，2013）。

（二）以强带弱，以老带新，兼顾各区门球运动均衡发展

2011年2月24日，在中国门球发展论坛暨2011年全国门球协会秘书长工作会议上，时任国家体育总局社会体育指导中心主任胡建国在会上做了《门球要为全民健身运动深入开展做出贡献》的专题演讲，他表示，“2010年是对中国门球具有阶段性意义的一年，2011年作为国家‘十二五’规划的开局之年，我们要跳出门球看门球，立足全局抓门球，在‘十二五’规划期间体现出门球独特的价值。”我国各地区老年人门球运动的发展和国家体育总局的领导与扶持有着密不可分的联系。在我国门球运动发展态势良好的情况下，应当主动增加参与门球运动的人数，使门球运动发展水平得到进一步增强，顺利构建出规章制度及特殊管理模式，认真听取社会各界的意见与建议，充分挖掘社会不同人群对我国各地区门球运动的看法，将门球事业的特色、质量、效益摆在重要位置。针对发展基础相对薄弱的辖区，应当主动进行学习与调研，清晰全面地认识自身的不足，有效改善门球运动的社会环境和自然环境，用最短时间培育更多的骨干力量，把理论创新当成先导，积极参与各项实践活动，最终有效提升我国老年人门球运动的总体水平，促使该项运动实现可持续发展。

（三）扩展门球运动人口，优化门球运动梯队建设

要想实现我国门球运动的有序发展，制订科学的工作指导方针是必不可少的，同时还应把握正确的工作方向，真正落实好以下四项工作：一要继续维持老年人门球运动的发展趋势；二要积极举办中年门球推广活动和青少年门球推广活动；三要对农村门球基础设施建设和活动开展予以应有的支持；四要从根本上解决职工、知识分子及学校门球发展过程中出现的各类问题。通过对这四项工作的落实，使参与门球运动人口的基数得到巩固，在保证老年人参与门球运动比例的情况下，有效发展青年力量与少年力量，对其进行统一组织、统一培养，由此逐步形成不断推进的高水平梯队。要不断扩大相应范围，进而使不同行业的老年退休职工加入进来，也使周边城区职工加入进来，最终使门球人口获得大幅度增加。要进一步完善裁判员培训机制及教练员培训机制，每年最少组织12次教练员培训班与裁判员培训班。对于门球运动来说，教练员和裁判员是重要组成部分，随着我国门球运动的不断发展，我国已经先后数次修订裁判法，还定期组织裁判员和教练员参与相关培训，进而使我国老年人门球运

动及时适应崭新的规则与条件。在各级单位，可深入激发裁判员力量与教练员骨干力量，主动向门球爱好者传输刚刚更新的知识，努力培养出优秀的裁判员队伍和教练员队伍，推动我国门球运动迸发出巨大生命力，不断壮大我国老年人门球队伍。

（四）顺应市场经济改革大潮，促进门球产业化发展

增加途径，引进资金，从根本上解决经费不足的问题，使门球运动朝着产业化方向发展。在对不同区域门球协会进行组织与建设的过程中，政府拨款与成员会费是主要的经济来源，这增加了工作开展的难度，走自负盈亏路线难度大。各区域门球协会必须清晰认识到在市场经济条件下，要想实现门球运动健康稳步发展，一定要大力创新各项观念，不断深化各项改革，勇于战胜各项困难，利用多种途径获取社会各界支持。此外，要努力拓展宣传范围，推动个人和企业将更多注意力转移到老年人健康投资方面，自发筹集资金，逐步朝着门球运动市场化、科学化、产业化的时代迈进。

（五）完善机制，改革创新，提高门球协会服务水准

第一，我国各级门球协会要不断完善相关规章制度，真正建立一整套切实可行的规章制度，规章制度中应当涵盖球场文明公约、工具管理制度、财务管理制度、会员制度、场地管理制度、场地管护制度、培训制度、比赛组队制度等。在实际工作的各个环节，都应将各项规章制度作为办事的重要依据。

第二，组建一套能对门球运动发展发挥重要作用的领导班子，在门球协会中建立自下而上的梯队式的领导机构，不断扩大理事人员阵容，积极践行团结协作的工作作风，在门球爱好者中间发挥榜样作用。

第三，积极举办不同类型的赛事，组织交流学习。在全国范围内定期组织大型门球赛事，努力增加老年人门球爱好者之间的交流机会。

（六）加大对门球运动的宣传力度，积极组织开展各类门球活动

不断加大门球运动宣传力度，运用多种媒体手段，从根本上扩大门球运动的宣传范围，构建健全可行的宣传平台，使更多人了解到我国门球运动的崭新面貌。要努力强化门球运动的理论创新和实践创新，对于门球运动发展来说，理论创新能够发挥先导作用，各区域门球协会应当建立独立的门球运动科研小组，同时充

分联系门球运动的各项特征，深入挖掘门球运动理论价值，全面探究门球运动发展规律，最终达到科学指导门球训练和门球比赛的目的。对于门球运动发展而言，应当使用崭新理念来指导实践，将思想建设摆在重要位置，始终肯定人在门球运动中的主导地位，同步发展康乐门球与竞技门球，严抓比赛风纪，培养优良的作风。积极倡导做文明人、打文明球、参文明赛。

五、门球运动基本技术指导

（一）持棒

持棒就是球员掌握球棒的动作。它是击球的前提，是门球各项技术的出发点。持棒的基本要求是凝神静气、集中精力、全身放松、避免紧张。持棒的姿势主要有横蹲式、半弓步和半马步三种。

1. **横蹲式持棒**　准备持棒前，两脚平行分开，与肩等宽。两肩放松，两臂自然垂于体前；两腿屈曲，上体前倾，整个身体姿势呈蹲式。右手全握槌柄，以左手食指和中指尖顶住槌柄，并紧贴右手，手心相对，两手背紧靠在右膝关节处，槌头与脚尖呈直角，持球棒固定。

2. **半弓步持棒**　准备持棒前，两脚相错，一前一后，相距20～30厘米。前脚尖要与球平行，间隔一球距离；后脚尖放在前脚的中心位置。两肩放松，两臂自然垂于体前；两腿屈曲，上体前倾，整个身体姿势呈半弓步状态。左手紧贴右手全握槌柄，手心相对，两手背紧靠在膝关节处，槌头与脚平行将槌柄固定。

3. **半马步持棒**　准备持棒前，两脚平行，与肩同宽。两肩放松，两臂自然垂于体前；双腿屈曲，上体前倾，整个身体姿势呈半马步状态。右手全握槌柄，左手以食指和中指尖顶住槌柄，并紧贴右手，手心相对，两手背紧靠在膝关节处，槌头与脚平行，持球棒固定。

（二）击球

击球就是球员正确使用球棒，利用槌头端面直接击打自球，使球沿一定方向滚动的技术。如前所述，我们把击球分为非撞击球、撞击球和闪击球三种形式。由于撞击和闪击是门球的持棒技术形式，我们在后面将专题介绍，这里我们先介绍非撞击球（或称一般击球）的技术。

1. **击球的基本姿势**

（1）侧面击球　自然站立，上体稍向前倾，两大臂自然下垂，两手握槌柄。

脚不能跨越击球方向线，靠近球。以向左侧击球为例，右手在下，握住槌柄，以食指比住，在增加槌头稳定性的同时增加撞击的推动力。左手在上，用食指和中指夹住槌柄，瞄准后即可击球。

（2）正面击球　两腿开立，双手握槌柄，两大臂自然下垂，球在正前方，球与脚尖的平行距离为一个槌头左右。上体自然前倾，一只手在上握住槌柄的顶端，手心朝怀里，另一只手在下，握在槌柄的中部，与膝盖同高，食指比住槌柄。保持槌的稳定性；保证用力适度、平稳。

（3）体侧正面击球　身体正面朝向击球方向，双手握槌柄，在身体的某一外侧，将球击出。多数都是槌在身体的右外侧，双腿前后叉开，右腿（或左腿）在前作为着力点，左腿（或右腿）在斜后方作为支撑点。双手上下分开，左手（或右手）在上，右手（或左手）在下，握住槌柄，保证槌的稳定性。

2. *击球方法*　主要是通过击球方向与瞄准线的调整，来改变击球方法。具体的击球方法大致包括五种：平行型、上挑型、下切型、左斜型和右斜型。以平行型为例，击球方向与瞄准线平行，击球点偏左时，击出方向向右偏转，并产生向左旋转，击球点偏右时，击出方向向左偏移，并产生向右旋转；击球点在正后方或偏上时，击球方向与瞄准线一致，在偏上时产生向前旋转。

（三）撞击

1. *正面撞击*　准备撞击时，双脚站好位置，双手握住球棒的柄，双眼瞄准，使要击中的目标、自球、槌头、槌尾构成一条直线。把注意力集中到自球的被击点上。击球时，要使双臂肌肉放松，身体各部位和谐配合，保持槌头和槌尾的平稳状态，然后适度用力，使槌头端面不偏不倚地击中经过正确瞄准的自球的被击点上。但是，需要注意的是，不要推球、连击或用槌头端面以外的部分击球，以免造成犯规。

2. *擦边撞击*　由于角度的大小不同，在进行擦边撞击练习时，要注意掌握擦球边部位的大小。欲形成 130°时，要擦半个球的 2/3 部位；如拟形成 170°时，则要擦半个球的外小边（约 1/5 处）；如需形成 150°时，要擦半个球的 1/3 部位。需要注意的是，擦边撞击的有效距离是自球与被擦撞球相距 1 米以内，以 0.5 米为最佳距离，最远距离不可超过 2 米。

3. *擦顶撞击*　准备擦顶撞击时，面向正前方，两腿分开站立，比肩略宽，两脚把球骑在中间，球的位置与脚后跟部平行，身体向前倾。双手握槌柄的中间以下部位、距槌头较近处，槌头端面向下对准拟击之球，槌柄上端前倾（槌尾向上斜），使自球的上端（球上半部的 1/2 处）与槌头端面的重心成一条垂直线。将球槌向后斜上方提起，目视自球应击打的部位，同时用余光看被擦顶的他球，身体重心稍向前移，快速用力击打自球重心水平面与球重心垂直线的中间部位，使球跳起，擦过他球的顶部，再滚向前方的目标。至此，就完成了擦顶撞击的技术动作。

（四）闪击

撞击后，待自球、他球停稳后，球员去捡拾他球。将他球拾起后回到自球停止的位置。根据闪击方向，将他球置于自球前面。用脚踩住两球，使之固定，不发生位移。击球时，如闪击的他球是对方队的球，则必须伸直一条手臂指示击球方向。以适合自己的击球动作，用球槌端面叩击自球，通过自球的动量将他球震出。注意动作一定要规范，避免出现犯规的现象。

（五）过门

做好击球的动作，在两个球门之间选择好目标，确定瞄准线与击球点，把球击向球门。瞄准角的大小与距离成反比，与过门难度成正比。除此之外，还要根据实际情况，灵活调整过门角，因为过门角的大小对进球的难易程度有非常大的影响。过门角越大，则进球的难度越小。

（六）撞击终点柱

撞击终点柱的技术动作类似于过门，但也与过门有一些的差别，具体表现为：闪击他球撞柱，在得到主裁判宣布他球满分后，自球才可撞柱；不管是自球还是闪击他球，必须过了第三门才有效。需要注意的是，撞柱时一定要观察周围局势，对己有利时才撞，对己不利就暂缓撞击，以达到既延迟了对方的得分节奏，又为己方其他球的撞柱扫清了道路的效果。

（七）送位

撞击送位是通过撞击后，当他球已达到预定区域或位置时主动放弃闪击权实现的；而闪击送位（简称“闪送”）则要通过闪击技术来完成。在送位过程中需要注意的是：审时度势，准确判断出送位的区域；用力要适中，力图根据赛场上的风力、土质及球面光洁度等情况合理运用腕力；充分利用闪击后的续击权利造出潜力大的有利位置。除此之外，还要尽量避免犯规。

第四节　沙壶球运动的多元发展研究

一、沙壶球运动简介

随着全民健身运动的发展，多种健身、娱乐、时尚、竞技运动在我国发展起来，沙壶球就是众多新星中的一颗。近年来沙壶球传入我国并得到了迅速的发展，现在媒体电视等曝光率最高的休闲运动要属沙壶球。在节假日，在许多沙壶球馆门前，人们都排起了长龙等待游戏。中国体育总局也很看好这一全民健身项目，并把它列为国家正式比赛项目，各项赛事也随即出台，相信不久的将来沙壶球会成为我国一项有广泛群众基础的休闲体育项目。

二、沙壶球运动起源与发展

（一）沙壶球运动的起源

15 世纪初期，沙壶球在英国起源。当时，在桌上做推硬币游戏深受人们喜爱，所用银币体积较大，后来银币逐渐被专用沙壶球替代。不久之后，该运动被推广到美国，美国富裕家庭出现了由美国橱柜制造商制造的沙壶球桌，同时还将制作橱柜所需的精细镶嵌工艺融入在内，就此告别了沙壶球初兴时期的粗糙。

（二）沙壶球运动的发展

19 世纪末，沙壶球从游戏转变为竞技比赛与休闲娱乐体育项目，在媒体的大力推广下，沙壶球在很长时间内占据纽约报纸的大幅版面。此后，相继举办了很多次沙壶球锦标赛，球迷涉及商界人士、戏剧界人士及政界要员等。当前，沙壶球运动已经进入成熟发展时期，并且盛行于欧洲和美洲的很多地区，世界各地也相继成立了很多国家级沙壶球协会及地方级沙壶球协会，另外还先后举办了三届沙壶球国际比赛。2002 年，我国第一届沙壶球比赛顺利举办。

沙壶球不仅是一种发展历史悠久的游戏，也适宜各个年龄阶段的人群，是很好的休闲消遣方式。1897 年，沙壶球从单纯游戏转变成了竞技比赛与休闲娱乐体育运动项目，同时很快传播到了欧洲和美洲的各个地区，和沙壶球相关的消息开始成为媒体与百姓的谈资。随着第二次世界大战的爆发，沙壶球进入更加兴盛的发展阶段。20 世纪中期，沙壶球运动焕发出巨大活力，并且在短时间内朝世界各地普及，广泛盛行于欧洲和美洲，欧洲和美洲的各个地区先后成立了不同等级的沙壶球协会。沙壶球作为一种游戏，要求参与者在技巧、速度、力量、变化性、竞争性等方面具备相应能力，技巧性与趣味性是该项游戏的基本类型。由于该游戏能够给予参与者放松感，因此很多政界要员、巨星、富人都有专属沙壶球桌。

沙壶球游戏对桌面的光滑性、平整性及耐磨性有较高的要求，但很长一段时间人们无法解决该问题，这使得球桌极易被划伤，严重影响了游戏质量，且球桌表面保养费用远超球桌价值，因此只有富人可以承受高昂的保养费用，这也是沙壶球发展缓慢的重要因素。随着现代科技的快速发展，一种高科技技术工艺应运而生，成功破解了该项难题，即在球桌木质表面添加经特殊工艺制成、光滑性与耐磨性极强的涂层。该难关的突破，是沙壶球普及范围快速拓展的重要因素，作为古老游戏的沙壶球开始大范围传播，并且逐渐由高级场所普及到了广大群众身边。

分析美国娱乐业可知，沙壶球是其中的关键组成部分。由于沙壶球历史内涵丰富，因此它并不是一段历史遗迹，也不是一种过时的游戏，而是一种休闲娱乐方式，未来沙壶球也必将成为崭新的游戏文化。据不完全统计，全美已有 120 多万张沙壶球桌投入使用，加拿大也有大约 10 万张，从这些数字中能够看出人们对沙壶球的喜爱程度。

三、沙壶球运动基本技术指导

（一）基本站姿

打沙壶球的基本站姿是：右腿前，左腿后，两腿微弯，上身微前倾，右手拿球，右臂微屈。推球瞬间，全身重心由左后腿向右前腿移，左脚虚着地，右臂前伸，右手将球送出。

（二）基本出球手法

球手站在球桌的发球区一端，身体与滑道成直角，面朝球桌的记分区一端。将球的光亮、平整的一面朝下并轻轻地放到滑道的发球区内。将要出球的那只手轻放在球盖上，另一只手可以放在背后或搭在球桌边缘上，以保持身体平衡。两眼要全神贯注地瞄准想要让球达到的位置，然后通过手臂和手腕向前运动将球滑出。出球时要尽可能放松，避免僵硬、急剧或不连贯的动作。要运用手指、腕关节及肩膀，同时将身体适当地顺势随球送出。

具体分析的出球的四种手法如下。

1. 直推式出球法　直推式出球法是沙壶球最基本的出球手法。按照手与球接触的方式不同，直推式可分为指推式和夹推式两种。指推式是将出球的那只手的食指、中指和无名指伸平并轻轻放在球盖的凹槽上，然后通过手臂和手腕的向前运动将球送向前方，到达球手所希望的地方。

夹推式与指推式相似，只不过手与球接触的方式不同。夹推式是将出球那只手的拇指和食指轻而稳地夹住球的两侧，通过手臂和手腕的动作将球送向前方。

2. *边推式出球法*　边推式出球法是在出球时，球手让握球的那只手的拇指和食指轻稳地夹住球，中指和无名指贴着发球区滑道的侧边滑动，以实现引导和平衡的目的，使被推出的球更易控制，以保证实现球定位的高度精确性。边推式出球法按照出球时手与球接触位置的不同，可分成两种：一种是夹推式边推出球法；另一种是拇指式边推出球法。夹推式边推出球法如上所述，是以拇指和食指夹球、中指和无名指贴滑道的侧边以做引导和平衡；拇指式边推出球法则是在出球时，将拇指置于球的中心圆凹上，同时其他手指贴着滑道侧边滑动，以做引导和平衡。

3. *旋转出球法*　旋转出球法也称为英式旋转出球法。其动作要领是用拇指和食指轻而稳地夹住球，逆时针扭转手腕，使之向内朝向身体的方向，在出球的一瞬间顺势向身体外侧，即顺时针轻轻旋转，在旋转的同时用手臂及手腕的力量将球送出。有反弹垫的桌型不宜使用这种手法。

4. *角度出球法*　角度出球法是有反弹垫的沙壶球桌独有的一种出球法。其动作要领是：将出球的那只手的食指、中指和无名指伸平并轻轻地放在球盖的凹槽上，然后通过手臂和手腕的向前运动将球送向前方，也可以将出球的那只手的拇指和食指轻而稳地夹住球的两侧，通过手臂和手腕的动作将球送向前方。

参考文献

邓树勋，王建，乔德才. 2005. 运动生理学[M]. 北京：高等教育出版社.

范军，张阳. 2008. 门球[M]. 长春：吉林出版集团有限责任公司.

关祥伟. 2015. 高校羽毛球教学现状及发展策略研究[J]. 中国教育学刊，（S2）：296-297.

洪海潇，王广. 2010. 手球[M]. 长春：吉林出版集团有限责任公司.

蒋炳长，张铁雄. 2007. 乒乓球竞赛欣赏初探[J]. 湖南医科大学学报（社会科学版），（2）：246-248.

李继国，乐玉忠，杜翊. 2011. 高校球类运动教学与探索[M]. 长春：吉林大学出版社.

刘大海. 2011. 体育与健康理论教程[M]. 北京：北京体育大学出版社.

刘晓树. 2014. 竞技与智慧的结合——棒球、手球[M]. 南昌：二十一世纪出版社.

刘学燕. 2004. 时尚运动——沙壶球[M]. 北京：人民体育出版社.

罗晓洁. 2016. 网球技术与教法[M]. 上海：同济大学出版社.

米歇尔・穆勒恩. 2007. 保龄球[M]. 虞重干，张军献，张基振，译. 北京：人民体育出版社.

覃志勇. 2011. 宜昌市大众羽毛球运动开展的现状及发展对策[J]. 三峡大学学报，（S1）：212-213.

石磊. 2008. 门球[M]. 北京：中国戏剧出版社.

孙荣江. 2010. 长春市高校乒乓球运动发展的现状及对策研究[D]. 长春：东北师范大学硕士学位论文.

唐建军. 2005. 乒乓球运动教程[M]. 北京：北京体育大学出版社.

田祖国，郭功兵，杨峰. 2006. 球类竞技与健身[M]. 长春：吉林文史出版社.

王步标，华明. 2011. 运动生理学[M]. 2 版. 北京：高等教育出版社.

王鹤. 2010. 沈阳市主要城区乒乓球大众健身活动开展的现状与发展对策分析[D]. 大连：辽宁师范大学硕士学位论文.

王彦林，刘伟，李国强. 2014. 球类运动的理论研究与科学健身[M]. 北京：中国商业出版社.

王宇峰，王晓磊. 2008. 保龄球[M]. 长春：吉林出版集团有限责任公司.

伍丽. 2013. 我国大众乒乓球运动与竞技乒乓球运动的协调发展[D]. 武汉：武汉体育学院硕士学位论文.

武杰. 2015. 普通高校网球教学开展的现状与对策研究[J]. 中外企业家，（42）：181-182.

徐延龙. 2010. 保龄球[M]. 长春：吉林出版集团有限责任公司.

叶魁，王汉锋，吴维彬. 2012. 论我国高校网球教学改革与发展研究[J]. 文体用品与科技，（8）：86-87.

于洋，管洪鑫，杨永峰，等. 2011. 校园体育 冰壶 沙壶球[M]. 长春：吉林出版集团有限责任公司.

张声华，王代波，徐永峰. 2011. 大学生球类运动学练与方法[M]. 长春：吉林大学出版社.

赵景卓. 2008. 体育观赛礼仪[M]. 北京：中国物资出版社.

赵军辉. 2013. 甘肃网球健身开展现状与对策研究[J]. 体育人文社会学，3（32）：113-115.

赵亮. 2010. 手球[M]. 长春：吉林出版集团有限责任公司.
中国乒乓球协会编译. 2011. 乒乓球竞赛规则（2011）[M]. 北京：人民体育出版社.
中国网球协会. 2016. 网球竞赛规则（2016）[M]. 北京：人民体育出版社.
周建林. 2005. 球类运动体育教程[M]. 南京：南京师范大学出版社.
邹巍，陈丽娟. 2013. 羽毛球[M]. 重庆：西南大学出版社.